Scriptor Praxis

PEER EGTVED

Politische Mündigkeit Kompetenter Umgang mit Daten und Statistiken

Digital-forschendes Lernen im Politikunterricht

Cornelsen

Der Autor
Peer Egtved ist Akademischer Rat für Politikwissenschaft und Politikdidaktik an der Europa-Universität Flensburg. Er war elf Jahre als Berufschullehrer/Studienrat an zwei kaufmännischen Schulen in Schleswig-Holstein tätig und ist, seit 2013, am Seminar für Politikwissenschaft und Politikdidaktik beschäftigt. An der Europa-Universität Flensburg bildet Peer Egtved zukünftige Politik- und Wirtschaftslehrkräfte aus.

Projektleitung: Verena Baldus, Berlin
Lektorat: Katia Simon, Essen
Umschlagkonzept/-gestaltung: Corinna Babylon, Berlin
Umschlagfoto: stock.adobe.com/lev dolgachov/Syda Productions
Layoutkonzept: LemmeDESIGN, Berlin
Layout/technische Umsetzung: Compuscript Ireland and Chennai

www.cornelsen.de

Bildnachweise
Microsoft© Excel 365:
27, 46, 57, 68, 73, 74, 75, 76, 79, 80, 81, 82, 83, 84, 85, 86, 87, 88, 112, 113, 114, 115, 116, 117, 118, 120, 121, 122, 123, 124, 125, 129, 130, 131, 132, 133, 134, 135, 136, 137, 138, 139, 140, 141, 142, 143, 144, 145, 146, 150, 151, 152, 153, 154, 155, 156, 160, 161, 162, 163, 164, 166, 167, 168, 169, 172, 173, 174, 176, 177, 181, 183, 184, 185, 186, 187, 197, 198, 200, 208, 209, 210, 214, 215
Alle Screenshots: Cornelsen/Peer Egtved

Redaktionsschluss: September 2023

1. Auflage 2024

Druck: H. Heenemann, Berlin

ISBN 978-3-589-16935-1

Inhalt

Einleitung

Mit quantitativen Daten wird Politik gemacht. Quantitative Daten sollen im Ringen um die Deutungshoheit überzeugen. Die folgende Analyse stammt von der ehemaligen Bundeskanzlerin Merkel auf einer Bundespressekonferenz. Sie berechnet, zum Erstaunen vieler Journalistinnen und Journalisten, das exponentielle Wachstum der Coronaviren und leitet aus diesem Wachstum Regierungshandeln ab.

Wir hatten Anfang Sommer, Ende Juni, Anfang Juli an manchen Tagen 300 neue Infektionen und jetzt haben wir an manchen Tagen 2400 Infektionen. Und das heißt nichts anderes, als dass sich über Juli, August, September, in drei Monaten die Infektionszahlen dreimal verdoppelt haben. 300 auf 600, 600 auf 1200, 1200 auf 2400. Und wenn das in den nächsten Monaten, Oktober, November, Dezember weiter so wäre, dann würden wir von 2400 auf 4800, auf 9600 auf 19.200 kommen. Und daran wollte ich nur zeigen – und das ist ja das Wesen des exponentiellen Anstiegs – dass die Verdoppelungszeit, wenn sie die gleiche bleibt, trotzdem zu sehr großen Fallzahlen führt. Und das unterstreicht die Dringlichkeit, dass wir handeln, und zwar dort handeln, wo wir ein solches wieder ins exponentielle gehende Wachstum haben. […] Bei uns ist die Verdoppelungszeit dreimal in drei Monaten gewesen über den Sommer, das ist also noch ein sehr (…) flaches Infektionsgeschehen, aber mit dem Umschlagen der Witterung, mit dem nicht mehr immer draußen sein können, kann sich das eben auch ändern. Das ist überhaupt nichts Dramatisches, sondern das ist einfach nur vor Augen geführt, dass, wenn wir unserem Anspruch entsprechen wollen, weiter alle Infektionsketten nachzuverfolgen, um sie dann zu durchbrechen, dass das natürlich bei 300 etwas leichter ist als bei 2400. […] Und wenn ich dann aber so viele Fälle habe, dann wird es eben immer schwieriger die Infektionsketten nochmal zu durchbrechen.[1]

Gewinnt man an politischer Glaubwürdigkeit durch die öffentliche Berechnung von exponentiellen Wachstumsraten, Kennziffern und Datenanalysen? Vielleicht. Aber die Menschen, die Berechnungen und Analysen Dritter nicht nachvollziehen können, die müssen fremden Personen glauben und nicht sich selbst. Besser wäre es, wenn die Schülerinnen und Schüler selbstständig kritisch zu Statistiken und Berechnungen Stellung nehmen können.

Die folgenden fiktiven Kommentare wurden aus realen Kommentierungen abgeleitet und sind Antworten auf die Modellrechnung der

Bundeskanzlerin. Welche Antworten beschäftigen sich mit der Berechnung? In welchen Antworten wird Kritik an der Berechnung geäußert, möglicherweise nach Fehlern gesucht und Alternativen vorgeschlagen? In welchen Antworten beschäftigen sich die Kommentierenden lediglich mit der Person „Bundeskanzlerin Merkel“?

Eine mutige und Objektive Wiedergabe der Lage, vielen Dank, Frau Bundeskanzlerin.

Es ist bloß eine Modellrechnung, die muss mit der Wirklichkeit nicht übereinstimmen.

Eine beeindruckende Leistung Frau Merkel! Man vergleiche mal die Analysen der Regierungschefs aus den USA, Großbritannien und Frankreich, da schneidet Merkel besser ab.

Das sind überprüfbare Fakten. Vielen Dank, Frau Bundeskanzlerin.

Eine gute Erklärung für exponentielles Wachstum – aber exponentiell entwickelt sich auch das Bevölkerungswachstum in den Städten, das CO_2 in der Atmosphäre und die Versauerung der Weltmeere.

Wann wird die Pandemie endlich zu Ende sein? Welche Maßnahmen müssen noch umgesetzt werden?

Und anhand dieser Berechnung einen Lockdown zu beschließen ist das ihr Ernst, Frau Merkel?

Antworten auf Merkels Berechnung

In dieser Publikation sollen die quantitativen Daten und die Kritik an der Berechnung im Mittelpunkt stehen. Positive oder negative Äußerungen zur Person spielen für die kritisch-rationale Analyse keine Rolle und werden daher nicht thematisiert.

Das digital-forschende Lernen mit offenen Daten und öffentlichen Statistiken[2] beabsichtigt, die Schülerinnen und Schüler für die Bewältigung von politischen und ökonomischen Herausforderungen der Gegenwart und Zukunft sowie für die Bildung von Sach- und Werturteilen, also der Urteilsfähigkeit, vorzubereiten:

1. Die Veröffentlichung von quantitativen Daten und Informationen auf den Onlineseiten öffentlicher Statistikdatenbanken und Open-Data-Anbieter sowie durch soziale Netzwerke macht es für jedermann möglich, auf demokratisierte quantitative Daten zuzugreifen und diese zu nutzen. Es ist möglich, ein eigenes, faktenorientiertes Bild aus diesen Daten zu gewinnen. Datenkompetenz und Analyse- sowie Risikokompetenz der Schülerinnen und Schüler sind mögliche fachdidaktische Ziele. Sie fördern die Fähigkeit des Individuums, zu eigenständigen politischen, gesellschaftlichen und ökonomischen Sach- und Werturteilen zu kommen.
2. Mündigkeit ist eine individuelle Aufgabe, die ein Individuum sein ganzes Leben realisieren wird. Eine kritisch-rationale Einstellung gegenüber Daten, Informationen, Personen, Handlungen und Theorien und das Wissen über die generellen Herausforderungen der Urteilsbildung sind notwendig, um im medialen Ringen um die Deutungshoheit bestehen zu können. Im Ringen um die Deutungshoheit ist die Nutzung von öffentlich-rechtlichen Medien oder Faktenfindern, die stellvertretend für das Individuum vermeintliche Fakten prüft und als Wahrheiten und Unwahrheiten kennzeichnet, nicht ausreichend, um in der veränderten multimedialen und digitalen Ausgangslage eigenständig zu bestehen.
3. Als letzter inhaltlicher Schwerpunkt verweist die vorliegende Publikation auf die Herausforderung, die Wirklichkeit durch quantitative Daten vollständig und wissenschaftlich gesichert zu erfassen. Daten, Zahlen, Kennziffern und Ziele sind menschengemacht, sind Konstruktionen, mit denen Politik, Wirtschaft und Gesellschaft sowie die Naturwissenschaften versuchen, die Wirklichkeit zu erfassen und zu analysieren. Kritische Rationalistinnen und Rationalisten würden an dieser Stelle einwenden, dass man

Immanuel Kant: „Sapere aude! Habe den Mut, dich deines eigenen Verstandes zu bedienen.“ (Kant 1784, S. 516)

sich nie sicher sein kann, die Wirklichkeit (oder Wahrheit) vollständig erfasst zu haben. Man muss außerdem davon ausgehen, dass politische, ökonomische oder andere Interessen versuchen, auf die Auswahl und Bildung der Kennziffern Einfluss zu nehmen. Die datengestützten Informationen und Kennziffern haben so lange ihre Berechtigung, wie sie sich in der Wirklichkeit beweisen und nicht an Widersprüchen scheitern.

Wie können wir, mittels quantitativer Daten die Mündigkeit der Schülerinnen und Schüler fördern? Offene Daten und die Nutzung von öffentlichen Statistiken können für rationale Kritik genutzt werden.

Weder die Nachvollziehbarkeit mathematischer Berechnungen der Bundeskanzlerin noch die Kommentare dazu entsprechen fachdidaktischen Vorstellungen des digital-forschenden Lernens in der politischen Bildung. Aber sie sind mögliche Ausgangspunkte für die Überlegungen zur unterrichtsrelevanten Nutzung von quantitativen Daten zur Realisierung politischer Mündigkeit. Die Wirklichkeit kann sich durch das Erheben und die Beurteilung von quantitativen Daten verändern. Die Deutungshoheit von Daten, die ursprünglich von Wissenschaft, Politik und Journalismus ausgeübt wurde, hat sich neu verteilt, vervielfacht und demokratisiert. Und die, die bei der Wahrheitssuche bislang eine Multiplikatorenstellung eingenommen hatten, ringen mit denen, die eine neue Deutungshoheit für sich beanspruchen. Aus diesem Grund ist es von erheblicher Bedeutung, dass die Empfängerinnen und Empfänger von Daten, ihren Analysen und Interpretationen und ihren Darstellungen in die Lage versetzt werden, diese kritisch begleiten zu können. Um diesem Anspruch auf mündige Schülerinnen und Schüler gerecht zu werden, wurde die Konzeption des digital-forschenden Lernens[3] entwickelt.

Digitale quantitative Daten werden von zahlreichen Anbietern als Datenvisualisierung und zum Datendownload und eigener Weiterverarbeitung online angeboten. Zu den bekanntesten Anbietern von downloadfähigen, quantitativen Daten gehören das Statistische Bundesamt (Destatis), das Europäische Amt für Statistik (Eurostat) und die World Bank. Bereits visualisierte Daten bieten das Dashboard des Statistischen Bundesamtes, aber auch Eurostat, Gapminder, Statista oder Our World in Data an. Hinzu kommen diverse Anbieter von themenbezogenen Daten wie Electricity Map, das Umweltbundesamt, das Bundesfinanzministerium, das Robert-Koch-Institut mit den Corona-Daten, die faktenorientierten Unterricht ermöglichen.

Insbesondere im Rahmen des Politik-, Wirtschafts- und Geographieunterrichts können die quantitativen Daten zur Analyse oder zur

Argumentation durch die Schülerinnen und Schüler genutzt werden. Das Prüfen von Hypothesen, Vermutungen oder Halbwissen, von Überschriften, Beiträgen, Twitter/X-Nachrichten oder, bereits wertend, von vermeintlichen Fake News, welche Quelle damit auch immer verbunden ist, ist mittels des digital-forschenden Lernens möglich. Wir werden im Folgenden das deduktive Prüfen von Inhalten, Theorien und Hypothesen durch Falsifikation als digital-forschendes Lernen bezeichnen.

Im Theorieband über das digital-forschende Lernen[4], welches sich wissenschaftstheoretisch an den kritischen Rationalismus anlehnt, wird das Falsifizieren von Inhalten, Theorien und Hypothesen thematisiert. Zur quantitativen Falsifizierung werden wir die quantitativen Daten der öffentlichen Statistiken und der Open-Data-Datenbanken nutzen. Wir werden mittels quantitativer Daten Inhalte, Ideen, Theorien und Hypothesen kritisch-rational prüfen. Wir werden mittels dieser Daten Inhalte und Ideen falsifizieren, indem wir nach Widersprüchen und Fehlern suchen. Falsifikation ist Kritik, und Kritik ist die beste Möglichkeit zu einer Verbesserung der Theorien, Hypothesen und Inhalte zu kommen.

Zu den statistischen Inhalten des digital-forschenden Lernens: Schülerinnen und Schüler sollten in der Lage sein, im Politikunterricht mit Statistiken zu arbeiten. Es ist eine Kompetenz, Daten zu analysieren und zu interpretieren. Daten sind der Rohstoff der Zukunft. In einer zunehmend datengetriebenen Welt ist es für Schülerinnen und Schüler von entscheidender Bedeutung, grundlegende Statistikkenntnisse zu haben, um Informationen zu prüfen, datengestützt zu argumentieren sowie fundierte Entscheidungen treffen zu können.

Statistikkenntnisse können Schülerinnen und Schülern helfen, die Genauigkeit von Aussagen zu bewerten, Muster und Trends zu identifizieren, risikokompetent werden und statistische Berechnungen durchzuführen, um Ideen, Theorien, Inhalte und Hypothesen zu testen. Ziel ist es, mit quantitativen Daten aus öffentlichen Statistiken und Open Data ...

- sachkundig zu argumentieren und politische Urteile zu treffen,
- Medieninhalte, Theorien, Hypothesen zu verifizieren und zu falsifizieren,
- Daten- und Risikokompetenz zu entwickeln,
- mathematisch und statistische Kenntnisse zur Analyse und Urteilsbildung anzuwenden,
- mittels quantitativer Daten und Analysen sachlich auf politische Kritikimmunisierung und Überwältigungsstrategien zu reagieren.

Darüber hinaus sind Statistikkenntnisse in vielen Berufen und Disziplinen erforderlich, einschließlich Wissenschaft, Technologie, Wirtschaft und Sozialwissenschaften. Wenn Schülerinnen und Schüler also in der Lage sind, grundlegende Statistikkenntnisse zu erwerben, können sie in Zukunft besser auf diese Anforderungen vorbereitet sein, sowie Problemlösefähigkeit, politische Urteils- und Handlungskompetenz entwickeln. Insgesamt können Statistikkenntnisse Schülerinnen und Schüler dabei unterstützen, ihre kritisch-rationale Denk- und Problemlösungsfähigkeiten zu verbessern und ihnen helfen, bessere individuelle Entscheidungen in ihrem Leben zu treffen. Wir betrachten die verbesserte Urteilsfähigkeit als Teil der persönlichen Mündigkeit.

Quantitative Datenkompetenz bezieht sich auf die Fähigkeit, quantitative Daten zu sammeln, zu verarbeiten, zu analysieren und zu interpretieren, um daraus fundierte politische Urteile und mögliche Entscheidungen zu treffen. Es geht um die Fähigkeit, quantitative Daten auf eine effektive und effiziente Weise zu nutzen. Datenkompetenz beinhaltet aber auch die Fähigkeit, Daten zu visualisieren, um andere Menschen, mittels Abbildungen von quantitativen Daten, zu überzeugen. Darüber hinaus erfordert Datenkompetenz eine kritische Denkfähigkeit, um die Qualität und die Gültigkeit von Daten zu beurteilen und sicherzustellen, dass sie für den jeweiligen Zweck geeignet sind. In der heutigen digitalen Welt ist Datenkompetenz zu einer wichtigen Fähigkeit geworden, da immer mehr Daten verfügbar sind und es immer wichtiger wird, fundierte Entscheidungen auf der Grundlage von Daten zu treffen.

Datenkompetenz, Medienkompetenz und Risikokompetenz gehören fachdidaktisch zusammen und können die politische Mündigkeit der Schülerinnen und Schüler fördern: In einer Welt, die sich schnell verändert und in die ständig neuen Risiken und Unsicherheiten auftreten, ist die Risikokompetenz eine wichtige Fähigkeit für Schülerinnen und Schüler. Eine verbesserte Risikokompetenz kann helfen, bessere Entscheidungen zu treffen und Herausforderungen effektiver zu bewältigen.

Ohne mathematische und statistische Kompetenzen wird es für die Schülerinnen und Schüler schwer werden, mit der Entwicklung einer kritischen Datenkompetenz, Medienkompetenz und Risikokompetenz. Für den Politik- und Wirtschaftsunterricht gibt es verschiedene Anwendungen der

Grundrechenarten, der Bruchrechnung, der Prozentrechnung, abhängig von dem Thema, das behandelt wird. Hier sind einige Beispiele:

- **Addition und Subtraktion:** Diese Grundrechenarten können genutzt werden, um Haushaltspositionen zu addieren oder Vermögenswerte zu berechnen.
- **Multiplikation und Division:** Diese Grundrechenarten können genutzt werden, um Kennziffern zwischen verschiedenen Größen zu berechnen, wie z. B. das Bruttoinlandsprodukt pro Kopf oder das Verhältnis von Wählern zu Nichtwählern.
- **Bruchrechnung:** Brüche können im Politikunterricht genutzt werden, um beispielsweise das Bruttoinlandsprodukt pro Kopf auszudrücken oder um das Verhältnis von Sitzen im Parlament auf verschiedene Parteien zu berechnen.
- **Prozentsätze** werden oft im Politikunterricht verwendet, um z. B. Wahlergebnisse, Steuern, Inflation oder Arbeitslosenquoten zu analysieren. Die Prozentrechnung ermöglicht es den Schülerinnen und Schülern, die Größenordnung von Veränderungen zu verstehen und diese zu vergleichen.

Auch können die Schülerinnen und Schüler mittels statistischer und mathematischer Kenntnisse eigene Trendanalysen und Prognosen sowie Regressionsanalysen erstellen. Die Trendanalyse könnte genutzt werden, um Vorhersagen für zukünftige politische Entwicklungen zu machen. Beispielsweise kann sie dazu genutzt werden, um prognostizieren, wie sich Wirtschaft, Ökologie und Gesellschaft entwickeln könnten. Gleichzeitig können die Schülerinnen und Schüler erkennen, wie anfällig Zukunftsprognosen sind, selten treten die Zukunftsprognosen 1:1 ein. Die Wirklichkeit entspricht selten der Prognose.

Trendanalysen könnten verwendet werden, um Entwicklungen in verschiedenen politischen Bereichen zu vergleichen. Beispielsweise können sie eingesetzt werden, um zu analysieren, ob sich die Arbeitslosigkeit in verschiedenen Regionen des Landes gleich entwickelt oder ob es regionale Unterschiede gibt. Insgesamt kann die mathematische Trendanalyse dazu beitragen, politische Entwicklungen quantitativ zu erfassen und zu analysieren. Dabei ist es wichtig, dass die Schülerinnen und Schüler die eigenen und fremden Ergebnisse kritisch interpretieren.

Auch Regressionsanalysen, in Form von Punktwolken, können im Politikunterricht genutzt werden, um Zusammenhänge zwischen verschiedenen politischen Variablen zu analysieren. Sie sind Stoff der Oberstufe, während alle anderen eben besprochenen mathematischen und statistischen Rechenwege Stoff aus der Mittelstufe sind.

Im Politikunterricht können Regressionsanalysen beispielsweise dazu genutzt werden, um zu untersuchen, ob bestimmte politische Variablen mit anderen politischen oder ökonomischen Variablen zusammenhängen. Ein Beispiel ist die Analyse des Zusammenhangs zwischen der Wahlbeteiligung und dem Einkommensniveau der Wählerinnen und Wähler. Ein weiteres Beispiel ist die Analyse des Zusammenhangs zwischen der Inflation und der Geldmenge. Eine Regressionsanalyse könnte hier dazu genutzt werden, um zu untersuchen, ob es einen Zusammenhang zwischen diesen beiden Variablen gibt. Die Regressionsanalyse ist jedoch eine fortgeschrittene statistische Methode und erfordert ein hohes Maß an mathematischem Wissen und statistischer Kompetenz der Schülerinnen und Schüler. Im Politikunterricht sollten Schülerinnen und Schüler verschiedene Diagrammtypen analysieren und interpretieren können. Hier sind einige der wichtigsten Diagrammtypen, die im Politikunterricht behandelt werden sollten:

- **Säulendiagramme** zeigen die Verteilung von quantitativen Daten in Form von Säulen. Sie werden häufig verwendet, um die Ergebnisse von Umfragen oder Wahlen zu visualisieren.
- **Liniendiagramme** zeigen die Veränderung von Daten über einen bestimmten Zeitraum hinweg. Sie werden häufig verwendet, um Entwicklungen im Bereich der Wirtschaft oder der Gesellschaft zu visualisieren.
- **Balkendiagramme** zeigen die Verteilung von Daten in Form von horizontalen Balken. Sie werden häufig verwendet, um die Verteilung von Haushaltseinkommen oder anderen sozialen Merkmalen zu visualisieren.
- **Kreisdiagramme** zeigen meist die prozentuale Verteilung von Daten in Form von Tortenstücken. Sie werden häufig verwendet, um die Verteilung von Einkommen, Bildung oder anderen sozialen Merkmalen zu visualisieren.
- **Punktdiagramme** oder Scatterplots zeigen den Zusammenhang zwischen zwei Variablen. Sie werden häufig verwendet, um die Beziehung zwischen Einkommen und Bildung, Kriminalität und Arbeitslosigkeit oder anderen Variablen zu visualisieren.

Quantitative Daten werden meist in Form von Diagrammen aus den Tageszeitungen, Webseiten oder von Datensammlern wie Statista, im

Politik- und Wirtschaftsunterricht analysiert und interpretiert. Für das Anforderungsprofil 1 und 2 reicht meist die Analyse eines Diagramms aus, für den Anforderungsbereich 3 werden gerne zwei oder mehr Diagramme miteinander kombiniert und politische, ökonomische oder ökologische Folgen durch die Schülerinnen und Schüler abgeleitet. So weit, so gut. Meines Erachtens ist damit das Potenzial von quantitativen Daten, Statistiken, Diagrammen und dem Tabellenkalkulationsprogramm Excel auf der einen Seite und der Problemorientierung, der Konfliktorientierung, der Kontroversität, Multiperspektivität, der Handlungs- und Wissenschaftsorientierung auf der anderen Seite noch nicht ausgenutzt. Die Fachdidaktik aus der Politik, der Wirtschaft und der Geografie sowie die Nutzung von quantitativen Daten, digitalen Tools und einem kritischen Verstand können sich gegenseitig begünstigen. In dieser Publikation geht es um die praktische Nutzung von quantitativen Daten im Politik-, Wirtschafts- und Geografieunterricht.

Es gibt viele Datenbanken für öffentliche Statistiken und statistische Daten, die empfehlenswert sein können, je nach spezifischen Anforderungen und Bedürfnissen. Hier sind einige Beispiele:

- **Destatis:** Das Statistische Bundesamt bietet Statistiken zu zahlreichen Themen an, wie ökonomische Daten, Bildung, Gesundheit, Umwelt und Bevölkerung.
- **Eurostat:** Eurostat ist die Statistikbehörde der Europäischen Union und bietet eine breite Palette von Daten zu verschiedenen Themen, wie Bevölkerung, Wirtschaft und Umwelt.
- **World Bank Open Data:** Die Weltbank bietet eine umfassende Datenbank mit globalen Entwicklungsindikatoren, die Daten zu Themen wie Armutsbekämpfung, Bildung und Wirtschaftswachstum enthalten.
- **OECD.Stat:** Die Organisation für wirtschaftliche Zusammenarbeit und Entwicklung (OECD) bietet eine umfassende Datenbank mit Statistiken zu einer Vielzahl von Themen, einschließlich Bildung, Gesundheit, Umwelt und Wirtschaft.
- **UNdata:** UNdata ist eine umfassende Datenbank der Vereinten Nationen, die eine Vielzahl von statistischen Informationen zu verschiedenen Themen, einschließlich Wirtschaft, Bevölkerung und Umwelt, enthält.
- **IMF Data** ist die Datenbank des Internationalen Währungsfonds mit Statistiken für Wirtschaft und Finanzen für eine Vielzahl von Ländern.
- **Statista** ist eine private Datenbank, die eine breite Palette von Statistiken für eine Vielzahl von Themen anbietet, darunter Wirtschaft, Technologie, Gesellschaft und Umwelt.

Wir werden uns mit den quantitativen Daten von Eurostat und der Weltbank beschäftigen. Die Datenbanken ermöglichen ein erfolgreiches Suchen und einen einfachen Datendownload in Excel.

Es gibt viele verschiedene Datenverarbeitungstools, die Schülerinnen und Schüler kennen sollten, um Statistiken und Diagramme zu erstellen. Einige der wichtigsten sind:

- **Excel** ist ein häufig verwendeter Tabellenkalkulations- und Datenverarbeitungsprogramm, das Schülerinnen und Schülern helfen kann, Daten zu organisieren, zu analysieren und Diagramme zu erstellen.
- **Google Sheets** ist ein kostenloses Online-Tabellenkalkulationsprogramm, das ähnliche Funktionen wie Excel bietet und eine einfache Zusammenarbeit ermöglicht.
- **Open Office Calc**- das Tabellenkalkulationsprogramm von OpenOffice bietet ähnliche Funktionen wie Excel, wird jedoch kostenlos angeboten.

Digital-forschendes Lernen im Politik-, Wirtschafts- und Geographieunterricht kann auch der Umgang mit digitalen quantitativen Daten sein. Aber: Es ist viel mehr die Kompetenz, sich mit quantitativen Daten und Informationen auseinanderzusetzen und sich zu orientieren, die daten- und faktenbasierte Wirklichkeit zu suchen und zu finden und eine eigene politische Position zu den Fragen der Zeit zu entwickeln. Politische Mündigkeit ist das Ziel des digital-forschenden Unterrichts.

Digital-forschendes Lernen kann zur Vermittlung von Data-Literacy-Kompetenzen[5] genutzt werden. Versuchen wir die Inhalte des GPJE-Kompetenzmodells[6], die Urteilsfähigkeit und die Handlungsfähigkeit sowie die methodischen Fähigkeiten, in die Data-Literacy-Matrix zu integrieren.

- **Politische Urteilsfähigkeit:** Politische Ereignisse, Probleme und Kontroversen sowie Fragender wirtschaftlichen und gesellschaftlichen Entwicklung unter Sachaspekten und Wertaspekten analysieren und reflektiert beurteilen können
- **Politische Handlungsfähigkeit:** Meinungen, Überzeugungen und Interessen formulieren, vor anderen angemessen vertreten, Aushandlungsprozesse führen und Kompromisse schließen können
- Sich **selbstständig zur aktuellen Politik** sowie zu **wirtschaftlichen, rechtlichen** und **gesellschaftlichen Fragen orientieren**, fachliche Themen mit unterschiedlichen Methoden bearbeiten und das eigenepolitische Weiterlernen organisieren können[7]

Passen diese Unterziele nach den bisherigen Erfahrungen mit Datendownloads, Datenanalysen und Datenvisualisierungen sowie der Vermittlung von Kontext in die Data Literacy-Matrix? Bereits im Theorieband über das digital-forschende Lernen wurde diese Frage mit „Ja" beantwortet und die folgende Tabelle komplettiert.[8]

	Politik/ Wirtschaft	**Urteilsfähigkeit**	**Handlungsfähigkeit**	**Methodische Fähigkeiten**
1. Konzeptioneller Rahmen				
Einführung in Daten	Möglich, ab Sek. 1			x
2. Datensammlung				
Datenerschließung und -sammlung	Möglich, ab Sek. 1			x
Evaluierung und Sicherstellen der Qualität der Datenquellen	Möglich, ab Sek. 1	x		
3. Datenmanagement				
Datenorganisation	Möglich, ab Sek. 1	x		x
Datenmanipulation	Möglich, ab Sek. 1	x		
Datenkonvertierung (von Format nach Format)	Kein Mehrwert für Politik/ Wirtschaft			
Metadatenerzeugung und -verwendung	Kein Mehrwert für Politik/ Wirtschaft			
Datenheilung, -sicherheit und -wiederverwendung	Kein Mehrwert für Politik/ Wirtschaft			
Datenaufbewahrung	Kein Mehrwert für Politik/ Wirtschaft			
4. Datenevaluation				
Datenwerkzeuge	Möglich, ab Sek. 1	x		x

	Politik/ Wirtschaft	Urteilsfähigkeit	Handlungsfähigkeit	Methodische Fähigkeiten
Grundlegende Datenanalyse	Möglich, ab Sek. 1	x		
Dateninterpretation (Datenverständnis)	Möglich, ab Sek. 1	x		
Nutzen von Daten zur Identifizierung von Problemen	Möglich, ab Sek. 1/2,	x		
Datenvisualisierung	Möglich, ab Sek. 1			x
Datenpräsentation (verbal)	Möglich, ab Sek. 1		x	
Datengetriebene Entscheidungsfindung	Möglich, ab Sek. 2	x		
5. Datenanwendung				
Kritisches Denken	Möglich, ab Sek. 1	x	x	x
Datenethik	Möglich, ab Sek. 1/2		x	
Datenzitierung	Möglich, ab Sek. 1/2		x	
Datenteilung	Möglich, ab Sek. 1/2			x
Evaluieren von Entscheidungen basierend auf Daten	Möglich, ab Sek. 2	x		

Kann Data Literacy durch Wirtschaft- und Politikunterricht vermittelt werden?[9]

Im Jahr 2016 hat die KMK den Beschluss „Bildung in der digitalen Welt" verabschiedet, in dem unter anderem die Vermittlung von Medienkompetenz und der sichere Umgang mit digitalen Medien als eine der zentralen Aufgaben der Schulen benannt wird. Medienkompetenz bedeutet, kritisch mit den Inhalten, speziell mit quantitativen Daten, Texten, Bildern und Meinungen umzugehen. Würden mediale Inhalte unkritisch übernommen, würde der Medienkonsument einfach nur Dritten vertrauen. Ein solches

Vertrauen würden wir als Unmündigkeit betrachten. Von dieser Unmündigkeit würde ein unbestimmbares Risiko für den Medienkonsumenten und die Gesellschaft ausgehen. Das Risiko einer fremdbestimmten Steuerung durch Inhalte und interessengeleitete Informationsentrepreneure, verbunden mit dem Verlust der Selbstbestimmung des Individuums. Das digital-forschende Lernen will an die Empfehlungen der KMK anknüpfen und zielt darauf ab, die Gefahren der Fremdbestimmung durch Unkenntnis sowie „Feigheit und Faulheit"[10] zu reduzieren.

Zurück zu den Ergebnissen und Ergänzungen der Kultusministerkonferenz, die die digitale Kompetenz in allen Fächern und der Lehrkräfte in den Fokus der Diskussion stellt: „Über eine vertiefte Auseinandersetzung einschlägiger Fächer wie Informatik oder Mathematik hinaus sollten alle angehenden Lehrkräfte dazu befähigt werden, die Funktionsweisen und grundlegenden Prinzipien digitaler Technologien zu verstehen und beispielsweise algorithmische Strukturen in genutzten digitalen Medien und Werkzeugen zu erkennen."[11] An dieser Stelle soll zusätzlich meiner Meinung nach ausdrücklich auf die „Zubringerfunktion" der Universitäten und der Fachdidaktikerinnen und Fachdidaktiker bei der Ausbildung der angehenden Lehrerinnen und Lehrer, sowie die Übernahme von Fortbildungsveranstaltungen für die Kolleginnen und Kollegen in den Schulen hingewiesen werden. Die Konzeption des digital-forschenden Lernens versteht sich als Teil der „Zulieferung" und als praktischer Ideengeber. Politisches und wirtschaftliches Fachwissen sowie die Fachdidaktik sollen im Idealfall eine Verbindung mit der Medien- und Digitalkompetenz eingehen.

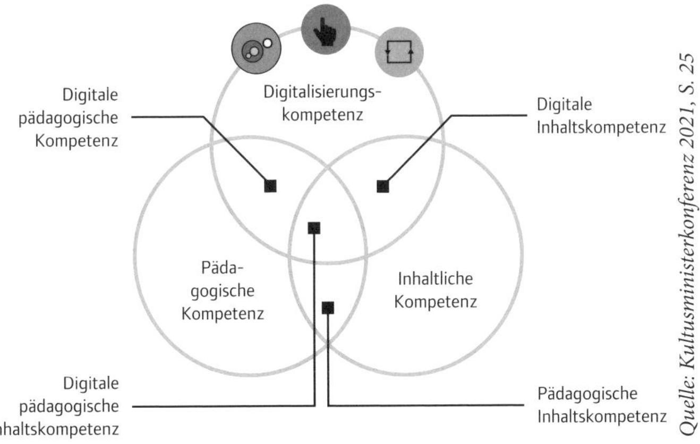

Quelle: Kultusministerkonferenz 2021, S. 25

KMK-Ergänzung über die Verbindung von fachlicher, pädagogischer und digitaler Kompetenz der Lehrkräfte

Und weiter notieren die Autoren der KMK-Ergänzungen für Lehrkräfte: „An den Schnittstellen der oben beschriebenen drei Kompetenzdimensionen ergeben sich drei weitere Konstituenten der Professionalität:

- **Digitale Inhaltskompetenz** betrachtet die durch Digitalisierung ausgelösten Veränderungen der eigenen Fachwissenschaft, der entsprechenden Berufswelt und des eigenen Faches,
- **pädagogische Inhaltskompetenz** baut auf dem klassischen fachdidaktischen Wissen auf und
- **digitale pädagogische Kompetenz** bezieht Wissen über das Mediennutzungsverhalten und die digitalen Kompetenzen der Lernenden mit ein und betrachtet die Veränderungen im Hinblick auf die Transformation der Schule in einer Kultur der digitalen Welt.“[12]

Digitalkompetenz und Medienkompetenz wird im folgenden Text mit Risikokompetenz verbunden. Es gibt verschiedene Wissenschaftlerinnen und Wissenschaftler sowie Forscherinnen und Forscher, die sich mit dem Thema Risikokompetenz beschäftigen und sich bemühen, das Verständnis der Risikokompetenz zu verbessern und Strategien zur Verbesserung der Risikokompetenz zu entwickeln.

Ein Wissenschaftler, der sich mit Risikokompetenz beschäftigt und wichtige Impulse für die politische Bildung liefern könnte, ist Gerd Gigerenzer, ehemaliger Direktor am Max-Planck-Institut für Bildungsforschung in Berlin. Er hat umfangreiche Forschungen über Risikokompetenz und Entscheidungsfindung durchgeführt und veröffentlicht. Die Risikokompetenz nach Gigerenzer ist ein Teil der fachdidaktischen Konzeption des digital-forschenden Lernens. Gerd Gigerenzer definiert Risikokompetenz als die Fähigkeit einer Person, Risiken zu verstehen, zu bewerten und damit umzugehen. Gigerenzer betont, dass Risikokompetenz nicht nur ein Ergebnis von Wissen oder Intelligenz ist, sondern auch von Fähigkeiten wie kritischem Denken, Urteilsvermögen und statistischer Literacy. Es geht darum, sowohl die Chancen als auch die potenziellen Risiken zu verstehen und die besten Entscheidungen auf der Grundlage dieser Informationen zu treffen.

Insgesamt kann Risikokompetenz als die Fähigkeit definiert werden, Risiken zu verstehen, quantitativ zu bewerten und politische Urteile auf der Grundlage dieser Bewertung zu treffen sowie kritisches Denken und Falsifikation anzuwenden. Wir werden uns insbesondere durch die Vermittlung der mathematischen und statistischen Grundkenntnisse um die Stärkung der Risikokompetenz bemühen.

Beeinflusst wird die fach-didaktische Konzeption des digital-forschenden Lernens nicht nur von Kants Mündigkeitsanspruch, Poppers Kritischem

Rationalismus und Gerd Gigerenzers Risikokompetenz sondern auch durch Max Weber. Max Weber, einer der einflussreichsten Soziologen des 20. Jahrhunderts, betonte die Bedeutung der Wertfreiheit in den Sozialwissenschaften. Er argumentierte dafür, dass Wissenschaftlerinnen und Wissenschaftler ihre persönlichen Werturteile von ihren sachlichen Analysen trennen sollten, um objektive Erkenntnisse zu gewinnen.

Weber unterscheidet zwischen dem, was er „Werturteile" und „Sachurteile" nannte.[13] Sachurteile beschreiben für Weber objektive Fakten und empirische Zusammenhänge, die durch wissenschaftliche Methoden untersucht werden können. Sie sind durch Beweise, Daten und logische Schlussfolgerungen gestützt. Sachurteile sind nach Weber allgemeingültig und können von verschiedenen Personen unabhängig voneinander überprüft werden.

Werturteile hingegen sind nach Weber subjektive Bewertungen, die auf individuellen Präferenzen, Überzeugungen und persönlichen Werthaltungen basieren. Sie sind nicht durch objektive Beweise oder allgemein akzeptierte Kriterien überprüfbar. Weber argumentierte, dass Werturteile in den Sozialwissenschaften vermieden werden sollten, um die Wertfreiheit und die wissenschaftliche Integrität zu wahren.

Aber: Werturteile spielen eine wichtige Rolle im öffentlichen Leben und in den Medien, sie sind von großer Bedeutung für politische Entscheidungen und Debatten. Dennoch sollten nach seiner Auffassung Werturteile von sachlichen Analysen und wissenschaftlicher Forschung getrennt werden, um die Objektivität und Neutralität der Sozialwissenschaften zu gewährleisten.

Der Hauptunterschied zwischen Sach- und Werturteilen besteht also darin, dass Sachurteile auf nachprüfbaren Fakten und objektiven Kriterien basieren, während Werturteile auf subjektiven Meinungen und persönlichen Präferenzen beruhen. Sachurteile können als Grundlage für Werturteile dienen, indem sie Informationen liefern, auf deren Grundlage man seine persönlichen Bewertungen formulieren kann. Allerdings ist es nicht zwangsläufig notwendig, aus Sachurteilen automatisch Werturteile abzuleiten. Werturteile sind subjektive Standpunkte, die von individuellen Überzeugungen und Wertesystemen abhängen. Verschiedene Personen können unterschiedliche Werturteile auf der Grundlage derselben Sachurteile haben, da ihre individuellen Werte und Prioritäten variieren können.

Basiert das Werturteil immer auf Sachurteilen? Das könnte man vielleicht idealtypisch hoffen, aber diese Annahme sollte ergänzt werden. Doch bleiben wir zunächst beim Ideal: Wir analysieren zunächst Kennziffern und Fakten und prüfen, ob politische Maßnahmen anhand der Fakten als Erfolg zu bewerten sind. Anschließend prüfen wir, kriteriengeleitet, wie man als

Einzelperson den Erfolg der Maßnahmen und die Maßnahmen selbst bewerten kann (Effizienz, Effektivität, Haupt- und Nebenwirkungen ...). Dabei sollte man die Kriterien, anhand der die Maßnahmen und ihr Erfolg bewertet wird, offenlegen. So wäre der Utilitarismus durchaus ein Bewertungskriterium, aber die Subjektorientierung, beispielsweise durch die Würde des Menschen oder andere Kriterien können der Bewertung von Erfolg dienen.

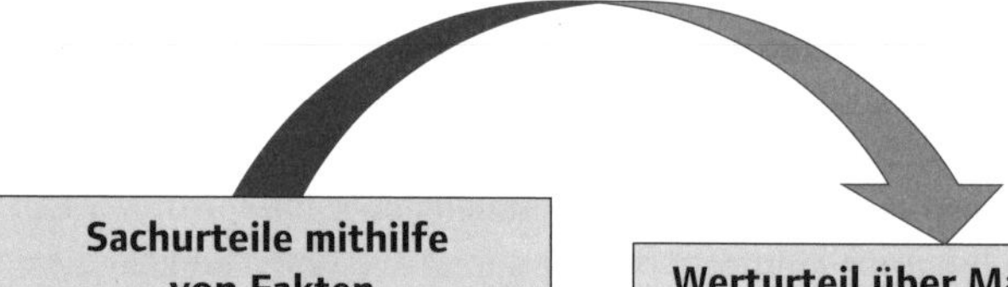

Sachurteile gehen dem individuellen Werturteil vorweg, eigene Darstellung

Die Trennung von Sach- und Werturteilen ist sinnvoll und klingt als Zielsetzung auch gut. Doch man sollte sich fragen, ob die eigenen Werte nicht vielmehr die Sachurteile vorab beeinflussen, ob die Sachurteile also keinesfalls die vorgeschaltete Wirkung entfalten können, die man sich von Ihnen verspricht.

Eigene Werte können die Analyse von statistischen Daten beeinflussen. Werte sind persönliche Überzeugungen und Prinzipien, die unser Denken und unsere Wahrnehmung beeinflussen. Die Art und Weise, wie wir Daten zusammenstellen, analysieren und interpretieren, kann von unseren persönlichen Werten beeinflusst werden. Unsere Werte können unsere Vorlieben, Prioritäten und unsere Definition von Erfolg oder Misserfolg beeinflussen. Dies kann dazu führen, dass wir bestimmte Aspekte der Daten bevorzugen oder betonen und andere vernachlässigen oder übersehen.

Darüber hinaus können persönliche Werte auch unsere Entscheidungen über die Auswahl der statistischen Methoden oder Variablen beeinflussen, die in einer Analyse berücksichtigt werden. Wenn bestimmte Ergebnisse unseren Werten widersprechen, könnten wir dazu neigen, nach Fehlern oder Unstimmigkeiten in den Daten zu suchen, um unsere Überzeugungen zu unterstützen.

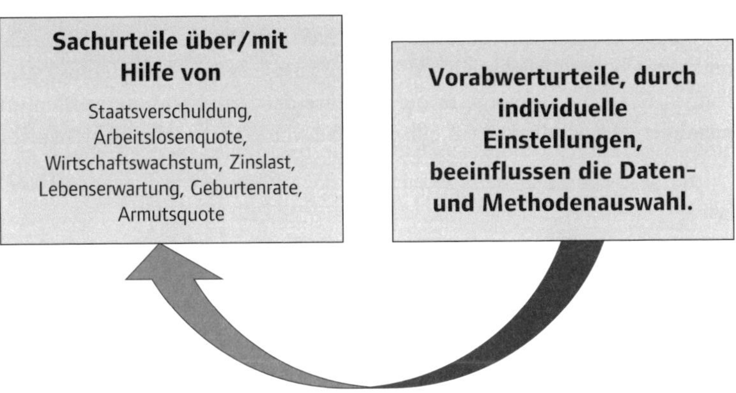

Werte beeinflussen Fakten- und Sachauswahl und Analysemethode

Politische Mündigkeit ist wichtig, um eine vitale Demokratie aufrechtzuerhalten und sicherzustellen, dass politische Entscheidungen im besten Interesse der Gesellschaft getroffen werden. Wir sollten uns zu Beginn dieser Datenanleitung bewusstmachen, dass es um die Deutung der Wirklichkeit ein intensives mediales Ringen gibt. Mittels Daten und ihren Interpretationen streiten die medialen Akteure um die Deutungshoheit. Daten werden zu Informationen und diese Daten und Informationen werden unterschiedlich interpretiert und gedeutet. Quantitative Daten und Informationen haben meist einen Glaubwürdigkeitsvorsprung bei den Schülerinnen und Schülern und gelten als „wahr". Doch das ist nicht der Fall, auch quantitative Informationen sind Daten, die menschengemacht sind und mit denen man sich der Wirklichkeit anzunähern versucht. Und weil auch quantitative Daten nicht per se die wahr sein können, sondern von Forscherinnen und Forschern erhoben und als Kennziffern zusammengesetzt werden. Die folgende Abbildung zeigt die generellen Herausforderungen, die die kritisch-rationalen Urteilsbildung, auch der Urteilsbildung, die auf quantitativen Informationen beruht, erschweren.

Die folgende Abbildung zeigt die internen und externen Herausforderungen bei einer rationalen Urteilsbildung. Ein erheblicher Teil der folgenden internen und externen Herausforderungen bei der Urteilsbildung resultieren aus der oben beschriebenen Vorabbewertung durch Werturteile. Werden eigene Werturteile unhinterfragt und absolut vor die Analyse gesetzt, entstehen beispielsweise ideologische Vorurteile, Biases oder es werden externe Wirklichkeitsdeutungen unhinterfragt übernommen. Diese internen und externen Herausforderungen (1. Phase) erschweren die individuelle und kritisch-rationale Urteilsbildung (2. Phase), wenn sie als Herausforderungen unerkannt bleiben. In der 3. Phase der Urteilsbildung werden im folgenden Modell die Werturteile getroffen, die die sachliche Analyse nicht überlagern.

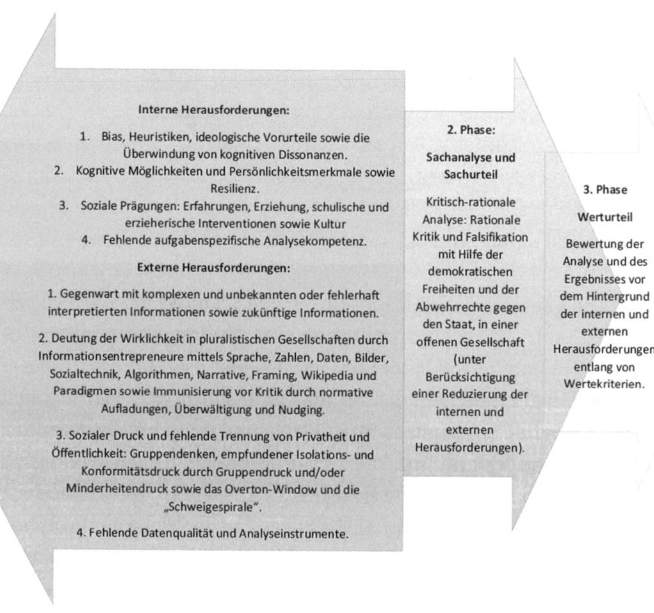

Interne und externe Herausforderungen bei der kritisch-rationalen Urteilsbildung

Quelle: Egtved 2023, S. 37

Die internen Herausforderungen sind eigene Informationsaufnahmefehler, beispielsweise die bewusste Suche nach Informationen, die den eigenen Ansichten nicht widersprechen oder sie bestätigen. Die eigenen kognitiven Möglichkeiten gehören auch dazu: Persönlichkeitsmerkmale, wie Offenheit und Interesse, aber auch der kulturell verankerte Umgang mit Bildungsinformationen und die schulische Analysekompetenz.

Externe Herausforderungen vor der Urteilsbildung sind die Unmöglichkeit, alle Informationen zu kennen, zeitliche Parallaxen, der bewusste Einsatz von Narrativen, Sprache, Bildern, Zahlen, Diagrammen, Framing oder Nudging sowie weiterer Möglichkeiten der Informationsprägungen. Aber auch sozialer Druck, ausgelöst durch Gruppendenken oder Gruppenzwang, Autoritätsgläubigkeit, Konformitätsdruck durch Mehrheitsmeinungen oder die „Schweigespirale“ können die Urteilsbildung beeinflussen.

Urteilsfähigkeit setzt voraus, dass sich die Schülerinnen und Schüler der internen und externen Herausforderungen bewusst sind. Denn: „Politische Urteilsfähigkeit ist der beste Faktencheck“, so Ursula Münch.[14]

Schülerinnen und Schüler sollen sich durch das digital-forschende Lernen mit quantitativen Daten kritisch-rational im Politik- und Wirtschaftsunterricht verhalten: Der kritische Rationalismus ist eine wissenschaftliche Methode und Philosophie, die von dem österreichisch-britischen Philosophen Karl Popper entwickelt wurde. Die Idee des kritischen Rationalismus ist, dass es nicht möglich ist, absolute Wahrheiten zu erreichen, sondern dass es nur möglich ist, Theorien zu widerlegen oder zu falsifizieren.

mauritius images/alamy stock photo/History coll

Karl Popper, kritischer Rationalismus

Nach dem kritischen Rationalismus, im Sinne Karl Poppers, können wir unsere Theorien und Annahmen nicht beweisen, sondern nur durch Versuche, Beobachtungen und kritische Diskussionen widerlegen. Es geht also nicht darum, eine absolute Wahrheit zu finden, sondern darum, unsere Theorien ständig zu hinterfragen und kritisch zu prüfen, um so unser Verständnis der Welt zu verbessern. Wenn eine Theorie durch Experimente oder Beobachtungen widerlegt wird, sollte sie modifiziert oder ersetzt werden.

Zentral für die Umsetzung des kritisch-rationalen forschenden Lernens ist die Bereitschaft zum kritisch-rationalen Denken und Argumentieren. Die Falsifikationsbereitschaft der Schülerinnen und Schüler, auch gegen Widerstände und sozialen Druck Kritik zu äußern, Widersprüche zu thematisieren und gegenüber den Rufen „Follow the Science“ und medialen Wahrheitsansprüchen kritisch zu sein, ist und bleibt Pflicht. Zu der Realisierung eines solchen Menschen benötigt man eine offene Gesellschaft im Sinne Karl Poppers[15] sowie die Zurückweisung der Versuche der Kritikimmunisierung nach Hans Albert.[16] Kritik mit dem Ziel der Verbesserung der Verhältnisse, kann sich in einer „offenen Gesellschaft", im Rahmen der freiheitlich-demokratischen Grundordnung, besser entwickeln als in autoritären Verhältnissen.

Ziel eines Unterrichts mit statistischen Daten ist die Realisierung von politischer Mündigkeit. Diese politische Mündigkeit setzt sich unter anderem aus der politischen Urteilsfähigkeit und der Handlungsfähigkeit zusammen. Politische Mündigkeit bezieht sich auf die Fähigkeit und Bereitschaft von Menschen, politische Entscheidungen zu verstehen, aktiv an politischen Prozessen teilzunehmen und diese zu beeinflussen. Es geht darum, die Kenntnisse, Fähigkeiten und Fertigkeiten zu besitzen, die notwendig sind, um als aktives und informiertes Mitglied der Gesellschaft an politischen Entscheidungen teilzunehmen. Bei unserem Mündigkeitsbild orientiert sich diese Konzeption an dem Aufklärer Immanuel Kant. Kant betrachtet die Mündigkeit als eine Fähigkeit, die durch Bildung und Vernunft gestärkt werden kann, und er argumentiert, dass es unsere moralische Pflicht ist, uns ständig zu bemühen, unsere Fähigkeit zur Mündigkeit zu verbessern. Er glaubt auch, dass Mündigkeit ein grundlegendes Prinzip der Demokratie ist, da nur eine Gesellschaft von autonomen, vernünftigen Individuen in der Lage ist, freie und faire Entscheidungen zu treffen und eine gerechte Gesellschaft zu schaffen.

Der Aufklärer Immanuel Kant definiert Mündigkeit:

> *Unmündigkeit ist das Unvermögen sich seines Verstandes ohne Leitung eines anderen zu bedienen.*[17]

Zu den fachdidaktischen Zielen des digital-forschenden Lernens, die im Politikunterricht mit offenen Daten und öffentlichen Statistiken realisiert werden sollen, gehören:

1. **Urteils- und Handlungsfähigkeit** als Teil der politischen Problemlösekompetenz fördern
2. Durch **Realitätsbezug** und **digitale Daten** einen faktenorientierten Unterricht ermöglichen
3. Durch **Multiperspektivität** und Berücksichtigung des **Beutelsbacher Konsenses** beim digital-forschenden Lernen die Grenzen von vermeintlichen politischen, ökonomischen, ökologischen und ideologischen Wahrheiten aufzuzeigen; demokratische Diskussionskultur, Wissenschaftsorientierung und Ausschluss von Immunisierungsstrategien

gegen Kritik (Hans Albert)[18] fordern und fördern; generelles kritisches Befragen der digital-forschenden Ergebnisse fördern und einfordern

4. **Handlungsorientierung** (als Methode) sowie Handlungsfähigkeit (als Kompetenz) durch digitale Entwicklung (Recherche, Analyse, Visualisierung) und Austausch der Sachargumente ermöglichen
5. **Risikokompetenz** als eine Möglichkeit, sich nicht durch Angst überwältigen zu lassen, sondern Risiken und Handlungsoptionen differenziert und rational zu bewerten; analoge und digitale Bewertungstools für Entscheidungsfindung nutzen
6. Fachbezogene digitale **Medienkompetenz** realisieren, um sich selbst im Ringen um die Deutungshoheit eine eigene Position zu erarbeiten

Oder wie sagte es der deutsche Aufklärer Immanuel Kant:

Faulheit und Feigheit sind die Ursachen, warum ein so großer Teil der Menschen […] gerne zeitlebens unmündig bleiben; und warum es anderen so leicht wird, sich zu deren Vormündern aufzuwerfen.[19]

Das digital-forschende Lernen will daher einen Beitrag zur Entwicklung der politischen Mündigkeit von Individuen leisten. Mündigkeit wird als individuelle Aufgabe verstanden, die einen das ganze Leben begleiten wird (wenn man es will). In diesem Praxisband beschäftigen wir uns mit der Recherche, Analyse und Visualisierung von statistischen Daten. Ich danke an dieser Stelle herzlich den Mitarbeitern der Mathematik der Europa-Universität Flensburg sowie Thorben Egtved für viele Hinweise, die halfen Ideen zu strukturieren und Fehler zu reduzieren. Und nun Ihnen, liebe Leserinnen und Leser, viel Freude bei der Lektüre.

TEIL 1 GRUNDLAGEN

1 Ausgewählte Datenquellen für ein quantitatives Forschen im Politikunterricht

„Aufgabe von Eurostat ist es, qualitativ hochwertige Statistiken und Daten zu Europa bereitzustellen. In einer Welt mit verzerrten Fakten und Fake News sind qualitativ hochwertige europäische Statistiken besonders wertvoll. Solche qualitativ hochwertigen Statistiken werden zum Beispiel benötigt, um Regierungen zur Rechenschaft zu ziehen sowie auch als Grundlage für fundierte Entscheidungen in allen Lebensbereichen."[20]

In dieser Publikation werden drei digitale Datenquellen mithilfe von Übungen und Beispielaufgaben vorgestellt. Es sind die Datenseiten des Statistischen Bundesamtes, der Weltbank und von Eurostat. Wie bereits in meinem Theorieband[21] analysiert, ermöglichen unterschiedliche Quellen einen faktenorientierten Politik- und Wirtschaftsunterricht. Diese drei Datenquellen berücksichtigen entweder die Bundesrepublik Deutschland mit allen Bundesländern, alle Länder der Europäischen Union sowie die EU-Beitrittskandidaten oder alle weltweit anerkannten Länder sowie Statistiken ausgewählter Regionen. Für den Unterricht können die drei Quellen genutzt werden, die Übungen werden jedoch am Beispiel der Datenbank

Eurostat durchgeführt. Außerdem ist erwähnenswert, dass die Datenbank der Weltbank ausdrücklich als Open Data bezeichnet wird.

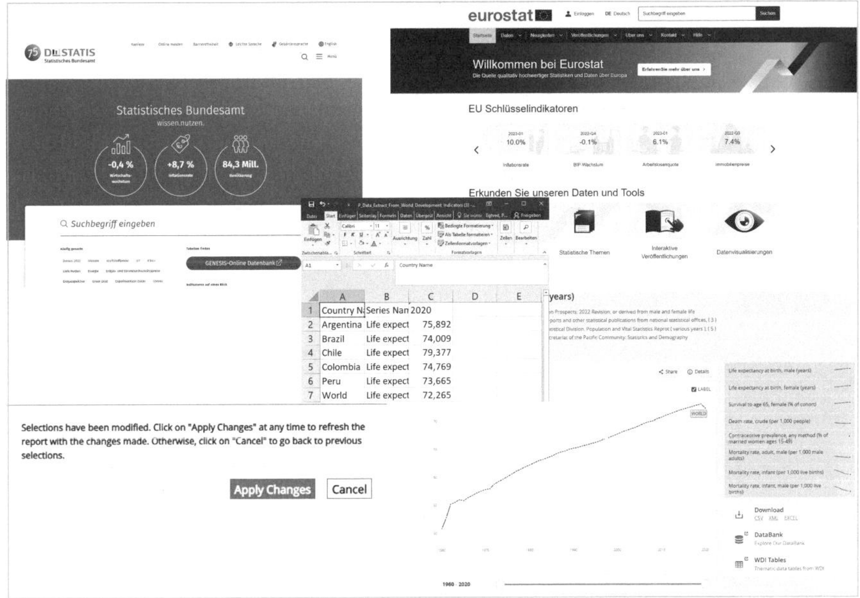

Datenrecherche, Analyse und Visualisierungsmöglichkeiten Quellen (v. l. n. r.): Eurostat 2023a, Statistisches Bundesamt 2023a, World Bank 2023b, 2023d

1.1 Destatis: Statistisches Bundesamt der Bundesrepublik Deutschland

Destatis ist die Abkürzung für das Statistische Bundesamt (Statistisches Bundesamt) in Deutschland. Es ist eine Bundesoberbehörde im Geschäftsbereich des Bundesministeriums des Innern, für Bau und Heimat und zuständig für die Erstellung und Veröffentlichung von Statistiken zu einer Vielzahl von Themen, wie zum Beispiel Bevölkerung, Wirtschaft, Umwelt, Bildung und Gesundheit.

Statistisches Bundesamt

Quelle: Statistisches Bundesamt 2023a

„Wir stellen neutrale, objektive und fachlich unabhängige Statistiken zur Verfügung. Diese Zahlen sind die Basis für demokratische, faktenbasierte Entscheidungsprozesse."[22]

Aufgaben des Statistischen Bundesamtes

Auftrag

Destatis hat den Auftrag, „statistische Informationen bereitzustellen und zu verbreiten. Diese Informationen müssen objektiv, unabhängig und qualitativ hochwertig sein. Unsere Bundesstatistiken stehen allen zur Verfügung: Politik, Verwaltung, Wirtschaft sowie Bürgerinnen und Bürgern."[23]

Datensammlung

Das Statistische Bundesamt Destatis bietet eine umfangreiche Sammlung von Daten und Statistiken zu einer Vielzahl von Themen an. Insgesamt gibt es Tausende von Datenreihen und -tabellen zu Themen wie Bevölkerung, Wirtschaft, Umwelt, Bildung, Gesundheit und vielen anderen.[24]

- **„Gesellschaft und Umwelt:** Bevölkerung, Bildung, Forschung und Kultur, Einkommen, Konsum und Lebensbedingungen, Gesundheit, Soziales, Umwelt, Verkehrsunfälle, Wohnen, Nachhaltigkeitsindikatoren, (…)

- **Wirtschaft:** Außenhandel, Groß- und Einzelhandel, Preise, Volkswirtschaftliche Gesamtrechnungen, Inlandsprodukt, Konjunkturindikatoren, Globalisierungsindikatoren.
- **Branchen und Unternehmen:** Bauen, Dienstleistungen, Energie, Gastgewerbe, Tourismus, Industrie, Verarbeitendes Gewerbe, Land- und Forstwirtschaft, Fischerei, Handwerk, Transport und Verkehr
- **Arbeit:** Arbeitsmarkt, Arbeits- und Lohnnebenkosten, Verdienste
- **Staat:** Justiz und Rechtspflege, Öffentliche Finanzen, Steuern, Öffentlicher Dienst, Bürokratiekosten
- **Länder und Regionen:** Regionales, Europa in Zahlen, Internationales"[25]

Datensammlung
Quelle: Statistisches Bundesamt 2023a

Ziel

Das Ziel von Destatis ist es, umfassende und verlässliche Daten und Informationen bereitzustellen, die zur Entscheidungsfindung in Politik, Wirtschaft und Gesellschaft beitragen können.

Datennutzung

Die meisten Daten von Destatis können kostenlos genutzt werden und die meisten Veröffentlichungen und Datenbanken von Destatis sind im Internet frei zugänglich. Es gibt jedoch einige kostenpflichtige Daten, die von

Destatis angeboten werden, wie zum Beispiel individuelle Sonderauswertungen oder spezielle Datenbankabfragen. In der Regel sind jedoch die Daten kostenlos verfügbar und können für private, wissenschaftliche oder geschäftliche Zwecke genutzt werden. Es ist wichtig, dass bei der Verwendung von Daten von Destatis die Urheberrechte beachtet werden und eine Quellenangabe erfolgt.

Data Literacy

„Die Fähigkeiten, Daten auf kritische Art und Weise zu sammeln, zu managen, zu bewerten und anzuwenden, wird als Data Literacy bezeichnet. Data Literacy umfasst dabei nicht nur Statistikkompetenz oder ein mathematisches Grundverständnis, sondern auch Fertigkeiten wie Digital- und Medienkompetenz. Wer datenkompetent („data literate") ist, kann die Zuverlässigkeit von Datenquellen beurteilen, Daten zielgerichtet aufbereiten und einordnen sowie sinnvolle Schlüsse aus diesen Daten ziehen."[26]

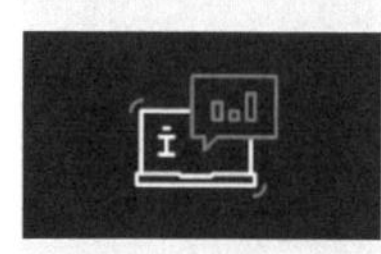

Quelle: Statistisches Bundesamt 2023a

Data Literacy fördern

Das Statistische Bundesamt stellt Lernvideos und Podcasts auf seiner Website bereit. Die Abbildung zeigt den Einstieg in das E-Learning-Portal.

Anleitung zur Recherche der Lebenserwartung

Exemplarisch wollen wir die Lebenserwartung in Deutschland nach der Geburt für Frauen und Männer sowie der Bevölkerung „insgesamt" recherchieren. Sinnvoll ist es, dass die Lehrerinnen und Lehrer mit den fachlichen Begrifflichkeiten weitgehend vertraut sind.

Suchbegriff eingeben

Zielführend ist es, wenn Sie den Suchbegriff „Lebenserwartung" in das Suchfeld eingeben.

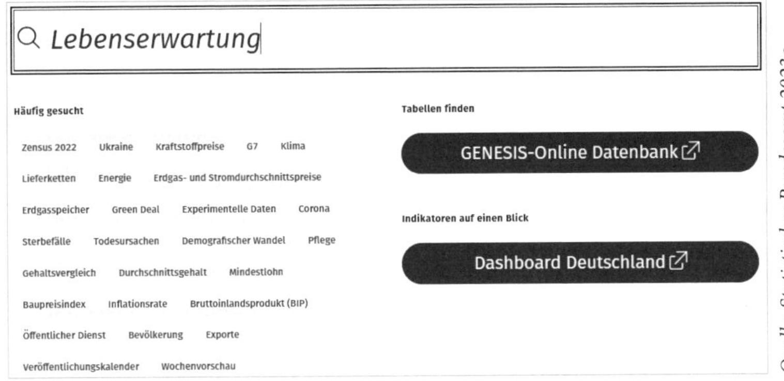

Quelle: Statistisches Bundesamt 2023a

Suchfeld Destatis

Anschließend werden verschiedene Informationen, wie Pressemitteilungen, Sonderauswertungen, sowie visualisierte Daten angezeigt. Sie können auch auf Excel-Dateien zur Lebenserwartung zugreifen. Auch ohne spezielles Kontextwissen kann man sich gut in die Thematik einlesen.

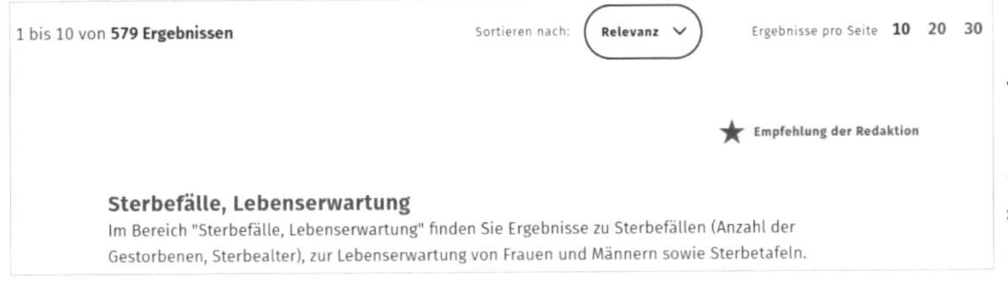

Quelle: Statistisches Bundesamt 2023a

Ergebnisse der ersten Suche

Nutzen wir das erste Suchergebnis und prüfen, was das Statistische Bundesamt als nützliche Information vorschlägt. Es empfiehlt die „Durchschnittliche Lebenserwartung". Wenn wir nach unten scrollen, dann finden wir die Rubrik „Tabellen", hier ist ein Datendownload möglich.

Quelle: Statistisches Bundesamt 2023c

Suche nach Lebenserwartung

Die Daten geben die Geschlechter „männlich“ und „weiblich“ wieder, nicht jedoch den Mittelwert „insgesamt“. Außerdem werden sie nicht nur „ab Geburt“ angeboten, sondern auch die Lebenserwartung ab dem 20., dem 30., dem 40. bis zur Lebenserwartung ab dem 80. Lebensjahr.

Tabelle

DIAGRAMM

Downloads: XLSX CSV FLAT XML   Optionen:

Durchschnittliche Lebenserwartung (Periodensterbetafel): Deutschland, Jahre, Geschlecht, Vollendetes Alter

Sterbetafeln
Deutschland
Durchschnittliche Lebenserwartung [e(x)] (Jahre)

Geschlecht Vollendetes Alter	2004/06	2005/07	2006/08	2007/09	2008/10	2009/11	2010/12	2011/13	2012/14	2013/15	2014/16	2015/17	2016/18	2017/19	2
männlich															
0 Jahre	76,64	76,89	77,17	77,33	77,51	77,72	77,72	77,90	78,13	78,18	78,31	78,36	78,48	78,63	
20 Jahre	57,24	57,49	57,74	57,90	58,05	58,25	58,24	58,41	58,61	58,66	58,79	58,83	58,96	59,10	
40 Jahre	37,98	38,20	38,44	38,59	38,73	38,93	38,92	39,06	39,24	39,29	39,42	39,45	39,56	39,69	
60 Jahre	20,58	20,75	20,93	21,04	21,16	21,31	21,28	21,38	21,51	21,52	21,62	21,62	21,69	21,77	
65 Jahre	16,77	16,93	17,11	17,22	17,33	17,48	17,46	17,55	17,69	17,71	17,81	17,80	17,87	17,94	
80 Jahre	7,51	7,56	7,65	7,67	7,71	7,77	7,68	7,70	7,79	7,81	7,91	7,92	8,00	8,08	
weiblich															
0 Jahre	82,08	82,25	82,40	82,53	82,59	82,73	82,80	82,88	83,05	83,06	83,20	83,18	83,27	83,36	
20 Jahre	62,56	62,72	62,85	62,97	63,03	63,16	63,22	63,29	63,45	63,46	63,61	63,60	63,67	63,75	
40 Jahre	42,92	43,08	43,20	43,32	43,37	43,50	43,57	43,63	43,77	43,79	43,93	43,92	43,99	44,07	
60 Jahre	24,49	24,61	24,71	24,81	24,85	24,96	25,03	25,07	25,19	25,19	25,32	25,28	25,34	25,39	
65 Jahre	20,18	20,31	20,41	20,52	20,56	20,68	20,74	20,79	20,90	20,90	21,03	21,00	21,06	21,11	
80 Jahre	8,87	8,92	8,97	9,04	9,06	9,13	9,17	9,20	9,29	9,30	9,43	9,42	9,50	9,56	

© Statistisches Bundesamt (Destatis), 2022 | Stand: 15.06.2023 / 15:18:14

Quelle: Statistisches Bundesamt 2023b

Wir laden die Daten in Excel herunter.

Quelle: Statistisches Bundesamt 2023b

Wenn wir Excel öffnen, dann sehen wir alle Daten, die uns zuvor auf der Website angezeigt wurden. Da wir ursprünglich nur die Daten ab Geburt gesucht haben, müssen wir alle zusätzlichen Daten löschen, bevor wir zur Analyse und Visualisierung schreiten können. Letztendlich ist jedoch eine solche Nachbearbeitung aufwendig. Besser wäre es, wenn wir die Daten vorab auswählen und gezielt herunterladen könnten. Versuchen wir es daher mit der direkten Recherche in der GENESIS-Datenbank des Statistischen Bundesamtes.

GENESIS-Online-Datenbank

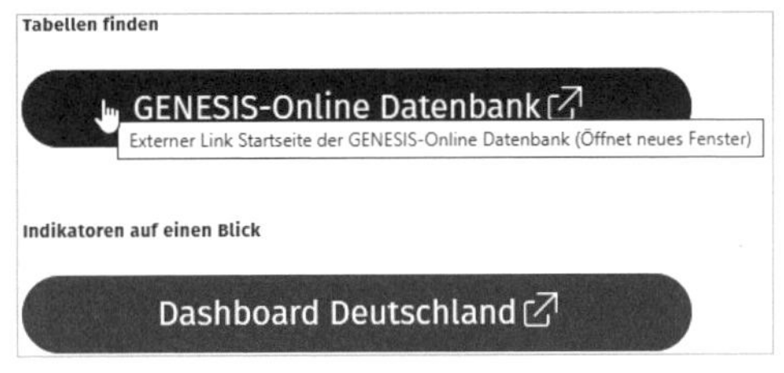

Quelle: Statistisches Bundesamt 2023b

Die GENESIS-Datenbank ist eine wahre Schatzkammer für Daten, die die Ökonomie, die Bevölkerung sowie Gesellschaft oder die Ökologie widerspiegeln. Aber Vorsicht: Die ersten Datenrecherchen sind aufgrund der Datenfülle meist eine zeitliche Herausforderung.

Rufen Sie die GENESIS-Online-Datenbank auf der Startseite von Destatis auf und geben Sie den Suchbegriff „Lebenserwartung" ein. Ihnen werden dann Tabellen mit dem Suchbegriff angezeigt.

Als Einstieg dienen die „Suche" oder die „9 Felder"-Themenauswahl, wir kommen jedes Mal zum Ziel:

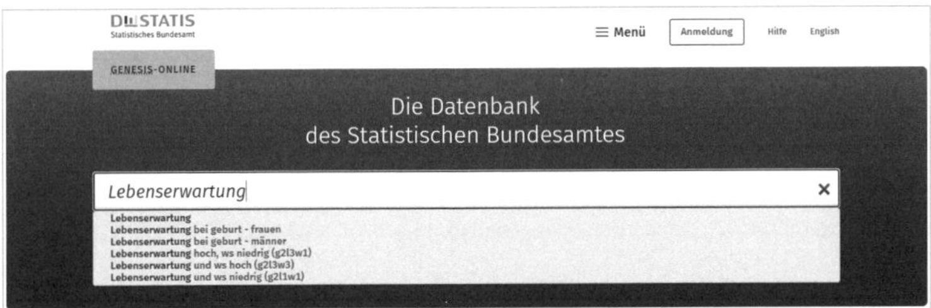

Quelle: Statistisches Bundesamt 2023b

Jetzt zum „9 Felder"-Einstieg: Es ist zu vermuten, dass die Lebenserwartung unter dem ersten Feld „Bevölkerung" zu finden ist.

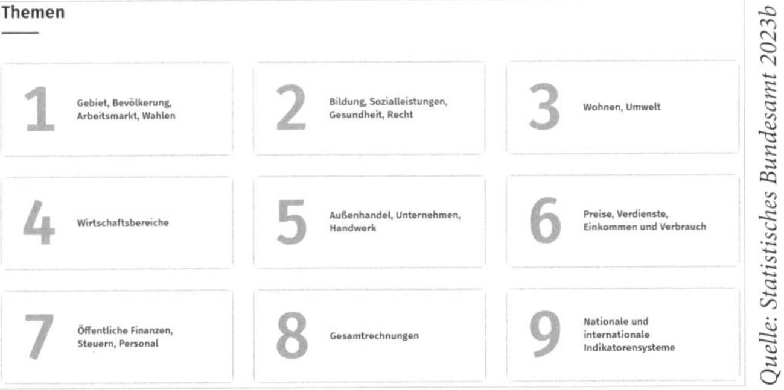

Quelle: Statistisches Bundesamt 2023b

Hier werden wir über die „Bevölkerung" weiter zur der „Natürlichen Bevölkerungsbewegungen" hin zur Sterbetafel geleitet. Zugegeben, dass sich die Lebenserwartung unter dem Untermenü „Sterbetafel" befindet, muss man erst einmal wissen (oder ausprobieren). Anschließend finden wir die „Durchschnittliche Lebenserwartung".

1 Gebiet, Bevölkerung, Arbeitsmarkt, Wahlen

11 Gebiet

12 Bevölkerung

anzeigen: Statistiken zu Statistik 'Bevölkerung'

13 Arbeitsmarkt

14 Wahlen

2 Bildung, Sozialleistungen, Gesundheit, Recht

126 Natürliche Bevölkerungsbewegungen

12611 Statistik der Eheschließungen

12612 Statistik der Geburten

12613 Statistik der Sterbefälle

12621 Sterbetafeln

anzeigen: Tabellen zu Statistik 'Sterbetafeln'

12631 Statistik rechtskräftiger Urteile in Ehesachen

12651 Begründung von Lebenspartnerschaften

12661 Aufhebung von Lebenspartnerschaften

Tabellen

Code	Inhalt
12621-0001	Sterbetafel (Periodensterbetafel): Deutschland, Jahre, Geschlecht, Vollendetes Alter
12621-0002	Durchschnittliche Lebenserwartung (Periodensterbetafel): Deutschland, Jahre, Geschlecht, Vollendetes Alter
12621-0003	Durchschnittliche Lebenserwartung (Kohortensterbetafel): Deutschland, Geburtsjahr, Geschlecht, Vollendetes Alter, Trendvarianten
12621-0004	Durchschnittliche Lebenserwartung bei Geburt (Periodensterbetafel): Bundesländer, Jahre, Geschlecht

anzeigen: Tabelle "12621-0002"

Quelle: Statistisches Bundesamt 2023b

Über „Bevölkerung" und den „Sterbetafeln" zur „Durchschnittlichen Lebenserwartung"

Jetzt kann man eine Datenvorauswahl nach „Jahren", „Geschlecht" und „vollendetes Alter" treffen, um die Daten gezielt auszuwählen und die Datenmenge vor dem Download zu reduzieren.

Position	Code	Inhalt	Ausprägungen
	12621	Sterbetafeln	
	DINSG	Deutschland insgesamt	
	LEB007	Durchschnittliche Lebenserwartung [e(x)]	
	JAHRZR	Jahre (Zeitraum)	ZEIT AUSWÄHLEN
	GES	Geschlecht (2)	AUSWÄHLEN
	ALT577	Vollendetes Alter (101)	AUSWÄHLEN

Quelle: Statistisches Bundesamt 2023b

Dashboard Deutschland

Wenn Sie eine Datenvorauswahl mit Visualisierungen wünschen, dann können Sie das Dashboard Deutschland des Statistischen Bundesamtes auf der Startseite von Destatis aufrufen und dort den Begriff „Lebenserwartung“ eingeben. Wäre eine entsprechende Datenvisualisierung im Dashboard vorhanden, dann würde diese jetzt aufgerufen werden. Leider ist die „Lebenserwartung“ bislang nicht visualisiert. Das Dashboard zu nutzen ergibt also nur Sinn, wenn Datenvisualisierungen bereits redaktionell erarbeitet wurden und vorliegen.

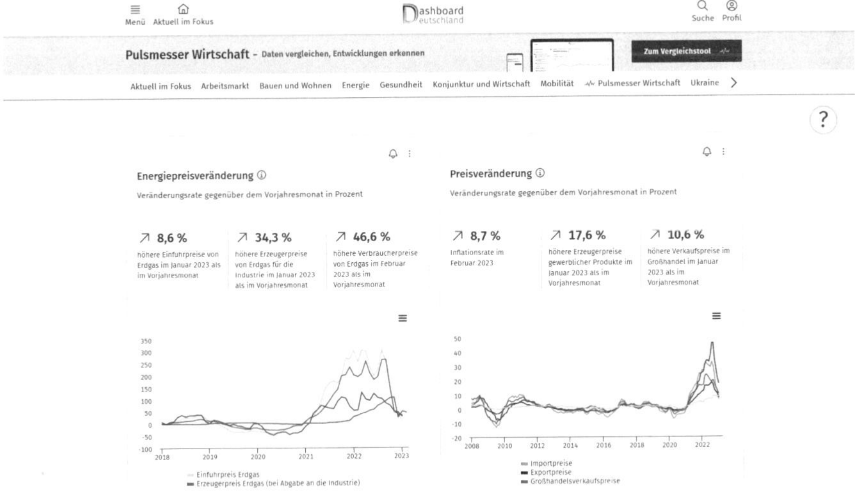

Dashboard Deutschland
Quelle: Statistisches Bundesamt 2023d

Ist der Datensatz bereits visualisiert, kann man nicht nur die Visualisierung nutzen, sondern auch für den Unterricht herunterladen.

1.2 Eurostat: statistische Daten (nicht nur) aus der Europäischen Union

„Eurostat ist das statistische Amt der Europäischen Union. Aufgabe Eurostats ist es, qualitativ hochwertige Statistiken und Daten über Europa bereitzustellen. Eurostat erstellt europäische Statistiken in Zusammenarbeit mit nationalen statistischen Ämtern und anderen nationalen Behörden in den EU-Mitgliedstaaten. Diese Partnerschaft ist als Europäisches Statistisches

System (ESS) bekannt. Dazu gehören auch die statistischen Ämter der Länder des Europäischen Wirtschaftsraums (EWR) und der Schweiz. Eurostat koordiniert die statistischen Maßnahmen auf Ebene der Europäischen Union und insbesondere innerhalb der Kommission."[27]

Quelle: Eurostat 2023a

Überblick

Orientieren wir uns in der Datenbank Eurostats. Der folgende Überblick fasst die Informationen auf den Seiten Eurostat kurz zusammen.

Länder und Gebietskörperschaften

- die Europäische Union
- die Mitgliedstaaten der Europäischen Union
- die Eurozone
- die Kandidatenländern
- die EFTA-Länder

Anzahl der Datensätze

Mit über 4.600 Datensätzen, die 1,2 Milliarden statistische Daten enthalten, ist Eurostat eine Fundgrube für statistische Informationen und deckt alle Bereiche der Gesellschaft in Europa ab.

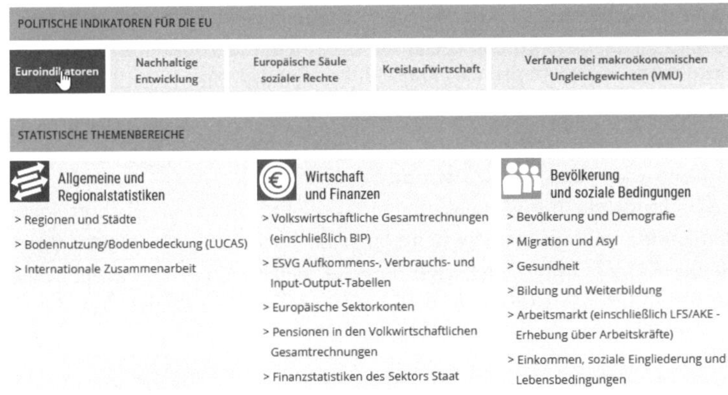

EU-Daten Eurostat
Quelle: Eurostat 2023b

Politisch relevante Datensätze

Die folgenden Datensätze werden von Eurostat als politisch relevante Datensätze bezeichnet. Sie sind eine Vorauswahl in die man sich, je nach Themengebiet, relativ einfach einarbeiten kann.

- **Indikatoren für nachhaltige Entwicklung:** Gemäß der EU-Strategie für nachhaltige Entwicklung geht es um Wirtschaftsentwicklung, Armut und soziale Ausgrenzung, alternde Gesellschaft, öffentliche Gesundheit, Klimawandel und Energie, Produktions- und Verbrauchsmuster, Bewirtschaftung natürlicher Ressourcen, Verkehr, gute Regierungsführung und globale Partnerschaft.
- **Indikatoren für Beschäftigungs- und Sozialpolitik:** verschiedene Gruppen von Indikatoren für verschiedene Bereiche der Beschäftigungs- und Sozialpolitik
- **Euro-Indikatoren/WEWI:** Hier finden Sie die wichtigsten kurzfristigen Wirtschaftsindikatoren wie Zahlungsbilanzen, Unternehmenserhebungen, Verbraucherpreise, Außenhandel, Industrie, Handel und Dienstleistungen, Arbeitsmarkt, währungs- und finanzpolitische Indikatoren sowie volkswirtschaftliche Gesamtrechnungen.
- **Indikatoren zur wirtschaftlichen Globalisierung:** Sie bieten einen Überblick über die wichtigsten Trends in der Globalisierung. Die Indikatoren beruhen auf Daten, die in der Eurostat-Datenbank verfügbar sind, und sind so aufgebaut, dass sie sachdienliche Ländervergleiche ermöglichen.

- **Verfahren bei makroökonomischen Ungleichgewichten:** Die Indikatoren des Anzeigers für das Verfahren bei einem makroökonomischen Ungleichgewicht (VMU) dienen der Feststellung eines gesamtwirtschaftlichen Ungleichgewichts in einem Land.

Bildungsecke – für Lehrkräfte und Studierende

Die Bildungsecke Eurostats wendet sich an Lehrerinnen und Lehrer sowie Studierende, die mit statistischen Daten im Unterricht arbeiten möchten. Die Lernvideos sind in englischer Sprache, gleiches gilt für viele der Tools. Der folgende Screenshot irritiert etwas, werden die Werkzeuge und Videos doch in deutscher Sprache beworben.

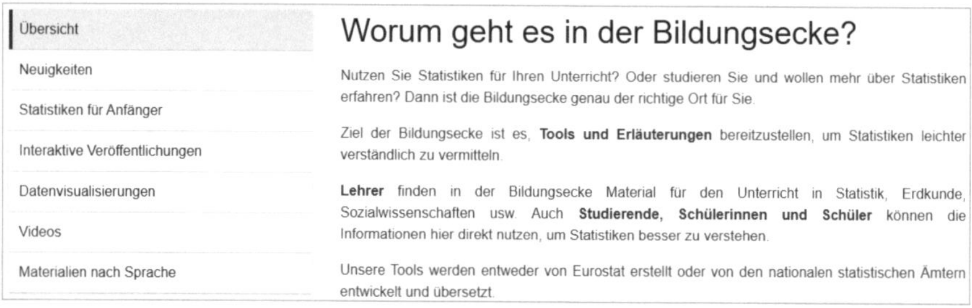

Übersicht
Neuigkeiten
Statistiken für Anfänger
Interaktive Veröffentlichungen
Datenvisualisierungen
Videos
Materialien nach Sprache

Worum geht es in der Bildungsecke?

Nutzen Sie Statistiken für Ihren Unterricht? Oder studieren Sie und wollen mehr über Statistiken erfahren? Dann ist die Bildungsecke genau der richtige Ort für Sie.

Ziel der Bildungsecke ist es, **Tools und Erläuterungen** bereitzustellen, um Statistiken leichter verständlich zu vermitteln.

Lehrer finden in der Bildungsecke Material für den Unterricht in Statistik, Erdkunde, Sozialwissenschaften usw. Auch **Studierende, Schülerinnen und Schüler** können die Informationen hier direkt nutzen, um Statistiken besser zu verstehen.

Unsere Tools werden entweder von Eurostat erstellt oder von den nationalen statistischen Ämtern entwickelt und übersetzt.

Quelle: Eurostat 2023b

„Ziel der Bildungsecke ist es, Tools und Erläuterungen bereitzustellen, um Statistiken leichter verständlich zu vermitteln. Lehrer finden auf der Bildungsecke Material für den Unterricht in Statistik, Erdkunde, Sozialwissenschaften usw. Auch Studierende, Schülerinnen und Schüler können die Informationen hier direkt nutzen, um Statistiken besser zu verstehen."[28]

Über die urheberrechtlichen Bestimmungen Eurostats

Die Verbreitungspolitik von Eurostat basiert auf dem Grundsatz der freien Zugänglichkeit europäischer Statistiken für die Öffentlichkeit. Eurostat befürwortet und fördert die freie Verwendung der Eurostat-Daten für kommerzielle und nicht-kommerzielle Zwecke. Alle statistischen Daten, Metadaten, Inhalte auf Webseiten oder auf anderen Veröffentlichungskanälen sowie offizielle Veröffentlichungen und andere Dokumente, die auf den Eurostat-Webseiten zu finden sind, können – außer in den nachstehend genannten Fällen – kostenlos und ohne schriftliche Genehmigung weiterverwendet werden, vorausgesetzt:

- Eurostat wird als Quelle angegeben;
- Änderungen an Daten oder Texten von Eurostat werden gegenüber dem Endnutzer bzw. der Endnutzerin der Informationen deutlich kenntlich gemacht.

Für alle Inhalte, die nicht aus den europäischen Mitgliedsstaaten und den Beitrittsstaaten stammen, aber trotzdem auf den Seiten Eurostats veröffentlicht sind, gilt diese Regelung jedoch nicht.

Anleitung zur Datenrecherche bei Eurostat

Nehmen wir zur Durchführung der Datenrecherche einmal an, Sie interessieren sich für die Frage, in welchem europäischen Land die Lebenserwartung am höchsten ist. Und außerdem möchten Sie wissen, auf welchem Platz sich Deutschland in einem solchen Ranking wiederfinden würde, wie würde man eine solche Recherche beginnen?

Suche über die „Suchfunktion"

Die Suchfunktion führt über die Eingabe des präzisen Suchbegriffes, eines Codes oder des Titels bzw. dem Namen des Datensatzes, zum direkten Ziel. Wenn nicht, dann gibt es meistens mehr oder minder gute Vorschläge.

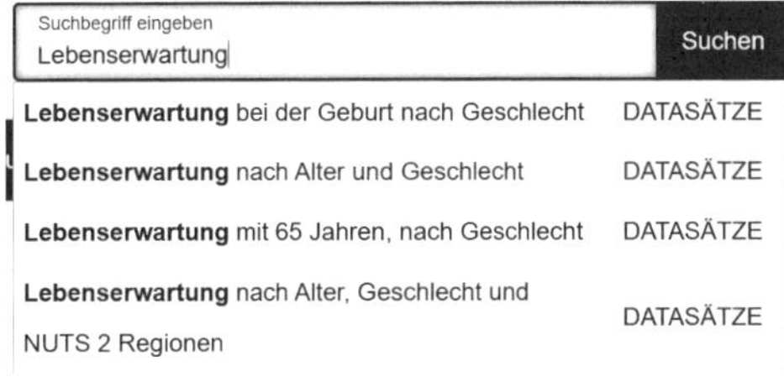

Quelle: Eurostat 2023a

Haben Sie den Suchbegriff präzise eingegeben, wird Ihnen vorgeschlagen, die Daten im „Dataset" oder im „Baum" angezeigt zu bekommen. Eine sehr nützliche Navigation, die jedoch die Eingabe des korrekten Suchbegriffes voraussetzt.

Quelle: Eurostat 2023c

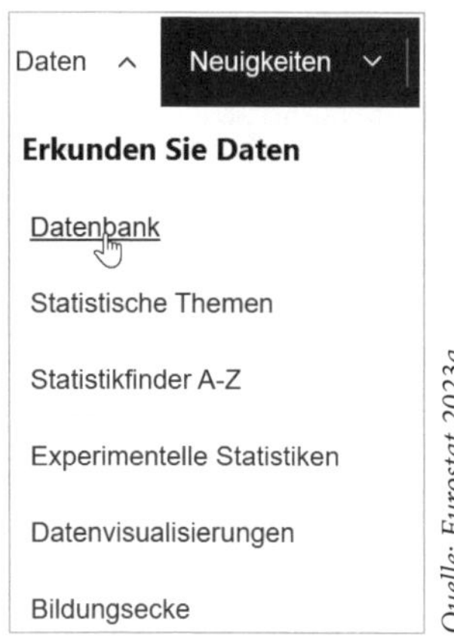

Quelle: Eurostat 2023a

Suche über „Datenbank"

Mithilfe des Menüpunktes „Datenbank" kommt man zu einer umfangreichen Datenbank. Hier finden Sie die „Datenschätze", mit denen man im Politik-, Geografie- und Wirtschaftsunterricht Aussagen prüfen sowie fundierte Sach- und Werturteile bilden kann. Denn weiterhin gilt Urteilsfähigkeit ist der besten Faktencheck (nach Ursula Münch).

Suche über „Statistikfinder A–Z"

Haben Sie den Namen des Datensatzes, dann können Sie die Daten über das Menü „Statistikfinder A–Z" meist schnell ausfindig machen.

Erkunden Sie unsere Daten

Quelle: Eurostat 2023d

Suche über „Alle Daten"

Das Menü „Alle Daten" wird aktuell aufgebaut und ist daher nicht andauernd von den Nutzenden aufrufbar. Sollten Sie es aufrufen können, dann finden Sie ein optisch gut gestaltetes Menü, mit dem man gut orientiert durch die Datenbank surfen kann. „Die Datensätze sind zugänglich unter „ALLE DATEN", durch

- Themen und
- Kategorien innerhalb jedes Themas.

Die Themen sind in Kategorien und Unterkategorien organisiert."[29]

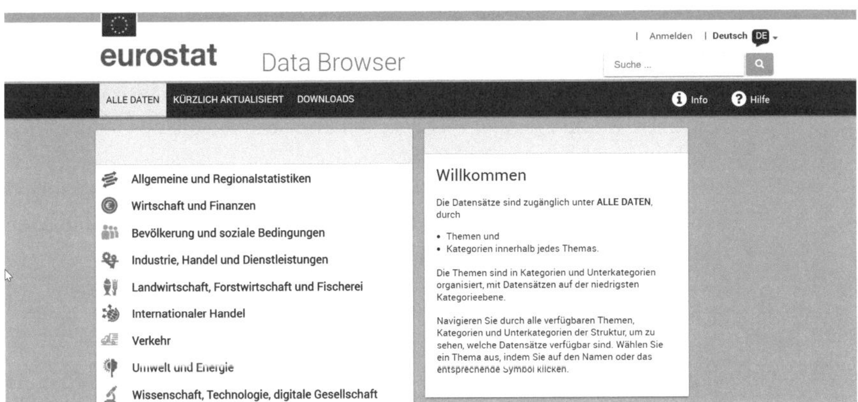

Quelle: Eurostat 2023d

Die Eurostat-Systematik

Öffnen wir die Datenbank und sehen uns die jeweiligen Gliederungspunkte an. Es zeigt sich die Datenübersicht, die nur auf den ersten Blick etwas verwirrend ist. Die Eurostat-Datenbank ist in Unterpunkte gegliedert:

- Detaillierte Datensätze
- Ausgewählte Datensätze
- EU Politikbereiche
- Querschnittsthemen

Detaillierte Datensätze Riesige Datenschätze – geübte Daten-Rechercheurinnen und -rechercheure können hier zahlreiche Einstellungen zur Datenauswahl vornehmen, für Einsteigerinnen und Einsteiger in die Datenrecherche ist diese Rubrik kompliziert.

Ausgewählte Datensätze Diese Datenbank beinhaltet ebenfalls eine große Datenfülle, jedoch sind die Datensätze bereits eingegrenzt und daher für Einsteigerinnen und Einsteiger leichter zu nutzen. Wieder sind die bereits bekannten neun Untermenüs zu sehen, die Orientierung für die Datenrecherche liefern:

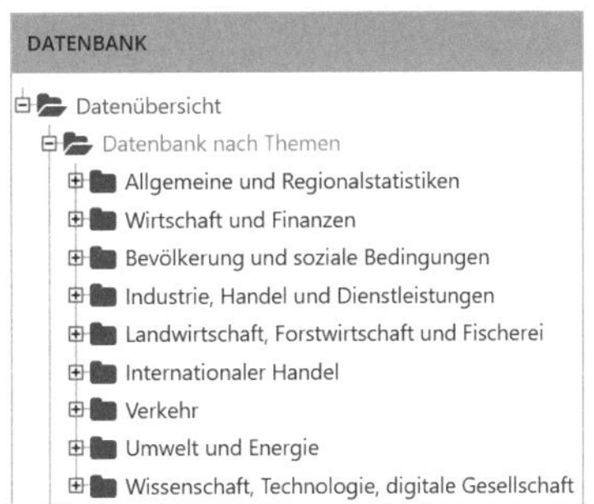

Datenbank nach Themen
Quelle: Eurostat 2023e

Allgemeine und Regionalstatistiken, Wirtschaft und Finanzen, Bevölkerung und soziale Bedingungen, Industrie, Handel und Dienstleistungen, Landwirtschaft, Forstwirtschaft und Fischerei, Internationaler Handel, Verkehr, Umwelt und Energie, Wissenschaft und Technologie.

EU-Politikbereiche

Hier werden ausgewählte Datensätze zu Politikfeldern und EU-Strategien angeboten. Will man den Zwischenstand der Strategie Europas untersuchen, dann kann man über das entsprechende Untermenü direkt auf den Datensatz zugreifen.

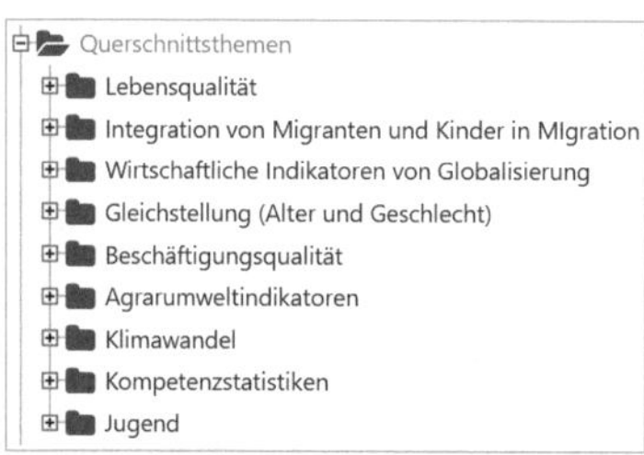

Quelle: Eurostat 2023e

Querschnittsthemen

Ausgewählte Themen können über den Menüpunkt „Querschnittsthemen“ aufgerufen werden: Lebensqualität, Integration von Migranten, Globalisierung, Unternehmertum und Gleichstellung (Alter/Geschlecht), Klimawandel, Beschäftigungsqualität.

Suche am Beispiel „Lebenserwartung“

Bleiben wir bei der Ausgangsfrage nach den Daten zur Lebenserwartung in den einzelnen EU-Ländern. Die Suche in der „Datenbank nach Themen“ oder den „Tabellen nach Themen“ sind die Königsdisziplin der Recherche. Machen wir uns daher mit der Systematik vertraut. Die Recherche ist nicht schwierig, erfordert jedoch etwas Übung.

Für Schülerinnen und Schüler sind daher einfache Datenrechercheübungen mit zielgenauen Begriffen zu empfehlen. Generell ist es aber nicht kompliziert, sich mit der Eurostat-Datenbanksystematik vertraut zu machen. Sie ist vielleicht am ehesten vergleichbar mit dem Periodensystem der Elemente in der Chemie. Also, ab der Mittelstufe wäre die Suche und Analyse der statistischen Daten Eurostats kein Problem.

Wenn wir uns auf die Schnelle mit der „Datenbank nach Themen“ vertraut machen wollen, dann nutzen wir die bereits vorgestellte „Suchfunktion“, rufen den Suchbegriff auf und lassen uns den „Baum“ anzeigen. Sichtbar wird der Fundort der Lebenserwartung in „Tabellen nach Themen“.

Quelle: Eurostat 2023c

Tabellen nach Themen: Bevölkerung und soziale Bedingungen
Ausgangspunkt der Datenrecherche ist die Suche nach der „Lebenserwartung" von Männern und Frauen nach Geburt. In der Kategorie „Bevölkerung und soziale Bedingungen" findet man das Untermenü „Demografie, Bevölkerungsstand und -bilanz", hier wiederum das Untermenü „Sterblichkeit (nationale Ebene)" und „Lebenserwartung nach Alter und Geschlecht".

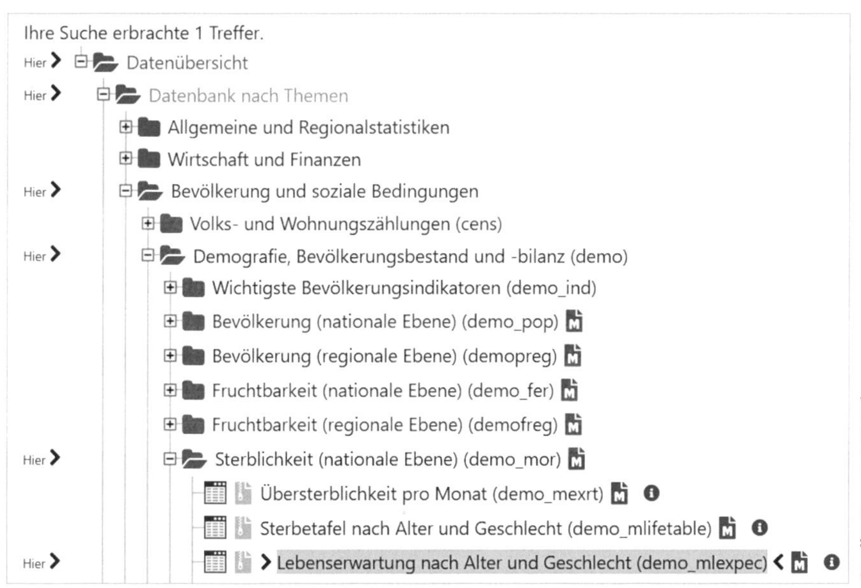

Quelle: Eurostat 2023f

„Lebenserwartung nach Alter und Geschlecht" beinhaltet den Datensatz, der das Ziel der Recherche ist und den wir im weiteren Verlauf häufig verwenden werden. Wir wählen „DATA BROWSER" aus, um eine gezielte Datenauswahl vorzunehmen.

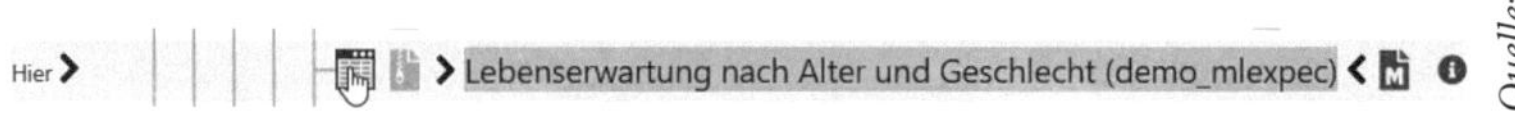

Quelle: Eurostat 2023f

„Auswahl"

Es öffnet sich das Menü „Auswahl" und dort die Datentabelle „Lebenserwartung" mit dem ausgewählten Datensatz und drei Einstellmöglichkeiten: „Reihe", „Spalte" und „Seite".

Wenn wir die Daten später herunterladen, dann werden die Excel-Reihen mit den noch auszuwählenden Ländern und Regionen gefüllt und die Spalten mit den noch auszuwählenden Zeitangaben. Auf den herunterladbaren Seiten werden die Daten nach Geschlecht platziert, beispielsweise männlich, weiblich und insgesamt.

Quelle: Eurostat 2023e

„Reihe", „Spalte" und „Seite"

Hier können Sie Folgendes auswählen:

- Länder oder Regionen („Reihe"),
- Zeit („Spalte") und
- Geschlecht („Seite"),

Mit einem Klick auf „Alles auswählen" würden neben den 27 EU-Staaten und Regionen auch Daten aus vorausgewählten Vergleichsländer berücksichtigt.

Je differenzierter die Auswahl der Daten zu diesem Zeitpunkt bereits ist, desto weniger überflüssige Daten müssen Sie später aus der Excel-Datei herauslöschen.

Die Datenauswahl für die Spalten wird analog der Länderauswahl in den Zeilen vorgenommen. Gleiches gilt für das Geschlecht.

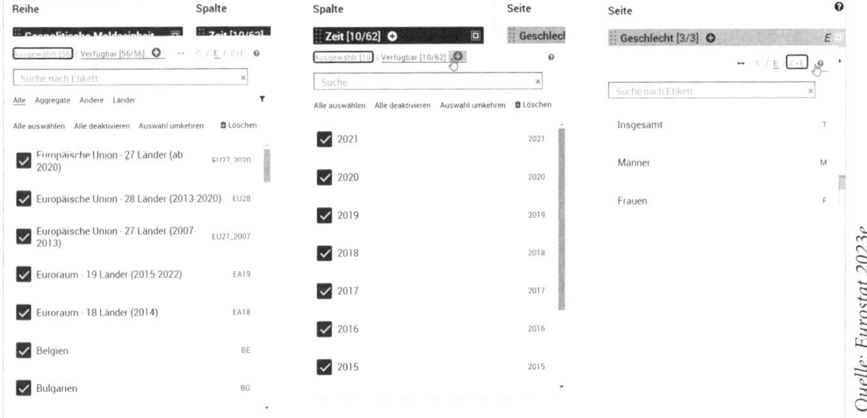

Quelle: Eurostat 2023e

„Format"

Neben dem Menü „Auswahl" befindet sich das „Format". Bevor wir die Daten herunterladen, sollten wir eine Einstellungsänderung vornehmen: Statt „Flags anzeigen" wählen wir „Flags verbergen". Hintergrund ist, dass später vor der Datenanalyse und Datenvisualisierung weniger Spalten und überflüssige Daten zu löschen sind. Die Reduzierung von Daten in Excel wird durch die Einstellungen in „Format" und „Auswahl" zielgerichtet vorgenommen.

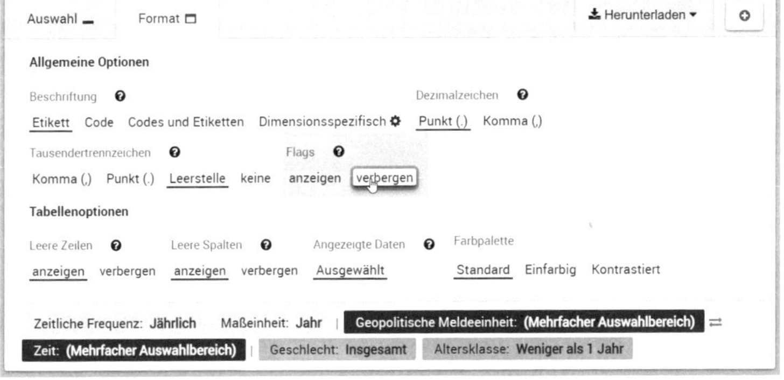

Quelle: Eurostat 2023e

Daten herunterladen und öffnen

Mit einem Klick auf das „Herunterladen"-Symbol und anschließend auf den Button „Kalkulationstabelle" laden Sie die zusammengestellten Daten zur Lebenserwartung herunter.

Quelle: Eurostat 2023e

Anschließend öffnen Sie die Excel-Datei. Das Arbeitsblatt ist (meist) die dritte Seite. Das geöffnete Arbeitsblatt enthält die ausgewählten Werte der Länder, Jahre und Daten.

Das war Ihr erster erfolgreicher Datendownload der Lebenserwartung aus der Eurostat-Datenbank in Excel. Alle weiteren Übungen und Analysen werden folgen.

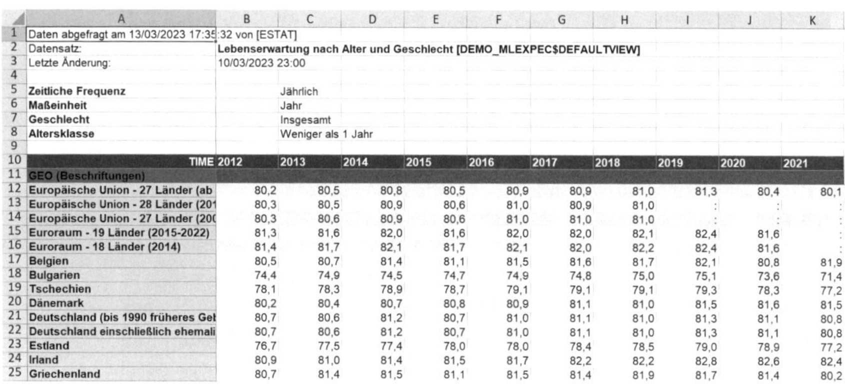

	A	B	C	D	E	F	G	H	I	J	K
1	Daten abgefragt am 13/03/2023 17:35	:32 von [ESTAT]									
2	Datensatz:	Lebenserwartung nach Alter und Geschlecht [DEMO_MLEXPEC$DEFAULTVIEW]									
3	Letzte Änderung:	10/03/2023 23:00									
4											
5	Zeitliche Frequenz		Jährlich								
6	Maßeinheit		Jahr								
7	Geschlecht		Insgesamt								
8	Altersklasse		Weniger als 1 Jahr								
9											
10	TIME	2012	2013	2014	2015	2016	2017	2018	2019	2020	2021
11	GEO (Beschriftungen)										
12	Europäische Union - 27 Länder (ab	80,2	80,5	80,8	80,5	80,9	80,9	81,0	81,3	80,4	80,1
13	Europäische Union - 28 Länder (201	80,3	80,5	80,9	80,6	81,0	80,9	81,0	:	:	:
14	Europäische Union - 27 Länder (200	80,3	80,6	80,9	80,6	81,0	81,0	81,0	:	:	:
15	Euroraum - 19 Länder (2015-2022)	81,3	81,6	82,0	81,6	82,0	82,0	82,1	82,4	81,6	:
16	Euroraum - 18 Länder (2014)	81,4	81,7	82,1	81,7	82,1	82,0	82,2	82,4	81,6	:
17	Belgien	80,5	80,7	81,4	81,1	81,5	81,6	81,7	82,1	80,8	81,9
18	Bulgarien	74,4	74,9	74,5	74,7	74,9	74,8	75,0	75,1	73,6	71,4
19	Tschechien	78,1	78,3	78,9	78,7	79,1	79,1	79,1	79,3	78,3	77,2
20	Dänemark	80,2	80,4	80,7	80,8	80,9	81,1	81,0	81,5	81,6	81,5
21	Deutschland (bis 1990 früheres Geb	80,7	80,6	81,2	80,7	81,0	81,1	81,0	81,3	81,1	80,8
22	Deutschland einschließlich ehemali	80,7	80,6	81,2	80,7	81,0	81,1	81,0	81,3	81,1	80,8
23	Estland	76,7	77,5	77,4	78,0	78,0	78,4	78,5	79,0	78,9	77,2
24	Irland	80,9	81,0	81,4	81,5	81,7	82,2	82,2	82,8	82,6	82,4
25	Griechenland	80,7	81,4	81,5	81,1	81,5	81,4	81,9	81,7	81,4	80,2

Datenquelle: Eurostat 2023

1.3 World Bank: weltweite statistische Daten

Die Weltbankgruppe ist eine der weltweit größten Finanzierungs- und Wissensquellen für und über Entwicklungsländer. Ihre fünf Institutionen teilen die Verpflichtung, die Armut zu verringern, den gemeinsamen Wohlstand zu steigern und eine nachhaltige Entwicklung zu fördern.

Die Weltbankgruppe geht auf die Internationale Bank für Wiederaufbau und Entwicklung zurück, die im Jahre 1944 gegründet wurde. Die Weltbank ist eine Sonderorganisation der Vereinten Nationen und verfolgt das Ziel, die weltweite Armut durch eine nachhaltige wirtschaftliche Entwicklung ärmerer Staaten zu reduzieren. Die Gruppe besteht aus den folgenden fünf Organisationen, die sich im Besitz ihrer jeweiligen Mitgliedstaaten befinden:

- Internationale Bank für Wiederaufbau und Entwicklung
- Internationale Entwicklungsorganisation
- Internationale Finanz-Corporation
- Multilaterale Investitions-Garantie-Agentur
- Internationales Zentrum zur Beilegung von Investitionsstreitigkeiten

Mit dem Begriff „Weltbank“ werden in der Regel die beiden erstgenannten Organisationen bezeichnet; der Begriff „Weltbankgruppe“ umfasst alle Organisationen. Seit 1947 hat die Weltbank über traditionelle Darlehen, zinslose Kredite und Zuschüsse über 12.000 Entwicklungsprojekte finanziert.[30]

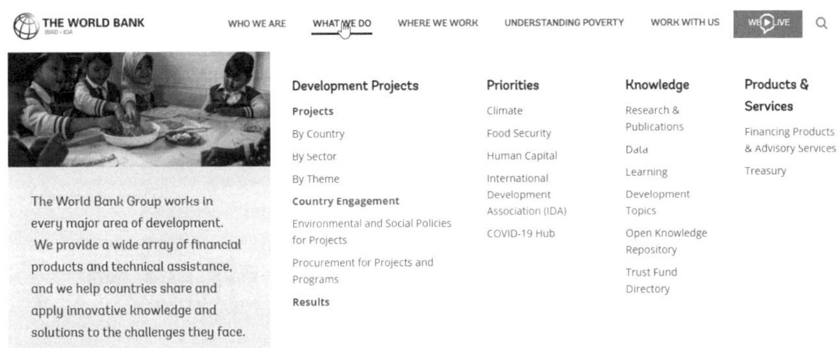

World Bank, mit aufgeklappten Auswahlmenü
Quelle: World Bank 2023a

World Bank Data

Die Weltbank stellt eine Auswahl an Kennzahlen zu den Bereichen Gesellschaft, Wirtschaft, Soziales, Infrastruktur, Bildung, Finanzen und Umweltschutz bereit. Die Datenbank enthält mehr als 1600 Kennzahlen für 248 Volkswirtschaften und Regionen, teilweise bis zurück ins Jahr 1960.

Die World Bank definiert die Notwendigkeit, mit guten Daten Politik zu machen, wie folgt: Gute Daten werden benötigt, um Ausgangswerte festzulegen, wirksame öffentliche und private Maßnahmen zu identifizieren, Ziele und Zielvorgaben festzulegen, Fortschritte zu überwachen und Auswirkungen zu bewerten. Sie sind ein wesentliches Instrument guter Regierungsführung, da sie den Menschen Mittel zur Verfügung stellen, um zu beurteilen, was Regierungen tun, und ihnen dabei helfen, sich direkt am

Entwicklungsprozess zu beteiligen. Ein Großteil der Daten stammt aus den statistischen Systemen der Mitgliedsländer, und die Qualität der globalen Daten hängt davon ab, wie gut diese nationalen Systeme funktionieren. Die Weltbank arbeitet daran, Entwicklungsländern zu helfen, die Kapazität, Effizienz und Effektivität nationaler statistischer Systeme zu verbessern. Ohne bessere und umfassendere nationale Daten ist es unmöglich, wirksame Strategien zu entwickeln, die Umsetzung von Strategien zur Armutsbekämpfung zu überwachen oder Fortschritte bei der Erreichung globaler Ziele zu überwachen.[31]

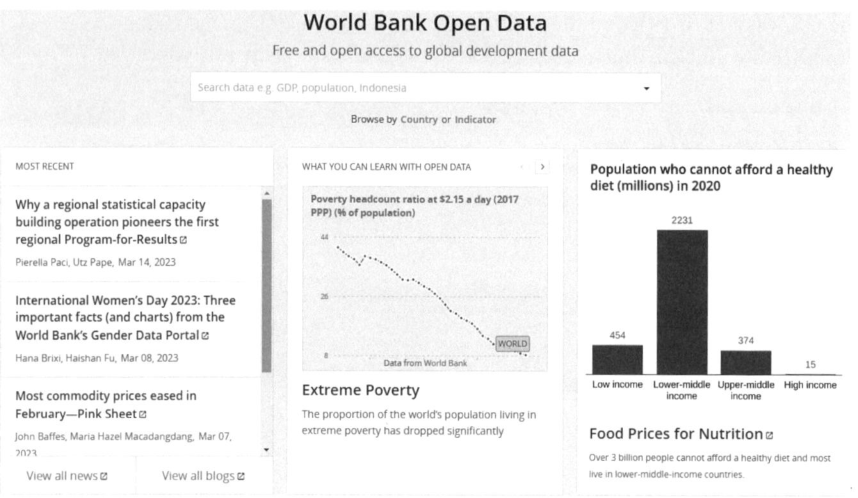

Quelle: World Bank 2023b

Länder und Gebietskörperschaften

Die Daten stehen für mehr als 250 Staaten und Regionen zur Verfügung (z. B. Südasien, Länder mit niedrigem Einkommen, stark verschuldete Staaten, Eurozone).

Beispiele für Datensätze

Die Weltbankgruppe hat ihre Daten, ihr Wissen und ihre Forschung geöffnet, um Innovationen zu fördern und Transparenz bei Entwicklung, Hilfeleistungen und Finanzen zu erhöhen. Eine Vielzahl von Tools, Programmen und Richtlinien unterstützt diese Ziele.

Die Datenbank umfasst mehr als 1.600 Indikatoren zu den Themenbereichen Bevölkerung, Umwelt, Staatsfinanzen, Volkswirtschaftliche Gesamtrechnung, Sozialstatistiken, Entwicklungszusammenarbeit, Zahlungsbilanz, Wechselkurse, Preise, Finanzstatistiken und Handel.

Die World Development Indicators (WDI) hält ein sehr großes Datenangebot bereit und ist für einen faktenorientierten Unterricht sehr zu empfehlen. Teilweise greift der WDI auf die folgenden Datenquellen der Weltbank zurück:

- Education Statistics – All Indicators
- Gender Statistics
- Health Nutrition and Population Statistics
- Poverty and Equity Database
- Millennium Development Goals
- Global Economic Prospects
- Africa Development Indicators
- Worldwide Governance Indicators
- Health Nutrition and Population Statistics: Population estimates and projections
- Landmine Contamination, Casualties and Clearance
- Global Migration

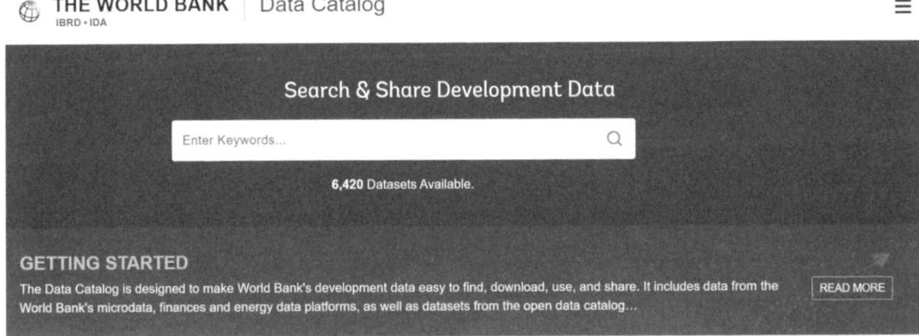

Quelle: World Bank 2023e

Zugang zu den unterschiedlichen Datenkatalogen und Datensätzen können Sie über die Rubrik „Data Catalog“ bekommen.

Veröffentlichungszeitraum

Die vorliegenden Veröffentlichungszeiträume sind uneinheitlich. Die jährlichen Daten liegen teilweise ab 1960 des vergangenen Jahrhunderts vor.

Über die urheberrechtlichen Bestimmungen der Weltbank

Im Rahmen ihrer „Open Data Initiative" hat die Weltbank ihr Angebot an kostenfreien Datenreihen deutlich erweitert. Allein in der „World Developement Indicator Database" sind beispielsweise fast alle Daten zu den *Sustainable Development Goals* zur freien Verwendung erhältlich: Die Open Data Initiative hat die Daten der Weltbank für jedermann ohne Einschränkungen verfügbar gemacht. Sie können den Datenkatalog durchsuchen, um die Datenbank zu finden, die Sie interessiert. Von dort aus haben Sie direkten und vollständigen Zugriff auf alle im Katalog verfügbaren Datenressourcen. Für den Zugriff auf Zeitreihendaten nutzen Sie bitte die Datenbank. Sie können Länder, Serien und Jahre auswählen, die Sie interessieren, und Berichte, Karten und Diagramme erstellen.[32]

Und hier findet man die *Terms of Use* der World Bank:

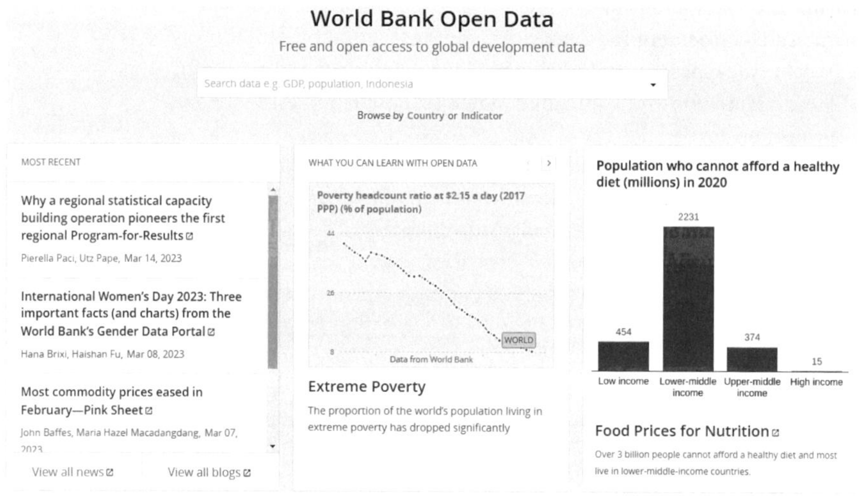

Quelle: World Bank 2023

Quelle: World Bank 2023c

Campus: mit Statistiken lernen

Wie Eurostat bietet auch die World Bank eine englischsprachige Lernplattform an. Diese hat eine starke inhaltliche und wenig fachdidaktische Ausrichtung. Der sogenannte Campus der World Bank ist u. a. in

Zusammenarbeit mit dem Ministerium für Wirtschaft und Finanzen der Regierung von Südkorea entstanden.

Systematik: Anleitung zur Recherche in den Daten der Weltbank
Wieder nehmen wir zur Durchführung der Datenrecherche an, wir interessieren uns für die Frage, in welchem südamerikanischen Land die Lebenserwartung weltweit am höchsten ist. Und außerdem möchten Sie wissen, wie sich die südamerikanischen Staaten in einem weltweiten Ranking wiederfinden würden? Wie würde man eine solche Recherche in der Datenbank der Weltbank beginnen?

Auf der Startseite „WHAT WE DO" und „DATA" aufrufen
Rufen Sie auf der Weltbank-Startseite das Menü „WHAT WE DO" und dort das Untermenü „DATA" auf.

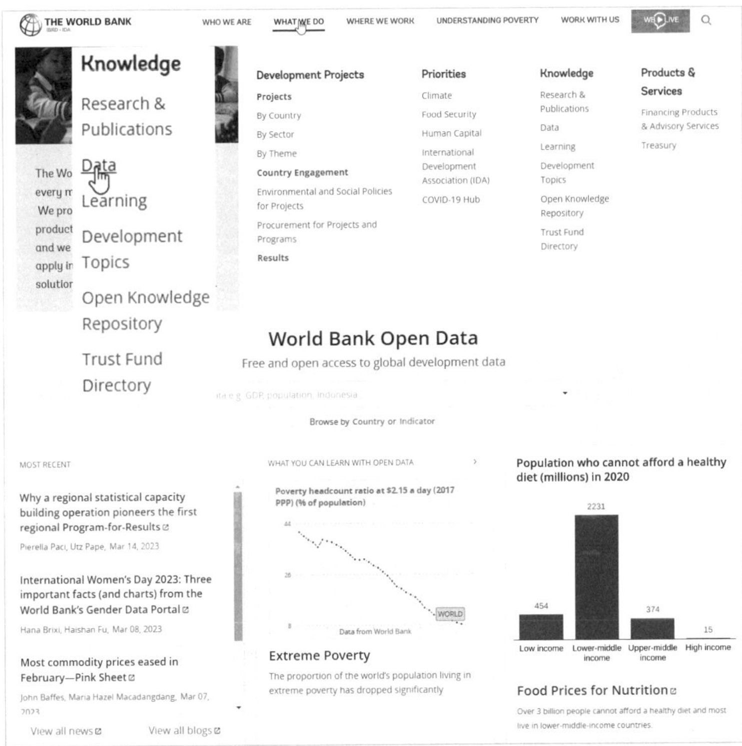

Quelle: World Bank 2023a, b

World Bank Open Data

Free and open access to global development data

life

Life expectancy at birth, female (years)

Life expectancy at birth, male (years)

Life expectancy at birth, total (years)

Lifetime risk of maternal death (%)

Lifetime risk of maternal death (1 in: rate varies by country)

Browse by Country or Indicator

Eingabe: Lebenserwartung

Geben Sie den englischen Begriff für Lebenserwartung ein. Meist werden Ihnen bereits nach der Eingabe von „Life" weiterführende Begriffe angezeigt. Rufen Sie den Eintrag auf und Sie können sich Datenvisualisierungen anzeigen lassen.

Quelle: World Bank 2023b

Lebenserwartung wird visualisiert

Es wird eine Datenvisualisierung angezeigt, die die gestiegene Lebenserwartung der Welt skizziert. Da wir bislang keine Länderauswahl vorgenommen haben, wird die weltweite Entwicklung der Lebenserwartung angezeigt, zudem auf der rechten Seite weitere Datensätze, die thematisch passend sein könnten. Um den Datensatz in Excel herunterzuladen, drücken wir den Download-Button.

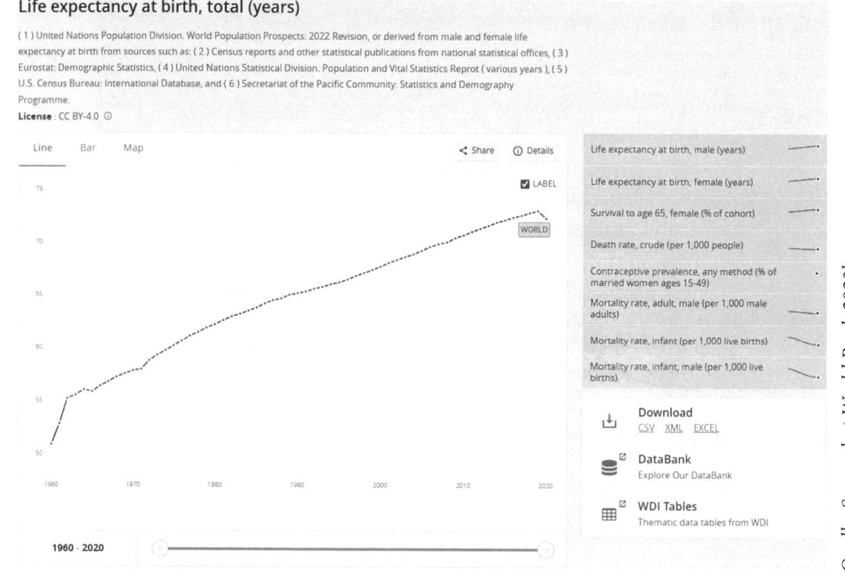

Quelle: Screenshot World Bank 2023b

Wir erhalten die Daten im Excel-Format, erkennen aber sofort, dass alle Länder und Regionen, alle Codes sowie alle verfügbaren Jahre in der Excel-Tabelle sichtbar werden. Es sind zu viele Daten. Jetzt müssen wir nach den südamerikanischen Ländern und nach der „Welt" suchen und den Rest der Länder und die nicht genutzten Zeiten und Codes entfernen. Viel Aufwand, den man sich mit einer gezielten Vorauswahl ersparen könnte.

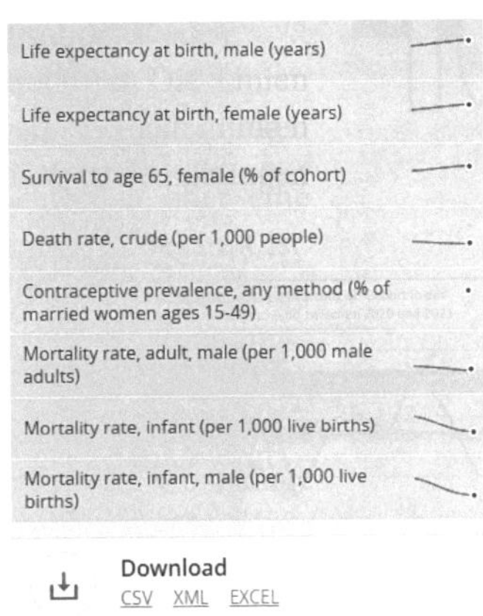

Quelle: World Bank 2023

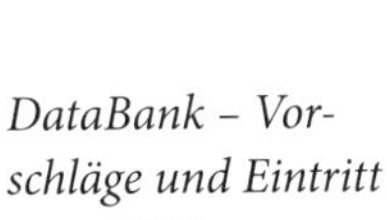

DataBank – Vorschläge und Eintritt zum WDI

Weg zur Datenbank

Um Daten auszuwählen, müssen wir eine Vorauswahl treffen. Diese wird in der „DataBank" vorgenommen.

Doch bevor wir Daten gezielt auswählen, möchte ich eine weitere Möglichkeit vorstellen, zu den betreffenden Datenbanken zu kommen. Wir benötigen diesen Zugang, um ohne Vorauswahl Daten zu recherchieren.

Auf die Schnelle: ein anderer Weg, um zur DataBank zu kommen

Um zur Datenbank der World Bank zu kommen, bleiben wir auf der Seite von World Bank Data und scrollen zu „More Resources". Auf dieser Schaltfläche finden Sie den Button und die Verlinkung zur DataBank, der Button heißt „Explore databasis".

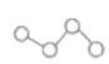

Quelle: World Bank 2023i

Durch die Schaltfläche „Explore Databasis" kommen wir zu einer Seite, die uns einen Überblick über die nutzbaren Datenquellen der Weltbank gibt. Dort wählen wir die „World Development Indicators" aus. In dem größten Datensatz, dem „WDI", werden wir auch die Lebenserwartung wiederfinden. Der Datenschatz „WDI" enthält weit über 1.600 Datensätze für über 240 Länder und Regionen.

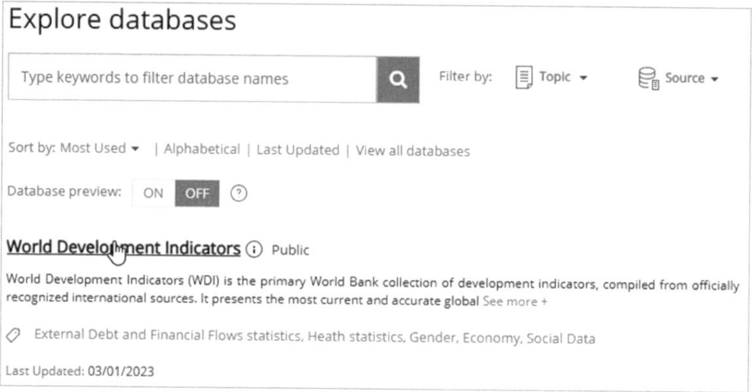

Quelle: World Bank 2023f

Hier können Sie die gewünschte Datenquelle mit dem jeweiligen inhaltlichen Schwerpunkt auswählen. Wenn Sie nicht wissen, in welcher Datenquelle Sie Ihren Datensatz suchen und finden sollten, dann ist es eine gute Idee, zunächst mit den World Development Indicators zu beginnen.

„Königsdisziplin": Datenrecherche in der DataBank der World Bank

In den Datenbanken der Weltbank finden Sie alle Daten, die Sie für einen faktenorientierten und/oder problemorientierten Politik-, Wirtschafts- und Geografieunterricht benötigen. Sie finden dort eine solche Auswahl an Daten, dass Sie etwas Einarbeitungszeit benötigen. Wenn Sie sich jedoch in die Systematik eingearbeitet haben, dann beherrschen Sie die „Königsdisziplin", nämlich die Recherche weltweiter Daten.

World DataBank: World Development Indicators

Dies ist die zentrale Seite für die Datenrecherche. Wir werden die Lebenserwartung der Menschen in Südamerika recherchieren sowie, als Vergleichswert, die Lebenserwartung der Menschen weltweit.

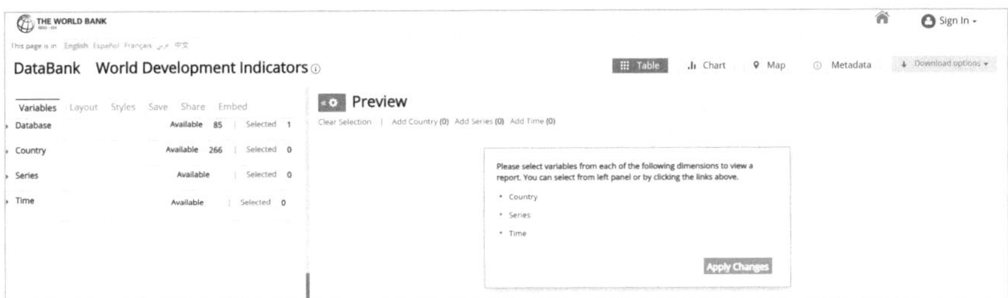

Quelle: World Bank 2023d

Es gibt vier Eingabefelder. Die folgen den Menüs sind zu beachten:

- Datenquelle(n),
- Länder und Regionen,
- Datensatz und
- Zeit

Um eine auf das Wesentliche reduzierte Datenauswahl vorzunehmen, müssen wir die richtige Datenquelle auswählen. Die bereits auf der Open-Data-Eingangsseite vorausgewählten WDIs können wir unverändert stehen lassen. Bleibt nur noch das Land und/oder die Region, den Datensatz und die Zeit auszusuchen. Je gründlicher wir die Daten auswählen, desto weniger „überflüssige“ Daten müssen wir später auf dem Excel-Arbeitsblatt löschen.

Zu den Datenquellen

In der Database finden wir die Datenquellen: Sie sind die thematischen Datensammlungen der Weltbank. Die umfangreichste ist die „World Development Indicators“. Insgesamt liegen 85 unterschiedliche Datenbanken vor.

DataBank World Development Indicators

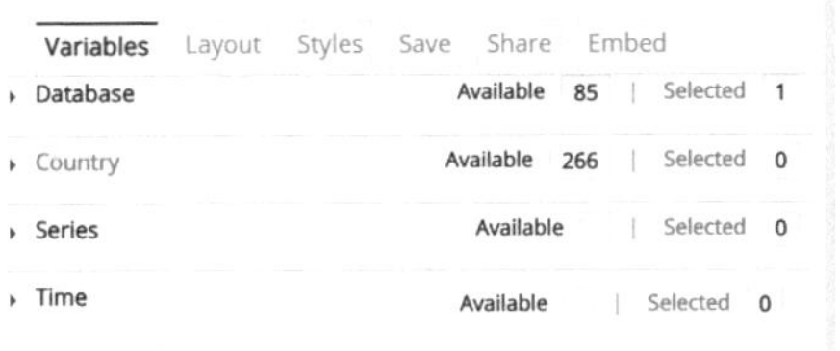

Eingabefelder
Quelle: World Bank 2023d

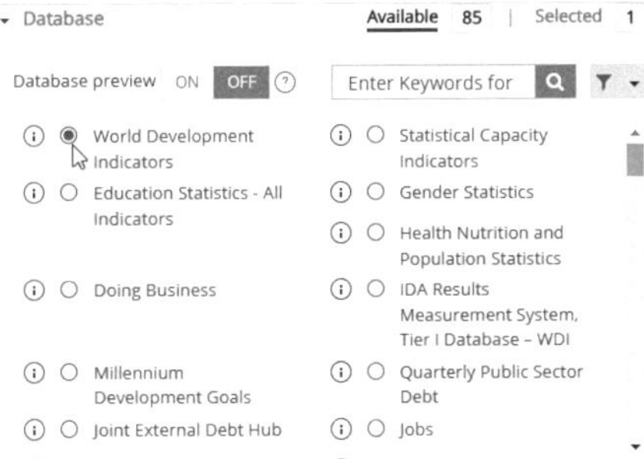

Quelle: World Bank 2023d

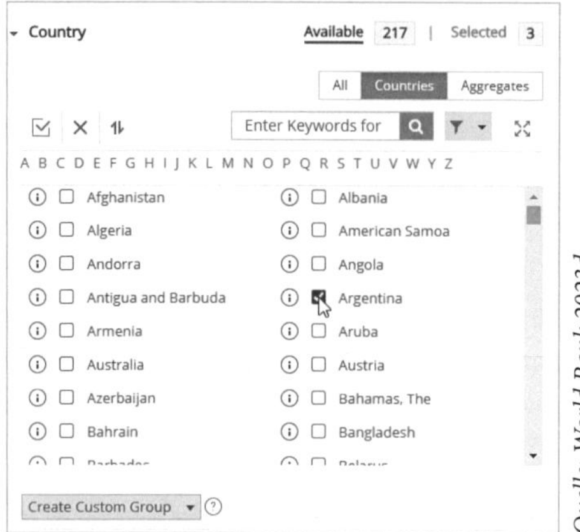

Quelle: *World Bank 2023d*

Länderauswahl und Auswahl von Regionen

Wir können Länder und Regionen auswählen. Im Untermenü „Countries" entscheiden wir uns für Länder, beispielsweise die südamerikanischen Staaten. Das Untermenü „Aggregates" bietet Regionen, beispielsweise die „Welt" oder „EU-Europa", auszuwählen.

Series
Available 5 | Selected 1
Search life
L
Life expectancy at birth, female (years)
Life expectancy at birth, male (years)
Life expectancy at birth, total (years)
Lifetime risk of maternal death (%)
Lifetime risk of maternal death (1 in: rate varies by country)
Create Custom Indicator

Quelle: *World Bank 2023d*

Auswahl des gesuchten Indikators

In „Series" finden wir die Lebenserwartung: Um die „Lebenserwartung" in den über 1.600 Datensätzen zu suchen, ist es sinnvoll, zunächst in der Buchstabenzeile das „L" anzuklicken, sich alle „L-Begriffe" anzeigen zu lassen, um dann „Life Expectancy" auszuwählen.

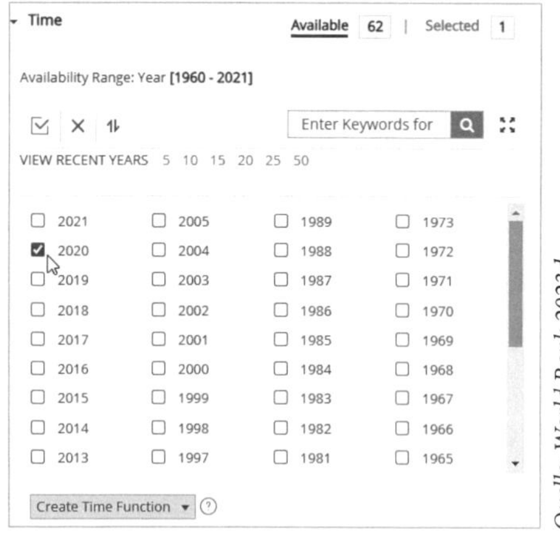

Quelle: *World Bank 2023d*

Auswahl der Jahre

Die Weltbank hält Daten ab dem Jahr 1960 parat. Für diese Übung wählen wir 2020 aus.

Werte werden angezeigt

Anschließend werden in der Preview die Lebenserwartung bei Geburt für die südamerikanischen Staaten und der Durchschnittswert der Welt angezeigt.

Auswahl bestätigen und anwenden

An dieser Stelle eine kurze Kontrolle: Eine Datenquelle (WDI) ist ausgewählt, gleiches gilt für die Länder/ Regionen, die Datenreihe, und den Zeitraum bzw. Zeitpunkt.

Auf der rechten Seite zeigt das Eingabefeld die Auswahl an und fordert dazu auf, die Eingabe anzuwenden

Selections have been modified. Click on "Apply Changes" at any time to refresh the report with the changes made. Otherwise, click on "Cancel" to go back to previous selections.

Quelle: World Bank 2023d

Download als Excel-Datei

Wenn wir auf „herunterladen" klicken, erhalten wir einen Datensatz mit „Code" und „Erklärungen" und „Leerstellen". Wir müssten dann, vor der Datenvisualisierung, überflüssige Angaben entfernen, was viel Zeit benötigt. Aber möglich ist es …

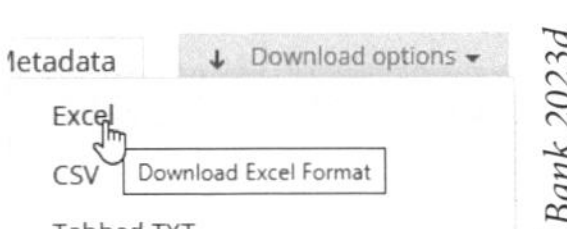

Download eines Datensatzes mit überflüssigen Angaben

Quelle: World Bank 2023d

Besser ist es, wir klicken auf den Download-Button, wählen „Advanced Options", entscheiden uns für die Optionen „Table", „Blank" und „Numbers only", klicken Download und laden die Excel-Datei zur Weiterbearbeitung und Datenvisualisierung herunter. Wir können diese gleich öffnen oder auf dem Rechner speichern.

Quelle und Datenquelle: World Bank 2023d

Mit dem Datendownload der Weltbankdaten können wir das Kapitel abschließen. Jetzt haben wir uns angesehen, wie Schülerinnen und Schüler an glaubwürdige nationale, europäische und internationale Daten kommen und sie auf ihren Rechnern speichern. Diese Daten sind der faktenorientierte Rohstoff mit dem man digital-forschendes Lernen im Sinne Poppers ermöglichen kann. Dabei gehen wir davon aus, dass auch diese Daten nicht die Wahrheit sind. Sie sind lediglich der Versuch einer faktenorientierten Wirklichkeitskonstruktion. Daran sollten wir immer denken: Quantitative Daten sind nicht die Wahrheit, sie sind bestenfalls ein gelungener und tragfähiger Versuch die Realität zu beschreiben. Eine gewisse Grundskepsis sollten sich Schülerinnen und Schüler bewahren.

2 Zahlen und Diagramme sind nummerische und visualisierte Informationen

Um die Deutungen von politischen Inhalten wird auf Faktengrundlage gerungen. Wie hoch ist die Arbeitslosigkeit oder die Inflation? Wie entwickeln sich die Energiepreise? Und wie ist der Stand oder die Entwicklung zu beurteilen? Erinnern Sie sich an die Corona-Pandemie? Um die entsprechenden Maßnahmen wurde ein regelrechter Deutungsmachtkampf geführt. Verschiedene Seiten standen sich gegenüber, die mit den Begriffen „angemessen", „notwendig" und „verhältnismäßig" operierten: Die Regierungsseite, mit ihren Maßnahmen, die begründet werden wollten, die „Rot-Punkte", die härtere Maßnahmen als die Regierung wollten, und die, denen die Maßnahmen bereits viel zu hart waren und die mit den zahlreichen nichtintendierten Nebenfolgen der Maßnahmen argumentierten. Im Idealfall berufen sich alle Gruppen auf den identischen Datensatz, den Sie jedoch völlig unterschiedlich analysieren und bewerten. Sich in diesem Machtkampf um die Deutungshoheit zu orientieren und zu positionieren, dass macht auch politische Mündigkeit aus.

2.1 Quantitative Daten

Es sind meist dieselben quantitativen Daten, dieselben Zahlen, aber sie werden unterschiedlich interpretiert. Und die Daten sind für alle Interessierten verfügbar, es ist kein Herrschaftswissen, das Privilegierten vorbehalten ist. Die Daten des Statistischen Bundesamtes, die Diagramme/das Diagramm und die Downloadmöglichkeit stehen allen Interessierten offen, die dann die Daten gemäß ihren eigenen Interessen interpretieren.

Die folgende Kommentarcollage zeigt einen Diskussionsausschnitt über die Bewertung der veränderten Lebenserwartung durch die Corona-Pandemie. Dies wird als kontroverse Ausgangsposition für das digitalforschende Lernen bzw. für die folgenden Überlegungen zur Entwicklung der Lebenserwartung genommen.

Medizin informiert: COVID-19-Lebenserwartung in Deutschland nach Jahren erstmals gesunken.

Tägliche Rundschau: die Lebenserwartung in Deutschland durch Covid 19 gesunken

Corona-Tageblatt: Coronatote – 9 Lebensjahre verloren

Gesellschaft für gutes Leben: Lebenserwartung in den Landkreisen – richtig lange lebt man nur in Süddeutschland

Gesamtdeutsche-Zeitung: Steigende Lebenserwartung und niedrige Geburtenzahlen haben die Bevölkerung Deutschlands seit der Wiedervereinigung deutlich altern lassen.

Nachrichtenblatt: Wirklich? Ist die Lebenserwartung ist durch COVID eingebrochen?

Regional in Deutschland: Lebenserwartung entwickelt sich international sehr unterschiedlich – normalerweise steigt sie jährlich im Schnitt um mehr als einen Monat, nun der Einbruch? Den Trend halten konnte dagegen nur Schleswig-Holstein.

Corona-News: Ist der Umgang Schwedens mit der Pandemie erfolgreich? 2020 ging die Lebenserwartung in Schweden ging viel stärker zurück als in Deutschland. Doch der Trend dreht gerade …

Diskussionsausschnitt Bewertung der veränderten Lebenserwartung durch die Corona-Pandemie

Die Entwicklung der Lebenserwartung in Deutschland und Europa wird im Rahmen der Corona-Krise von den Maßnahmenkritikerinnen und -kritikern sowie von Befürwortenden heftig diskutiert. Doch welche Position ist glaubhaft? Bzw. können sich der Schüler und die Schülerin eine eigene Meinung zu dieser Frage mittels öffentlicher Statistiken bilden?

Datenvisualisierer, wie beispielsweise „Our World in Data", „Gapminder" oder einfach „Google", können bei der Beantwortung der Frage helfen. Dort findet man bereits visualisierte Daten. Eine Frage bleibt jedoch: Gehört es nicht zur politischen Mündigkeit dazu, sich mittels eigener Datenrecherche in den Datenbanken und Dateninterpretation eine eigene Meinung zu diesen (und anderen) politischen Fragen zu bilden?

Quantitative Daten spielen nicht nur in aktuellen Krisen eine wichtige Rolle. An ihnen richten Politiker, Wissenschaftler und Medienvertreter politisches und medizinisches Handeln und Bewertungen aus. Die Daten werden aufbereitet und auf Webseiten, in Nachrichtensendungen und in Zeitungen täglich veröffentlicht. Aber Daten sind keine Wahrheiten, sie sind Annäherungsversuche an die Wirklichkeit. Die Datendefinition, also das, was gemessen werden soll, beruht auf Annahmen von Wissenschaftlerinnen und Wissenschaftlern. Sie definieren und analysieren, deuten und prognostizieren die medizinischen Entwicklungen. Die Datendefinition und -analysen liegen im Interesse jedes Wissenschaftlers und jeder Wissenschaftlerin. Dieser Annäherungsversuch dauert so lange, bis es bessere Daten gibt.

Das Lesen von Daten und Diagrammen sowie die Möglichkeit, diese zu kritisieren, zu hinterfragen, zu dekonstruieren und gegebenenfalls zu verwerfen, gehört zur Datenkompetenz.

Es ist nicht möglich, im Rahmen dieses Buches auf alle Datenanbieter ausführlich einzugehen. Im vorherigen Kapitel wurden die Datenbanken Eurostats, Destatis und der Weltbank vorgestellt. Wir werden quantitative Daten aus den diskutierten Datenbanken herunterladen, analysieren und visualisieren, es sind die Datenbanken Eurostats und der Weltbank.

Häufigkeitsarten

Zahlen transportieren Informationen über quantifizierbare Mengen, Größen, Ordnungen und Entwicklungen. Dabei hat die einzelne Zahl nur eine geringe Aussagekraft, erst der Vergleich von unterschiedlichen Werten ermöglicht eine substanzielle Aussage und damit Erkenntnisgewinn. Der Vergleich und die Interpretation von Zahlen schaffen eine inhaltliche Grundlage für die Urteilsfähigkeit der Schülerinnen und Schüler.

Absolute Häufigkeiten können in einer politischen Diskussion durchaus eine scheinbar überzeugende Wirkung haben. Risikokompetenz, darauf macht Gerd Gigerenzer aufmerksam, wird mit absoluten Häufigkeiten realisiert und nicht so sehr mit relativen.[33]

Politischer und wirtschaftlicher Mündigkeit kommt man näher, wenn man die Notwendigkeit der absoluten und relativen Häufigkeiten erkennt. Und die Berechnung von **relativen Zahlen**, beispielsweise in Form von Kennziffern, ist nicht schwer. Mithilfe der Grundrechenarten, statistischen Daten und Excel ist dieses eine Rechenoperation auf Unterstufenniveau. Auch die Bildung von Kennziffern durch Division von absoluten Zahlen oder die Bildung von Prozentwerten kann nicht ohne die Diskussion über die politischen Rahmenbedingungen und die Zulässigkeit von Vergleichen und die Berücksichtigung von politischen oder ökonomischen Interessen erfolgen. Trotzdem, die Bildung von Kennziffern oder relativer Zahlen ist eine wichtige Voraussetzung für die notwendige politische Diskussion.

Der **Durchschnittswert** (Arithmetisches Mittel) ist aus der Schule durch die Berechnung des Notendurchschnittes bekannt. Er berücksichtigt mehrere, möglicherweise auch extreme Zahlenwerte der gleichen Kategorie, und verrechnet die Einzelwerte miteinander. Der Durchschnittswert hat eine hohe Bekanntheit und Glaubwürdigkeit. Nicht der möglicherweise extreme Einzelwert ist Grundlage für die Interpretation von Daten, sondern der (glaubwürdige) Durchschnitt aller berücksichtigten Werte.

Der **Median** wird gebildet, wenn es um die Berechnung des durchschnittlichen Einkommens geht. Er wird berechnet, indem man den Wert auswählt, der in der Mitte einer nach Größe sortierten Reihe von Werten steht. Kompliziert? Nein: Nehmen Sie das durchschnittliche Einkommen aus jedem der 27 EU-Länder und sortieren Sie sie der Größe nach. Wählen Sie als Median den Wert des Landes aus, welches am 14. Stelle steht. 14 ist die Mitte aller 27 Länder, 13 Länder haben niedrigere Einkommen als das Land Nummer 14 und 13 Länder haben höhere Einkommen. Der Screenshot zeigt das Medianeinkommen in EU-Europa.

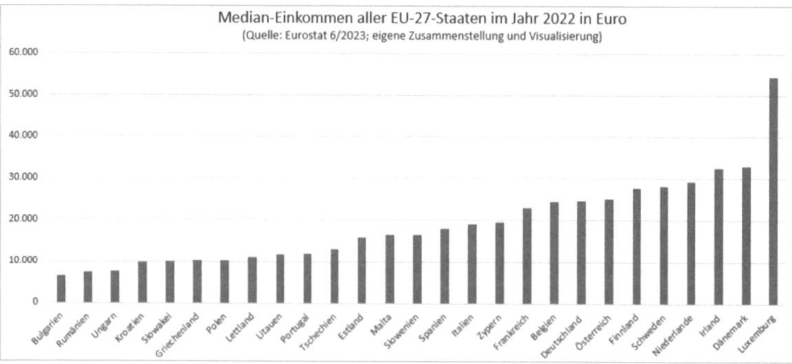

Schülerinnen und Schüler sollen durch die Datenanalyse und Dateninterpretation Zahlen und im Folgenden auch Diagramme als Information zur Beschreibung und Analyse wirtschaftlicher, politischer und geografischer Problemstellungen nutzen und dadurch politisch und ökonomisch urteilsfähig werden.

Lern- und entwicklungspsychologische Erkenntnisse verweisen auf den Erfolgsfaktor der Altersangemessenheit von Aufgabenstellungen. Daher ist auch beim Einsatz von Statistiken in Form von absoluten und relativen Zahlen die Altersangemessenheit zu berücksichtigen. Gleiches gilt auch für die mathematischen Grundkenntnisse: Die Grundrechenarten, Prozentrechnung und lineare Regression sind Stoff der Primarstufe sowie der Sekundarstufe I. Eine Korrelationsanalyse ist Unterrichtsstoff der Sekundarstufe II, die Interpretation, aber auch die Erstellung einer solchen Analyse setzt oberstufenfähige Schülerinnen und Schüler voraus.

Digital-forschendes Lernen stellt nicht die Ergebnispräsentation, sondern die Problemlösungs- und Erarbeitungsphase in das Zentrum des Unterrichts. Der Umgang mit Zahlen und mit der bewussten Gestaltung von Diagrammen sind Mittel zum Zweck der Urteilsfähigkeit, sie sind kein Selbstzweck. Die Lehrkraft übernimmt in diesem Konzept die aktive Rolle als Entwickler bzw. Entwicklerin von politischen, wirtschaftlichen oder/und geografischen Problemstellungen. Die Datenrecherche und die Anwendung von Excel bleiben lediglich zu vermittelnde Hilfsmittel und Kenntnisse, die eigentlich der Informatikkollege oder die -kollegin vermitteln sollte. Die Lehrerinnen und Lehrer der Gesellschaftswissenschaften bauen somit auf den vermittelten Mathematik- und Informatikkenntnisse aus und wenden diese zur Lösung konkreter Problemstellungen an. Da aber der didaktische Einsatzort die Erarbeitungsphase ist, sind eigene Kenntnisse in diesen beiden Unterrichtsgebieten nützlich und gegebenenfalls auch nicht schwer zu erlernen.

Beispiele für quantitative Informationen für das digital-forschende Lernen

Welche Informationen können die Datenbanken liefern, mit denen im Unterricht faktenbasiert gearbeitet werden kann? Welche quantitativen Daten und Visualisierungen benötigt man für das digital-forschende Lernen oder für das problemorientierte Lernen? Lassen Sie uns mit einer Aufzählung Klarheit schaffen:

Eurostat

Machen wir die quantitativen Informationen am Beispiel der Staatsfinanzierung deutlich und nutzen dazu die Daten von Eurostat:

- Dateninhalt,
- Spalten: Zeitangaben,
- Reihe: Länder und Regionen,
- Seite: Sektoren,
- Maßeinheiten.

Absolute Häufigkeiten am Beispiel der Staatsausgaben

Absolute Häufigkeiten sind quantitative Informationen, die nicht in ein Verhältnis zu einem anderen quantitativen Wert gesetzt werden, z. B. die Einwohnerzahl in Deutschland, die Temperatur am heutigen Tag oder die Höhe des Schuldenstandes in Millionen Euro.

Ein Beispiel aus der Datenbank von Eurostat: Die Gesamtverschuldung des Staates wird beispielsweise als absolute Zahlen dargestellt: Alle 27 EU-Staaten sind mit 13.272.708,6 Millionen Euro (sprich 13,3 Billionen Euro) verschuldet. Jedoch ist dieser Wert weitgehend inhaltsleer und erhält erst durch Vergleiche, z. B. mit dem Bruttoinlandsprodukt, einen Sinn. Werden die absoluten Häufigkeiten in einem Vergleich zu anderen absoluten Größen gesetzt, werden diese zu relativen Häufigkeiten, in unserem Fall zu Beziehungszahlen.

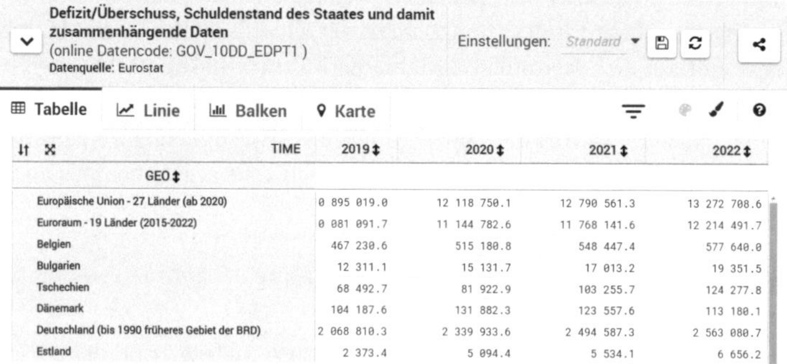

Defizit/Überschuss, Schuldenstand des Staates und damit zusammenhängende Daten
(online Datencode: GOV_10DD_EDPT1)
Datenquelle: Eurostat

Einstellungen: *Standard*

Tabelle | Linie | Balken | Karte

GEO \ TIME	2019	2020	2021	2022
Europäische Union - 27 Länder (ab 2020)	0 895 019.0	12 118 750.1	12 790 561.3	13 272 708.6
Euroraum - 19 Länder (2015-2022)	0 081 091.7	11 144 782.6	11 768 141.6	12 214 491.7
Belgien	467 230.6	515 180.8	548 447.4	577 640.0
Bulgarien	12 311.1	15 131.7	17 013.2	19 351.5
Tschechien	68 492.7	81 922.9	103 255.7	124 277.8
Dänemark	104 187.6	131 882.3	123 557.6	113 180.1
Deutschland (bis 1990 früheres Gebiet der BRD)	2 068 810.3	2 339 933.6	2 494 587.3	2 563 080.7
Estland	2 373.4	5 094.4	5 534.1	6 656.2

Absolute Häufigkeiten – Schuldenstand eines Landes
Quelle: Eurostat 2023g

Beziehungszahlen

Eine Beziehungszahl ist in der Regel ein Quotient. Der Quotient gibt an, wie sich zwei Werte, die man durcheinander geteilt hat, zueinander verhalten.

In Beziehungszahlen werden Beziehungen zwischen unterschiedlichen Größen hergestellt. Beziehungen zu Zeitreihen wären „Datensatz pro Jahr", Beziehungen zu Kopfzahlen wären „Datensatz pro Einwohner", Beziehungen zu Flächeneinheiten wären „Datensatz der Bundesrepublik Deutschland".

Die folgende Abbildung zeigt die Beziehungszahl „Bruttoinlandsprodukt pro Kopf", also die Summe aller Güter und Dienstleistungen, die durchschnittlich jede Person in Deutschland in einem Jahr erwirtschaftet.

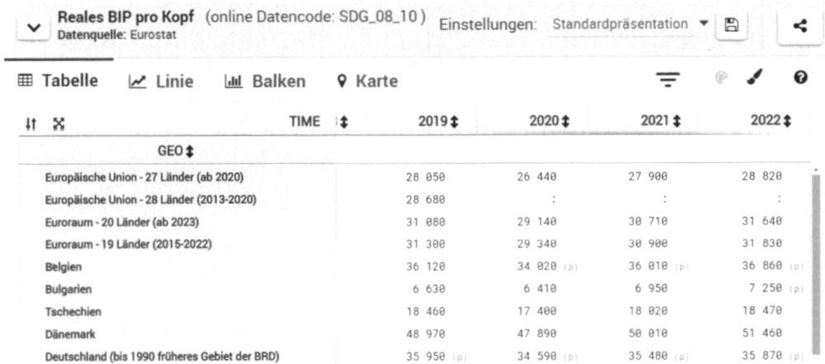

Reales BIP pro Kopf (online Datencode: SDG_08_10)
Datenquelle: Eurostat
Einstellungen: Standardpräsentation

Tabelle | Linie | Balken | Karte

GEO / TIME	2019	2020	2021	2022
Europäische Union - 27 Länder (ab 2020)	28 050	26 440	27 900	28 820
Europäische Union - 28 Länder (2013-2020)	28 680	:	:	:
Euroraum - 20 Länder (ab 2023)	31 080	29 140	30 710	31 640
Euroraum - 19 Länder (2015-2022)	31 300	29 340	30 900	31 830
Belgien	36 120	34 020 (p)	36 010 (p)	36 860 (p)
Bulgarien	6 630	6 410	6 950	7 250 (p)
Tschechien	18 460	17 400	18 020	18 470
Dänemark	48 970	47 890	50 010	51 460
Deutschland (bis 1990 früheres Gebiet der BRD)	35 950 (p)	34 590 (p)	35 480 (p)	35 870 (p)

Quelle: Eurostat 2023h

Relative Häufigkeit: Prozentzahlen

Ein weiterer „Klassiker" der relativen Zahlen ist die Prozentzahl. Prozentwerte stellen die Beziehung von einer Teilmenge zu einer Gesamtmenge dar. Um bei dem eingangs gewählten Beispiel der Staatsverschuldung zu bleiben: Der Prozentwert gibt den Anteil der Staatsverschuldung an der Gesamtwirtschaftsleistung, dem Bruttoinlandsprodukt, an. Dieser Prozentsatz ist ein „Maastricht-Kriterium", wie man im Screenshot erkennen kann:

Defizit/Überschuss, Schuldenstand des Staates und damit zusammenhängende Daten
(online Datencode: GOV_10DD_EDPT1)
Datenquelle: Eurostat
Einstellungen: Standard

Tabelle | Linie | Balken | Karte

GEO / TIME	2019	2020	2021	2022
Europäische Union - 27 Länder (ab 2020)	77.7	90.0	88.0	84.0
Euroraum - 19 Länder (2015-2022)	84.1	97.2	95.5	91.6
Belgien	97.6	112.0	109.1	105.1
Bulgarien	20.0	24.5	23.9	22.9
Tschechien	30.0	37.7	42.0	44.1
Dänemark	33.7	42.2	36.7	30.1
Deutschland (bis 1990 früheres Gebiet der BRD)	59.6	68.7	69.3	66.3
Estland	8.5	18.5	17.6	18.4

Quelle: Eurostat 2023g

So betrug im Jahr 2022 der Anteil der Gesamtverschuldung aller 27 EU-Länder 84 % am Bruttoinlandsprodukt, erlaubt sind eigentlich nur 60 %. Aber auch Prozentzahlen bergen eine Tücke in sich: So könnte sich bei einer Veränderung des Prozentwertes die Teilmenge oder die Gesamtmenge verändert haben. Zwei Entwicklungen wäre möglich und nicht durch die reine Prozentangabe zu entschlüsseln: Zum einen könnten tatsächlich die Staatsverschuldungen gemessen am BIP gestiegen sein. Zum anderen könnten diese aber auch unverändert geblieben sein und stattdessen sank in Folge einer Wirtschaftskrise das Bruttoinlandsprodukt. Prozentual wäre dann die Staatsverschuldung, gemessen am geschrumpften BIP, prozentual gestiegen. Der Prozentwert lässt kaum Rückschluss auf die ursächliche Entwicklung erkennen. Er ist insbesondere für die Risikokompetenz der Schülerinnen und Schüler kein besonders guter Indikator.

Relative Häufigkeiten: Indexzahlen

Indexzahlen geben die quantitative Entwicklung von einem Ausgangswert wieder. Dazu wird der gemessene Ausgangswert in der Regel gleich 100 gesetzt und die Werte der Folgejahre als Indexzahl angegeben. Ein Indexwert von 120 bedeutet, dass der Wert seit dem Basisjahr um 20 % zugenommen hat, ein Indexwert von 90 bedeutet, dass der Wert seit dem Basisjahr um 10 % abgenommen hat.

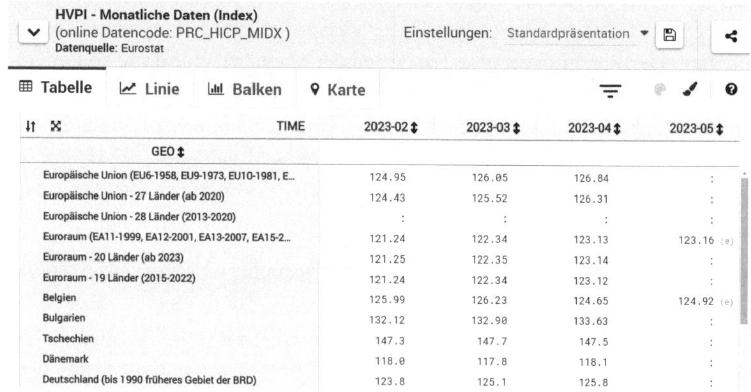

HVPI - Monatliche Daten (Index)
(online Datencode: PRC_HICP_MIDX)
Datenquelle: Eurostat

Einstellungen: Standardpräsentation

Tabelle | Linie | Balken | Karte

GEO \ TIME	2023-02	2023-03	2023-04	2023-05
Europäische Union (EU6-1958, EU9-1973, EU10-1981, E...	124.95	126.05	126.84	:
Europäische Union - 27 Länder (ab 2020)	124.43	125.52	126.31	:
Europäische Union - 28 Länder (2013-2020)	:	:	:	:
Euroraum (EA11-1999, EA12-2001, EA13-2007, EA15-2...	121.24	122.34	123.13	123.16 (e)
Euroraum - 20 Länder (ab 2023)	121.25	122.35	123.14	:
Euroraum - 19 Länder (2015-2022)	121.24	122.34	123.12	:
Belgien	125.99	126.23	124.65	124.92 (e)
Bulgarien	132.12	132.90	133.63	:
Tschechien	147.3	147.7	147.5	:
Dänemark	118.0	117.8	118.1	:
Deutschland (bis 1990 früheres Gebiet der BRD)	123.8	125.1	125.8	:

Quelle: Eurostat 2023i

Am Beispiel des Verbraucherpreisindex aus der Datenbank von Eurostat soll der Indexwert verdeutlicht werden: Das Basisjahr des Index ist das Jahr 2015, der Basiswert wird in diesem Jahr gleich 100 gesetzt. In der EU-27 haben sich die Verbraucherpreise von 2015 bis 2023/4 um 26,84 % verteuert.

Durchschnittswert: Arithmetisches Mittel oder Median?

Vor ein paar Tagen fand ich die unterschiedlichen Angaben über das durchschnittliche Einkommen in Europa bei Eurostat, bei der Deutschen Bundesbank und beim Statistischen Bundesamt.

Das Durchschnittsgehalt ist der Mittelwert der Bruttogehälter aller rentenversicherten Arbeitnehmerinnen und Arbeitnehmer. Laut Statistischem Bundesamt liegt es für Deutschland bei 49.260 Euro brutto im Jahr, bzw. bei 4.105 Euro im Monat (Stand 2022).

Das Median-Einkommen der städtischen Bevölkerung gibt Eurostat dagegen mit 24.800 Euro für die Bundesrepublik Deutschland an. Wie kann das sein? Gibt es unterschiedliche durchschnittliche Einkommen in Europa? Ja und Nein, es gibt unterschiedliche Möglichkeiten den Durchschnittswert zu berechnen: Den Durchschnittwert und den Median.

Der Durchschnittswert (Arithmetisches Mittel) berücksichtigt mehrere, möglicherweise auch extreme Zahlenwerte der gleichen Kategorie. Der Median ist dagegen der mittlere Wert in einer sortierten Liste von Zahlen. Extreme Zahlwerte werden bei der Medianangabe nicht berücksichtigt.

Quelle: Statistisches Bundesamt 2023f

Das Statistische Bundesamt schreibt zu seiner Abbildung: „Das Durchschnittsgehalt von Vollzeitbeschäftigten lag im April 2022 in Deutschland bei 4.105 Euro brutto. Das individuelle Gehalt weicht von diesem Durchschnittsgehalt meist ab und ist von sehr vielen Faktoren abhängig. Dazu gehören sowohl Geschlecht, Alter und Bildungsabschluss, aber auch arbeitsplatzbezogene Merkmale wie Anforderungsniveau des Arbeitsplatzes, Beruf oder Beschäftigungsumfang. Ferner können sich Branche, Unternehmensgröße und Tarifbindung, also unternehmensbezogene Merkmale, auf das Gehalt auswirken. Nur ein Drittel der Beschäftigten verdient mehr als das Durchschnittsgehalt."[34]

Der Median berücksichtigt nicht die besonders niedrigen oder hohen Extremwerte. Der Median wird berechnet, indem man den Wert auswählt, der in der Mitte einer nach Größe sortierten Reihe von Werten steht.

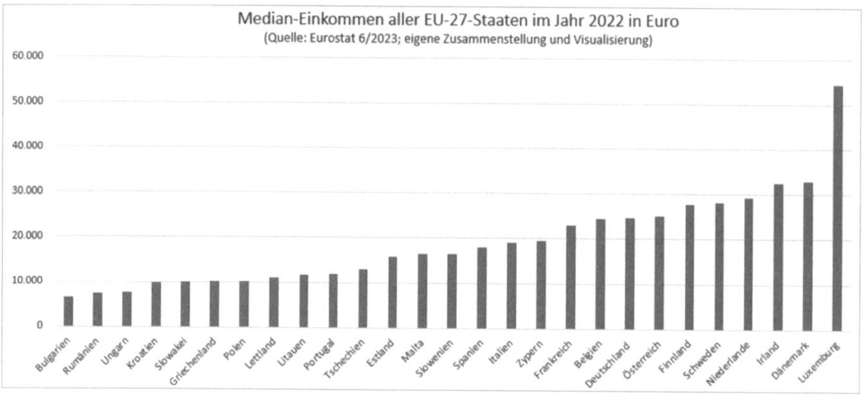

Median-Einkommen in Europa nach Eurostat

Sie wollen genauer wissen, wie man den Median berechnet? Machen wir uns die Berechnung des Median-Einkommens in EU-27 deutlich. Fällt Ihnen im folgenden Diagramm auch der „Ausreißerwert" aus Luxemburg auf? Bei der Median-Berechnung wird dieser Wert durch die Methode „unsichtbar". Zunächst sortieren wir die 27 Werte der Größe nach in unserer Excel Tabelle. Anschließend wählen wir die „Mitte" als Median-Wert aus, also das Land 14. Das Land mit der Nummer 14 ist die Mitte, weil es 13 Länder nach rechts und 13 Länder nach links gibt. Oder anders ausgedrückt: 13 Länder haben ein geringes Pro-Kopf-Einkommen und 13 Länder ein größeres Pro-Kopf-Einkommen in der EU-27. In unserem Fall wäre es das Land Slowenien mit knapp unter 17.000 Euro jährlichem Pro-Kopf-Einkommen. Durch das „Abzählen zur Mitte“ wird das Land Luxemburg mit seinem außergewöhnlich hohen Median-Einkommen nicht bei der Berechnung des Durchschnittes berücksichtigt.

Neben den Unterschied zwischen dem Median-Einkommen (einer für das Einkommen zielführende Angabe) und dem arithmetischen Mittel (dem klassischen Durchschnittswert), sollte man auch regionale Unterschiede, Grad der Industrialisierung und Bildung sowie Branchenunterschiede bei der Angabe von durchschnittlichen Einkommenswerten berücksichtigen.

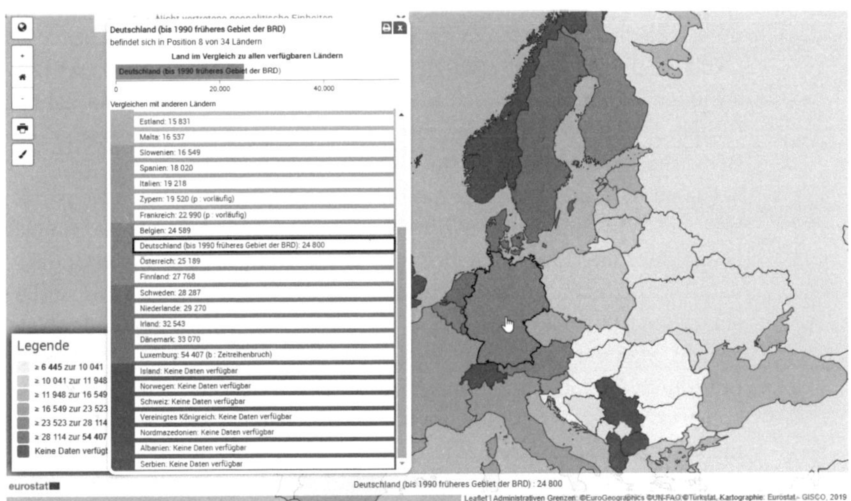

Median-Einkommen der 27 EU-Staaten

Datenquelle: Eurostat

2.2 Diagramme im Unterricht

Diagramme sind Linien, Punkte und Flächen, die Zahlen visualisieren. Sie sind anschaulich und lassen sich so gestalten, dass sich die Information den Betrachtenden auf den ersten Blick erschließt. Sie reduzieren die Komplexität der Datenmengen und stellen auf diese Weise die statistischen Zusammenhänge heraus. In der Regel sind Diagramme farbig gestaltet. Die Farbe verstärkt die intendierte Aussagekraft oder lässt Bezüge zur (medialen) Realität hervortreten. So werden beispielsweise Parteifarben in einem Kreis oder Liniendiagramm übernommen, den Betrachterinnen und Betrachtern erschließt sich der parteipolitische Zusammenhang. Wirtschaftliche, politische oder geografische Größenordnungen und Entwicklungstendenzen können durch die Schülerinnen und Schüler schnell erfasst und interpretiert werden.

Die Chancen der Diagramme sind zum Teil jedoch auch die Gefahren der visualisierten Zahlen: Die Zahlenwerte lassen sich in dem Diagramm nicht mehr exakt ablesen, feine Nuancen, die in den Daten noch vorhanden waren, werden unsichtbar – das Diagramm verkürzt die Realität zugunsten der schnelleren Erfassung der Information. Noch problematischer ist es, wenn Diagramme bewusst so gestaltet werden, dass die Aussagen „alternativlos“ oder gar manipulativ sind. Gefährlich sind Säulendiagramme mit unterschiedlichen Skalen oder verkürzte y-Achsen, die nicht bei Wert „Null“ beginnen. Auch verkürzte Jahresabstände oder logarithmische Darstellungen können den Betrachter bzw. die Betrachterin schnell in die Irre führen. Damit können Diagramme gegen das Überwältigungsverbot des Beutelsbacher Konsenses verstoßen.

Diagramme sind Produkte der bewussten oder unbewussten Konstruktion von Wirklichkeit. Empfindet der Gestalter bzw. die Gestalterin eines Diagramms die Höhe der Arbeitslosigkeit bedrohlich oder unverständlich, dann wird er bzw. sie die Steigungen möglicherweise dramatischer ausfallen lassen als jemand, der diese als temporäres oder lösbares Problem ansieht. Man muss in diesem Fall gar nicht von einer versuchten Manipulation durch die Gestaltung von Diagrammen ausgehen. Bereits durch die konstruktivistischen Lerntheorien wird darauf hingewiesen, dass die vermeintliche objektive Realität in unserer Vorstellung eine Konstruktion ist/sein kann. Je dramatischer diese Wirklichkeit wahrgenommen wird und je mehr statistische Daten anschlussfähig an diese dramatische Wirklichkeit sind, desto eher ist davon auszugehen, dass sich auch in den Diagrammen diese Annahmen und Daten wiederfinden. Wäre man radikal konstruktivistisch, dann würde man sich vermutlich (nicht zu Unrecht) fragen, wie wirklich die Wirklichkeit der Diagramme ist. Kann man bei den statistischen Daten noch von der Wirklichkeit erster Ordnung ausgehen, um an dieser Stelle an den radikalen Konstruktivisten Watzlawick[35] zu erinnern, dann gilt das für die Diagramme nicht mehr. Bleiben wir in diesem Kapitel bei dem, was wir schon über Diagramme wissen könnten. Beschäftigen wir uns zunächst mit den Diagrammarten, die die Schülerinnen und Schüler in der Sekundarstufe II bereits kennen müssen und einigen uns auf die künftig verwendeten Begrifflichkeiten.

Fachdidaktische Hinweise zum Unterricht mit Statistiken und Diagrammen

Der Geographiedidaktiker Gisbert Rinschede verweist auf den Umstand, dass die Fähigkeit, Diagramme zu interpretieren allgemein als Kulturtechnik bezeichnet wird, die die Schülerinnen und Schüler dazu befähigt, im gegenwärtigen und zukünftigen Leben Informationen aus den Massenmedien und aus den amtlichen Berichten von Behörden und Verbänden zu entnehmen.[36]

Die Einführung von Diagrammen im Unterricht sollte einen engen Bezug zur konkreten Lebenswelt der Schülerinnen und Schüler aufweisen. Der Aufbau von Diagrammen wird den Lernenden vertraut, wenn sie selbst Daten erheben und aus diesen Daten eigene Diagramme entwickeln. So wird im Mathematikunterricht der Primarstufe, bzw. in den ersten Unterrichtswochen nach dem Übertritt in die Sekundarstufe I, die die eigene Lebenswelt in Balken- und Säulendiagrammen visualisiert.

Für den Geographie-, aber auch für den Wirtschafts- und Politikunterricht gilt es, die Altersgemäßheit beim Einsatz von Diagrammen zu berücksichtigen. Rinschede macht darauf aufmerksam, dass ...

- jüngeren Schülerinnen und Schülern mit Zähldiagrammen ein guter Einstieg in die Erstellung und Interpretation von Diagrammen ermöglicht wird.
- Säulen- und Balkendiagramme sind auch für jüngere Schülerinnen und Schüler verständlich und werden in der Regel ab Klassenstufe 4 und 5 verbindlich eingesetzt.
- Liniendiagramme können ab der 7. Jahrgangsstufe gelesen bzw. interpretiert werden, sollten aber erst nach der Einführung der Säulen- und Balkendiagramme im Unterricht genutzt werden.
- Flächendiagramme, auch Kreis- und gegliederte Säulendiagramme, eignen sich für den Unterricht ab der mittleren Sekundarstufe I. Die Berechnung von Flächen und die Vergleichbarkeit von Kreisen untereinander stellt für die Schülerinnen und Schüler eine anspruchsvolle Leseherausforderung dar. Eine Voraussetzung für die Interpretation dieser Diagrammtypen ist die Einführung in die Prozentrechnung und die Flächenberechnung.
- In der Sekundarstufe II/Oberstufe können Volumendiagramme, Diagramme mit logarithmischen Maßstäben sowie Korrelationsdiagramme genutzt werden. Sie stellen hohe Leseanforderungen an die Schülerinnen und Schüler. Auch Erwachsene sehen in diesen Diagrammtypen intellektuelle Leseherausforderungen.

Und noch drei Hinweise, die sich aus meiner Unterrichtspraxis heraus bewährt haben:

- Einigen Sie sich mit der Klasse auf verbindliche Farben für das jeweilige Land. Bei gemeinsamen Präsentationen erspart einem die Nutzung der gleichen Farben erheblichen Erklärungsaufwand. Wollen Sie die Ergebnisse der Datenrecherche als Portfolio zu Hause auswerten, dann ersparen Sie sich mit gleichen Farben unnötige Mehrarbeit.
- Einigen Sie sich mit der Klasse auf (weitgehend) verbindliche Formatvorgaben. Hochformatige Datenvisualisierungen wirken anders als ein Querformat.
- Lassen Sie auch bewusst Daten- und Diagrammmanipulationen zu, um die Schülerinnen und Schüler handlungsorientiert erste Erfahrungen mit den Gefahren von Manipulationen sammeln zu lassen.

Auswahl des „richtigen" Diagrammtyps

Vor der Datenvisualisierung sollte man deren Darstellungsform bewusst auswählen. Die folgende Aufzählung gibt die Klassiker der Diagramme und ihre Einsatzmöglichkeiten wieder.

Zur Umsetzung der Datenvisualisierung orientieren wir uns wesentlich an den Hilfen und Hinweisen von Dona M. Wong[37], die m. E. das Standardwerk für Datenvisualisierung („Die perfekte Infografik") verfasst hat. Sie rät zu folgenden Umsetzungsschritten:

- Sinnvolle Auswahl der Darstellungsform (beispielsweise das Liniendiagramm für das Aufzeigen einer langjährigen Entwicklung oder das Säulendiagramm zum Vergleich einzelner Länder).
- Die Chartparameter müssen zur Aussage passen und keine Tendenzaussage oder gar Manipulationen beinhalten. Dazu muss die Steigung einer Linie, die Skalierungen der y-Achse und der Nullpunkt möglichst realitätsnah dargestellt werden. Das Problem ist jedoch, was ist „realitätsnah"?
- Das Diagramm muss eindeutig beschriftet werden: Titel, Legenden, Quelle, Maßangaben und Erstellungszeitpunkt.
- Farbe und Schriftart sollen die Kernaussage unterstützen. Dazu ist es jedoch nötig, beide Gestaltungselemente möglichst „sparsam" einzusetzen.

Zusammenstellung möglicher Diagrammtypen

Sehen wir uns die möglichen Diagrammtypen an, mithilfe derer quantitativen Daten visualisiert werden. Je nach Gestaltung der Diagramme werden

Informationen erzeugt, die man für neutral oder aber für überwältigend halten kann.

Säulendiagramm

- Umfangreichere durchgängige Datenreihen mit absoluten Werten/ Verläufen
- Weniger umfangreiche oder unterbrochene Datenreihen mit absoluten Werten
- Miteinander zu vergleichende Einzeldaten

Das Säulendiagramm eignet sich für die Darstellung von weniger umfangreichen Datenreihen, die zeitlich unterbrochen werden können.

Es eignet sich auch für die Darstellung zu vergleichender Einzeldaten und miteinander zu vergleichender Datenreihen.

Balkendiagramm

Für das Balkendiagramm gelten zunächst die gleichen Darstellungshinweise wie für das Säulendiagramm. Gleichzeitig eignet sich das Balkendiagramm aber auch für die Darstellung umfangreicher Daten. Ländernamen können beispielsweise lesbar untereinandergeschrieben werden.

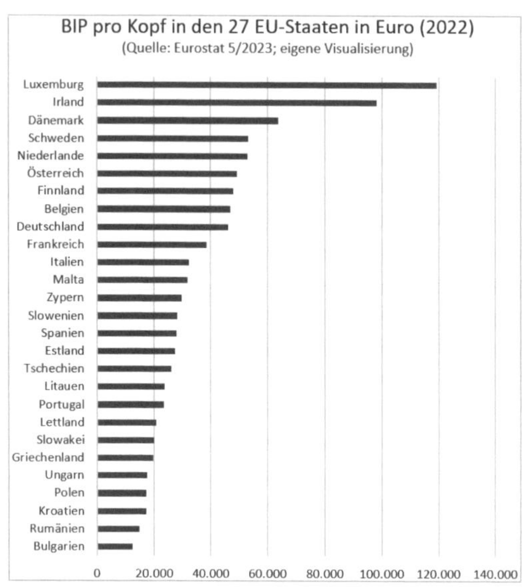

Gestapeltes Säulendiagramm oder Balkendiagramm

Das gestapelte Säulen- oder Balkendiagramm visualisiert in der Regel prozentuale Teile zu insgesamt 100 %. Sichtbar wird der prozentuale Anteil eines Ganzen sowie die prozentuale Zusammenstellung verschiedener Mengen in Gegenüberstellung.

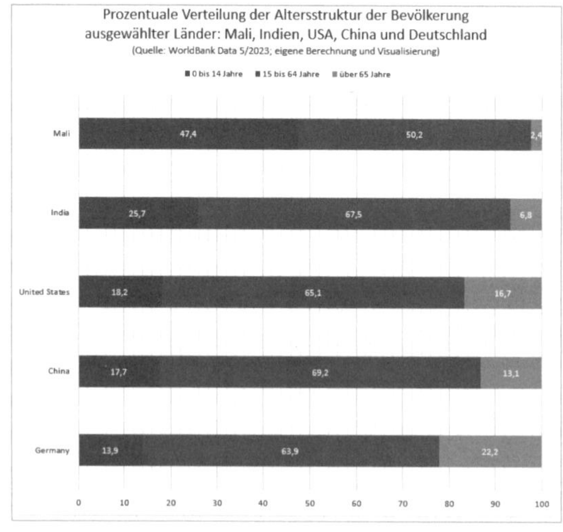

Liniendiagramm

- Miteinander zu vergleichende Datenreihen
- Entwicklungsreihen

Entwicklung der Lebenserwartung ab Geburt in Jahren in Deutschland und Schweden
(Quelle: Eurostat 5/2023; eigene Zusammenstellung und Visualisierung)

Deutschland — Schweden

Das Liniendiagramm kann umfangreichere durchgängige Datenreihen und zeitliche Verläufe visualisieren. Dabei sollte man jedoch nie mehr als vier Linien wiedergeben. Umfangreiche Datenvisualisierungen machen das Liniendiagramm schnell unübersichtlich.

Kreisdiagramm
Das Kreisdiagramm gibt die prozentualen Anteile eines Ganzen wieder. Sichtbar wird die prozentuale Zusammensetzung einer Menge, ein Vergleich mehrerer Mengen in einem Diagramm ist nicht möglich.

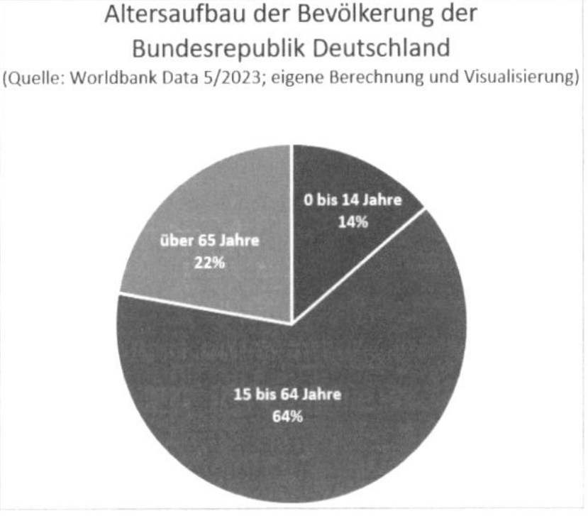

Altersaufbau der Bevölkerung der Bundesrepublik Deutschland
(Quelle: Worldbank Data 5/2023; eigene Berechnung und Visualisierung)

Länderdiagramm
Mithilfe von Länderdiagrammen kann man überblicksartig unterschiedliche Regionen und Länder hinsichtlich eines Wertes miteinander vergleichen

Das Länderdiagramm kann man in Excel nicht eigenständig erstellen, jedoch findet man es auf diversen statistischen Webseiten. Hier sind die Länder je nach aufgerufenen Datensatz unterschiedlich stark eingefärbt.

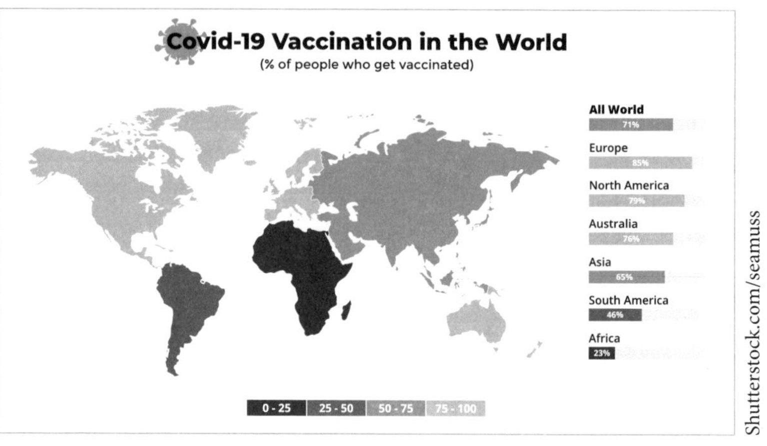

Shutterstock.com/seamuss

Punktwolke oder Streudiagramm

- Analyse zweier Werte hinsichtlich eines vermuteten Zusammenhangs

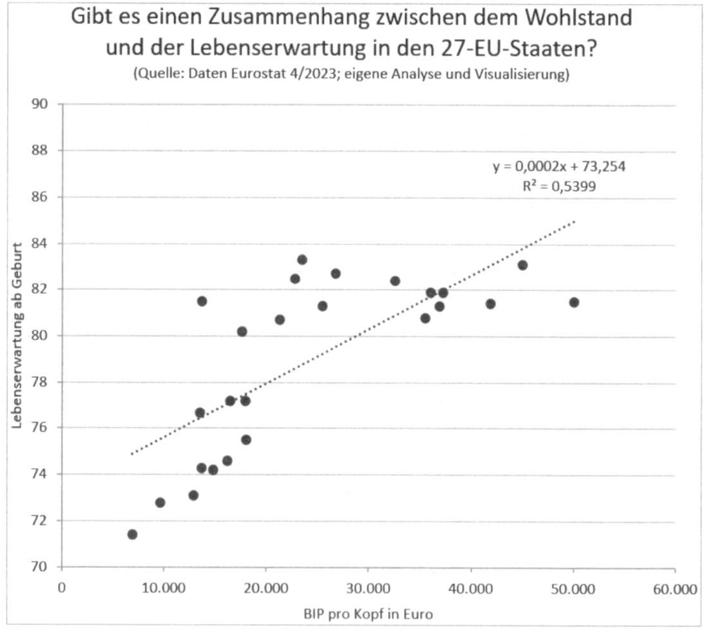

Ein Streudiagramm gibt einen möglichen Zusammenhang zwischen zwei Datenreihen auf der x- und der y-Achse wieder. In unserem Fall gibt jeder Punkt den statistischen Wert zwischen dem nominalen Bruttoinlandsprodukt und der Lebenserwartung in den 27 EU-Ländern an. Mithilfe des Streudiagramms kann der Leser bzw. die Leserin eine statistische Regression ableiten, die keinen kausalen Ursprung haben muss.

2.3 Analyse und Erstellung von Diagrammen

Diagramme finden sich in unzähligen Zeitungen, sozialen Netzwerken, Magazinen und auch in Schulbüchern. Die Bundesregierung und die Opposition verwenden zahlreiche Diagramme, gleiches gilt für diverse Nichtregierungsorganisationen (NGOs), um im Ringen um die faktenorientierte Deutungshoheit den entscheidenden Vorteil zu haben. Verschiedene internationale Organisationen und in zahlreichen kostenlosen Lernmaterialien werden Diagramme genutzt. Wenn wir externe Diagramme interpretieren, versuchen Schülerinnen und Schüler die Inhalte, Interessen und Mittel der Autorinnen und Autoren zu erkennen, zu analysieren und möglicherweise auch zu falsifizieren. Wie wäre es jedoch, wenn die Schülerinnen und Schüler selbst Diagramme aus öffentlichen Daten erstellen und andere mit eigenen Analysen überzeugen wollen? Wie wäre es, wenn Schülerinnen und Schüler Daten herunterladen, Kennziffern und Trends berechnen sowie Diagramme erstellen, mit denen sie Analysen visualisieren, Aussagen treffen, Hypothesen verifizieren oder falsifizieren? Auf den Seiten des Statistischen Bundesamtes oder Eurostats und auch der Weltbank können Daten heruntergeladen, analysiert, kontextualisiert und Diagramme selbst erzeugt werden. Man braucht dafür nur einen Internetzugang und ein Tabellenkalkulationsprogramm. Diagramme und Schaubilder eignen sich gut, um auf die Kernaussage des Diagrammerstellers bzw. der -erstellerin aufmerksam zu machen. Bevor wir einen Leitfaden zur Erstellung von Diagrammen entwickeln, kümmern wir uns um die Analyse bereits erstellter Diagramme.

Mithilfe des folgenden Interpretationsleitfadens kann man Diagramme auswerten. Ziel ist es, reflektierte Antworten auf die Problemstellung oder Ursache und Wirkungszusammenhänge mithilfe von Daten zu finden.

Wie analysiere ich Daten und Diagramme?

1. Schritt: Formales

- Was ist das Thema des Diagramms?
- Welche Zeiten sind erfasst?
- Welche Zahlenwerte wurden genutzt?
- Ist die Quelle glaubwürdig?

2. Schritt: Beschreibung

- Welche zeitliche Entwicklung ist zu erwarten?
- Welche Auffälligkeiten sind sichtbar?
- Wie lautet die wichtigste Aussage?

3. Schritt: Erklärung

- Welche Ursachen und Folgen kann man aus dem Diagramm ableiten?
- Wie erklären sich die Aussagen im Diagramm?
- Brauche ich zur Erklärung weitere Informationen?

4. Schritt: Bewertung

- Wie bewerte ich die Analyseergebnisse? Ist das Diagramm manipulativ? (Wenn ja, warum?)
- Reicht das Diagramm für die Aussage aus?

Wie erzeuge ich Diagramme?

1. Schritt: Formales

- Nutze ich eine geeignete Diagrammform? Das Diagramm soll meine Argumentation bekräftigen.
- Welche Informationen zur vollständigen Beschriftung des Diagrammes liegen vor? (Titel, Zeit, Achsen und Quelle)

2. Schritt: Erstellung

- Wie lautet die wichtigste Aussage?
- Sind Linien, Zahlen und Flächen farblich gut unterscheidbar?
- Berücksichtige ich die Proportionalität und nutze sie nicht für dramatische Vergrößerungen oder Verkleinerungen?

3. Schritt: Erklärung

- Wird meine Aussage durch die Datenvisualisierung intuitiv sichtbar?
- Werden alle gewünschten Aussagen mit meinen Analysen und Diagrammen getätigt? Wird die datenerzeugte Geschichte („Data-Storytelling") vollständig erzählt und verstanden?
- Überzeuge oder überwältigte ich den Betrachter?

4. Bewertung

- Ist meine Aussage verständlich?
- Übernehmen die Lesenden meine Datenargumentation?
- Welche Kritik wird an meinem Diagramm und meiner Analyse geäußert?

Gestaltung von Säulen- und Balkendiagramm

Um einige Fallstricke bei der Datenvisualisierung deutlich zu machen, werden im Folgenden die Werte der Eurostat-Datei „Bruttoinlandsprodukt pro-Kopf zu Marktpreisen“ visualisiert. Alle folgenden Diagramme nutzen die identischen Zahlenwerte. Die Geschichte, die durch die Diagramme erzählt wird, ist trotz der identischen Zahlenwerte meist völlig unterschiedlich. Bei der Visualisierung orientieren wir uns ganz wesentlich an Dona M. Wongs Buch „Die perfekte Infografik“.[38]

Hochformat oder Querformat? Bereits die Entscheidung für die Wiedergabe der Zahlen als quer- oder hochformatiges Diagramm scheint einen Einfluss auf die Entwicklung der visualisierten Daten zu haben. Im hochformatigen Diagramm, einer Darstellungsform, die auch gerne von Tageszeitungen genutzt wird, steigen die Werte scheinbar schneller an. Dieser Umstand ist auf die kürzere Grundseite zurückzuführen, während die Höhe der Abbildung unverändert ist.[39]

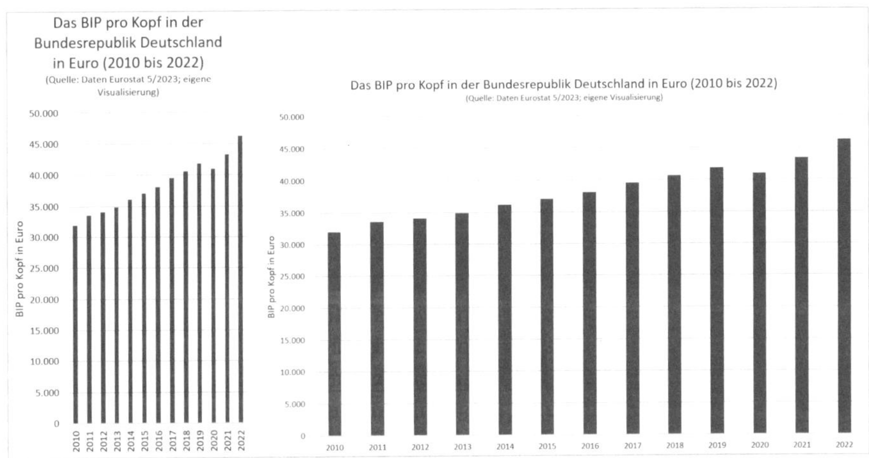

Hoch- oder Querformat

Zeitspanne auswählen und „Null-Linie“ verändern, um den Blick zu lenken?

Noch stärker scheint der Anstieg des BIP pro Kopf, wenn man einen größeren Anfangswert als den Nullpunkt auf der y-Achse wählt, der einen stark steigenden Aufstieg des BIPs visualisiert.

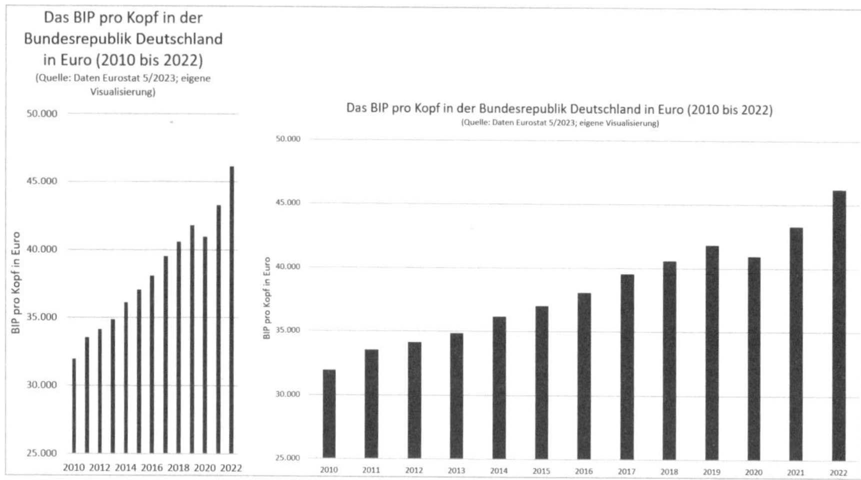

Null-Linie verändern

Aber ist das eine ehrliche Darstellung? Nein, aber die Begründung für ein solches Verhalten liegt im Interesse des Betrachters bzw. der Betrachterin.

Verändert man die Nulllinie der y-Achse, dann sind die vergangenen elf Jahre eine Phase großer wirtschaftlicher Zuwächse gewesen.

Leserliche Datenbeschriftung, ggf. die Diagrammart ändern, Daten sortieren

Leserlichkeit ist eine zwingende Bedingung für die Datenvisualisierung. Das gilt sowohl für die Kategorien als auch für die Anordnung der Balken. Im ersten Diagramm kann man die Ländernamen nur schwer lesen, außerdem sind die Balken unsortiert.

Für die Wiedergabe von 27 EU-Ländernamen eignet sich sowohl das Balkendiagramm als auch das Säulendiagramm. Anschließend müssen die Werte sortiert werden, will man diese systematisch analysieren oder dem Leser bzw. der Leserin ein analysefähiges Diagramm vorlegen.

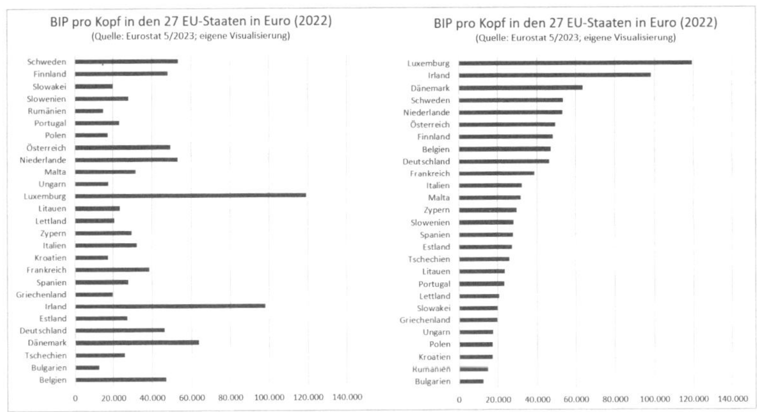

Ordnen Sie die Werte

Vier bis fünf Kategorien/Länder reichen aus

Bei der Gestaltung von Diagrammen gilt: Weniger ist mehr. Wenige Farben, Inhalte, Schriftarten und Vergleich bringen bessere Visualisierungen.

- Gedeckte Farben wirken seriös, bitte keine „bunten Bilder“.
- Nutzen Sie nur wenige Farben. Außerdem sollten die Farben aus der gleichen Farbfamilie stammen (z. B. eher gedeckte Farben).
- Beschriftung muss unmissverständlich sein, Schriftarten nicht variieren.
- Beschriften Sie Ihre Datenvisualisierung mit allen notwendigen Informationen. Nutzen Sie dazu eine seriöse Schriftart (Arial, Times New Roman etc.). Nutzen Sie nur möglichst wenige Veränderungen der Schrift. Maximal eine Größenänderung.
- Keine dreidimensionalen Abbildungen.
- Wählen Sie vier bis maximal sechs Vergleichsländer aus, um Ihre Datenaussage verständlich zu kommunizieren. Je mehr Länder Sie auswählen, desto unübersichtlicher wird die Datenvisualisierung und schwächer die Datenaussage.

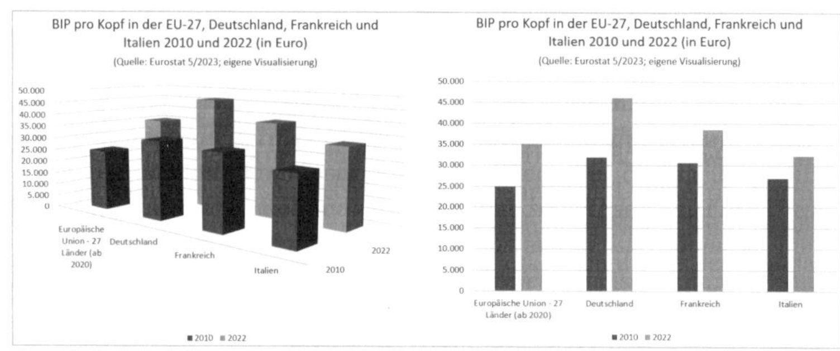

Bitte keine 3D-Diagramme

Wirklichkeit, Tendenzberichte oder Manipulation?
Wie kann man mit Datenvisualisierungen eine Wirkung erzeugen, die in eine gewünschte Richtung lenkt? Die folgenden Punkte zeigen, dass man mit einer gezielten, manipulativen Daten- und Zeitauswahl sowie mit fehlerhaften Vergleichen eine gewünschte Tendenz im Ringen um die Deutungshoheit herstellen kann: tendenziöse Auswahl der Kategorien/Vergleichsländer, zu kleine Datenbasis wegen Ausreißern.

Vermeiden Sie provokante, vereinfachende und unseriöse Vergleiche – diese gehen zu Lasten Ihrer Glaubwürdigkeit. Wählen Sie inhaltlich passende und dennoch multiperspektivische Daten für eine Visualisierung aus. Die folgenden Hinweise können helfen: Um den ökonomischen oder sozialen Erfolg oder Misserfolg der Europäischen Union zu visualisieren, wäre es unseriös, nur das ärmste und reichste Land miteinander zu vergleichen.

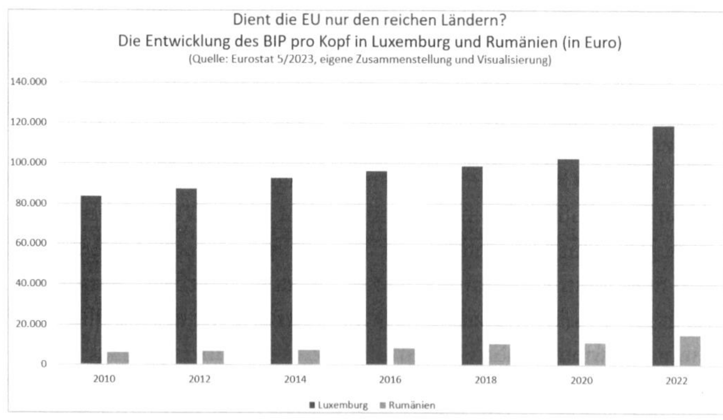

Tendenziöse Auswahl vermeiden

Es handelt sich um eine manipulative Überschrift und Darstellung von an sich korrekten statistischen Daten: Auf den ersten Blick scheint der Wohlstand der Bevölkerung Luxemburgs (570.000) deutlich stärker zu wachsen als der Wohlstand der Bevölkerung Bulgariens (7.200.000). Stimmt aber nicht! Die großen Abstände zwischen der bulgarischen und der Luxemburger Säule lassen den Pro-Kopf-BIP-Anstieg Bulgariens fast verschwinden. Dabei stieg das Pro-Kopf-BIP der Bulgaren von 4.600 auf 8.700 Euro. Berücksichtigt man außerdem die Kaufkraft, fällt der Anstieg des bulgarischen BIPs fast doppelt so hoch aus, verglichen mit dem Pro-Kopf-BIP-Luxemburgs. Außerdem ist Luxemburg ein klassischer Ausreißerwert, so wohlhabend ist kein anderer EU-Staat. Ein fairer Wohlstandsvergleich könnte zwischen den neuen EU-Staaten Bulgarien und Rumänien und dem Nicht-EU-Staat Serbien und der Türkei erfolgen. Dann sieht man, dass sich die EU-Mitgliedschaft für die beiden armen EU-Staaten beim Anstieg des BIP pro Kopf durchaus auszahlt.

Die Nulllinie beachten!

Und wenn Sie Werbung für die letzte Regierung machen wollen, die bis 2021 regierte, könnte Ihnen diese Darstellung helfen: Die Datenvisualisierung suggeriert den Wählenden, dass Deutschland gut regiert wurde.

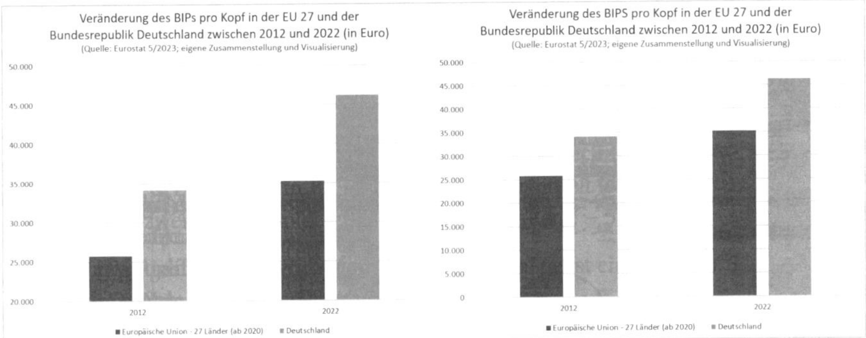

Nulllinie

Ohne Nulllinie kann sich das visuelle Pro-Kopf-BIP in Europa innerhalb von zehn Jahren (scheinbar) verdoppeln, was jedoch unseriös ist, wenn man sich die Zahlenwerte auf der y-Achse ansieht. Eine korrekte Datenvisualisierung muss die Nulllinie auf der y-Achse berücksichtigen (siehe rechts). Ohne Nulllinie ist der Manipulationsvorwurf berechtigt.

Gestaltung von Liniendiagrammen

Am Beispiel der Gestaltung des Liniendiagramms wird sichtbar, dass bewusst eingesetzte Gestaltungsmittel die Information unterschiedlich bewerten. Bei den folgenden Beispieldiagrammen wird immer der gleiche Datensatz genutzt, es handelt sich um die Lebenserwartung bei Geburt in Europa. Die ersten sechs Diagramme zeigen ausschließlich den gleichen Datensatz, nämlich die durchschnittliche Entwicklung der Lebenserwartung bei Geburt in Deutschland. Die Botschaft: Es sind die guten medizinischen, ökonomischen und sozialen Bedingungen, die zu einer höheren Lebenserwartung führen. Und es sind die bewusst ausgewählten Vergleichswerte, es ist die Art der gestreckten oder gestauchten Abbildung, die Skalen der y-Achse, die die kontextgebundene Information vermitteln.[40]

Eine Nulllinie muss nicht immer sinnvoll sein …

Nicht immer ergibt eine Nulllinie Sinn, in diesem Fall ist sie vollkommen überflüssig. Die Nulllinie enthält keine Informationen, die die Betrachtenden zur Interpretation der Information benötigt. Wenn auf die Nulllinie verzichtet wird, stellt sich jedoch neue Frage: Wie kann ich eine möglichst wirklichkeitsnahe Entwicklung der Lebenserwartung in einem Diagramm ohne Trendübertreibungen visualisieren?

Ist hier die Nulllinie sinnvoll?

Trendübertreibungen vermeiden

Die beiden linken Diagramme zeigen Trendübertreibungen. Die Linien verlaufen relativ steil oder flach. Die hochformatige Darstellung des linken Diagramms steigert zusätzlich die Wirkung. Mit solchen Übertreibungen können politische Meinungen gesteigert werden.

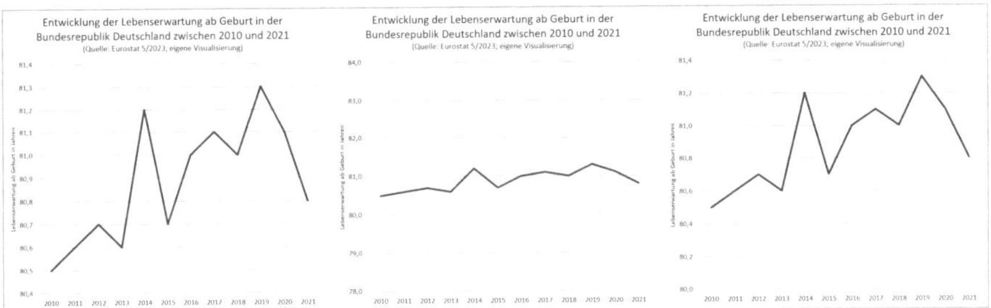

Bitte keine Übertreibungen

Sinnvoll ist es, wenn die Linie so gestaltet wird, dass sie rund 2/3 der Nettodiagrammfläche einnimmt.

Eine Linie sagt wenig aus, zwei Linien können schon eine kleine Geschichte erzählen

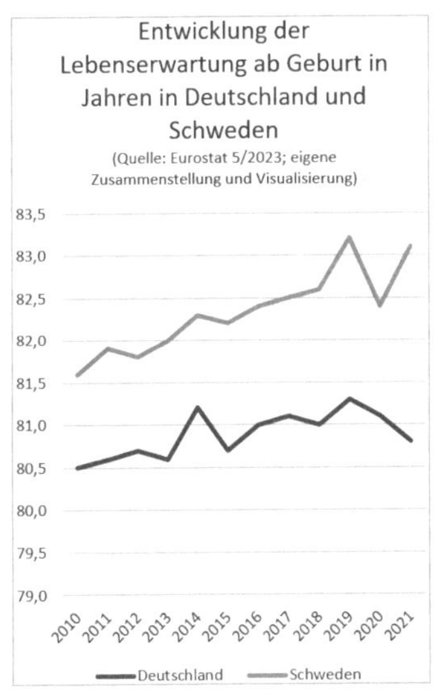

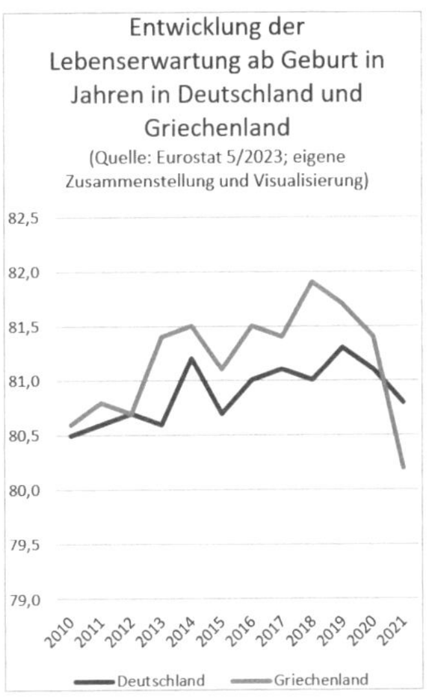

Weniger Linien sind mehr Informationen

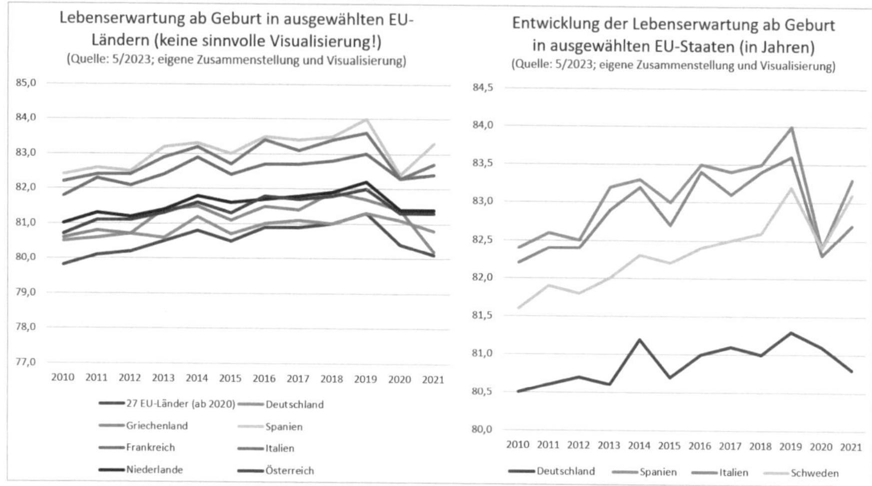

Das erste Diagramm enthält keine brauchbaren Informationen, das zweite Diagramm sehr wohl. Das erste Diagramm ist vollkommen überladen, es sind nur Linien, aber kaum Informationen zu erkennen. Als Faustformel kann man sich merken, dass man nicht mehr als vier bis fünf Linien visualisieren sollte.

Das zweite Diagramm zeigt die Lebenserwartung in den Ländern Schweden, Spanien, Italien sowie in der Bundesrepublik Deutschland von 2010 bis 2021. Während in Deutschland die Lebenserwartung während der Corona-Pandemie 2021 zurückgeht, steigt sie in Spanien, Italien und Schweden 2021 wieder an, jedoch hat sich das Wachstum der Lebenserwartung deutlich verlangsamt.

Im Ringen um die politische Deutungshoheit werden identische, quantitativen Daten, auf die sich Regierung und Opposition als korrekt verständigen könnten, unterschiedlich dargestellt, kombiniert und interpretiert. Durch geschickte Auswahl von Vergleichsländern oder Betrachtungszeiträume, durch hoch- oder querformatige Darstellung oder durch die dargestellten Achsenabschnitte bekommen vermeintliche Fakten einen überwältigenden Charakter.

Gestaltung von Kreisdiagrammen

Bekannte Farben übernehmen

Nehmen Sie die in der Öffentlichkeit bekannten Farben, beispielsweise die Farben von politischen Parteien, für die Visualisierung unbedingt wieder auf und färben Sie die Abschnitte entsprechend ein. Dieser Tipp gilt natürlich nicht nur für Kreisdiagramme, er gilt auch für die bereits besprochenen Säulen- und Balkendiagramme sowie für Liniendiagramme. Dann profitiert Ihre eingefärbte Datenvisualisierung von dem Wiedererkennungseffekt, der Ihre Visualisierung selbsterklärend werden lässt.[41]

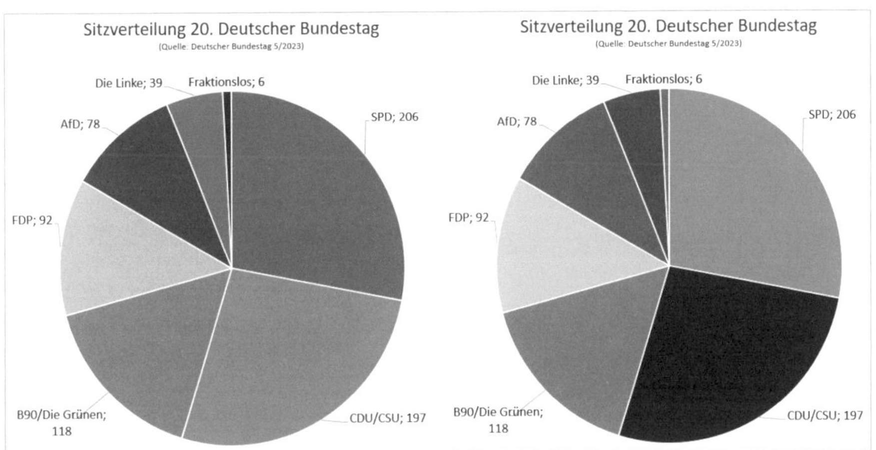

Bekannte Farben (hier auch in Nuancen von Grau zu erahnen) übernehmen

Maximal einmal stückeln

Verzichten Sie auf gestalterische Spezialeffekte: keine dreidimensionalen Kreisdiagramme erzeugen. Das linke Diagramm auf der nächsten Seite sieht aus wie eine explodierte Torte, nicht aber wie ein seriöses Kreisdiagramm. Einem amateurhaft gestalteten Kreisdiagramm werden die Betrachtenden weniger vertrauen, verglichen mit dem rechts abgebildeten Kreisdiagramm.

Die Segmente sind hervorgehoben, über das Segment finden die Betrachtenden weitere Informationen. Vermeiden Sie „Spielereien“ mit Schriftarten und Dreidimensionalität – „Spielereien“ machen ein Diagramm eher unglaubwürdig. Und so könnte ein seriöses Kreisdiagramm aussehen. Die größte Fraktion im Deutschen Bundestag ist etwas hervorgehoben, alle Parteifarben werden genutzt.

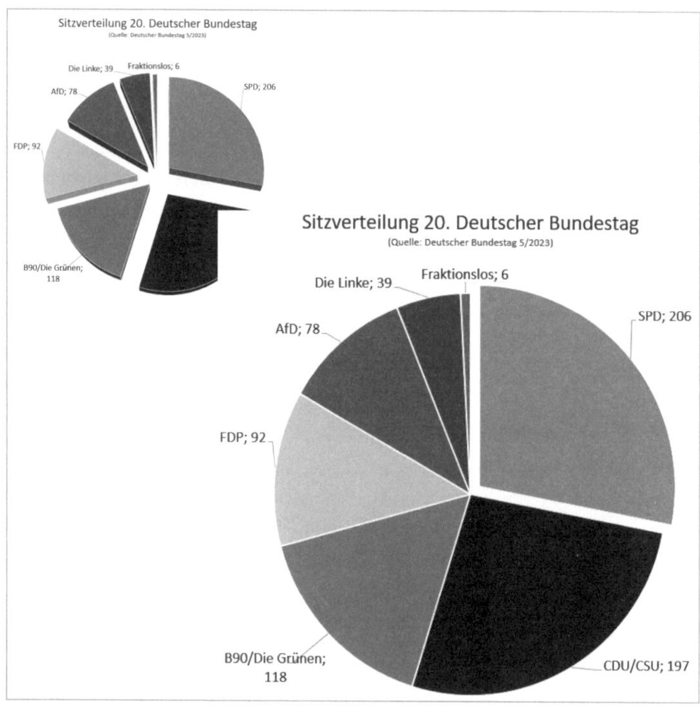

Maximal einmal stückeln

Gut gestaltete Diagramme können den Betrachter bzw. die Betrachterin in die gewünschte Richtung lenken. Das ist insbesondere dann der Fall, wenn die Person nur kurz das Diagramm ansieht und meint, es intuitiv verstanden zu haben. Doch vor diesem intuitiven, schnellen Vorgehen ist zu warnen, wie eben deutlich wurde und im Folgenden weiter ausgeführt wird.

Gegen eine datengetriebene Überwältigung

3

Die fachdidaktische Konzeption des digital-forschenden Lernens berücksichtigt im Idealfall unterschiedliche fachdidaktische Konzeptionen, wie die Problemorientierung und die Wissenschaftsorientierung. Sie berücksichtigt im Idealfall fachdidaktische Prinzipien wie die Kontroversität, die Adressatenorientierung und das exemplarische Lernen. Das digital-forschende Lernen kann im Idealfall als projektorientierter Unterricht über mehrere Unterrichtsstunden angewendet werden, in diesem Fall wird dieser Unterricht zur Konzeption. Der digital-forschende Unterricht kann auch nur für wenige Unterrichtsminuten, als Impuls oder inhaltliche Konkretisierung genutzt werden, dann hat er eher einen methodisch-medialen Charakter. Und das digital-forschende Lernen berücksichtigt den Beutelsbacher Konsens, denn auch durch Daten können Schülerinnen und Schüler überwältigt werden.

3.1 Statistische Daten können gemäß des Beutelsbacher Konsenses und entgegen des Konsenses verwendet werden

Man kann mit der Visualisierung quantitativer Daten Diagramme erzeugen, die „lügen“ oder „manipulieren“.[42] Das bewusste Manipulieren durch selbstgestaltete Diagramme dient der Überwältigung derer, die Visualisierungen vorgelegt bekommen. Diagramme können also im Sinne einer Überwältigung produziert und genutzt werden. Wenn die Schülerinnen und Schüler diese Überwältigungsmethoden kennen, dann besteht auch eine gute Möglichkeit, sich vor der Manipulation zu schützen.

Man kann aber auch die gleichen quantitativen Daten, beispielsweise die Inflationsrate, die Kriminalitätsrate oder den CO_2-Ausstoß, sehr unterschiedlich darstellen. Daten können aus Sicht der Regierung oder der Opposition dargestellt werden. Opposition und Regierung bewerten quantitative Daten jeweils sehr unterschiedlich – was auch ihre Aufgabe ist – und erzeugen entsprechende kontroverse Diagramme. Identische quantitative Daten und Diagramme können kontroverse Aussagen ermöglichen. Die quantitativen Daten sind gleich und ermöglichen durch ihre unterschiedlichen Visualisierungen Kontroversität.

Die Auswahl von interessengeleiteten quantitativen Daten und die Verwandlung dieser Daten in Kennziffern und Diagramme ermöglichen einen vielseitigen Blick auf quantifizierbare politische Herausforderungen und Lösungen. Die Erstellung eigener Kennziffern, die sich aus unterschiedlichen quantitativen Daten zusammensetzen, ermöglicht eine multiperspektivische Betrachtung von Problem und Lösungen. Forschendes Lernen ermöglicht kontroverse Positionierungen aufgrund von Fakten, bei gleichzeitiger Berücksichtigung der Prinzipien des Beutelsbacher Konsenses.

Überwältigungsverbot. Es ist nicht erlaubt, den Schüler – mit welchen Mitteln auch immer – im Sinne erwünschter Meinungen zu überrumpeln und damit an der „Gewinnung eines selbständigen Urteils" zu hindern. Hier genau verläuft nämlich die Grenze zwischen Politischer Bildung und Indoktrination. Indoktrination aber ist unvereinbar mit der Rolle des Lehrers in einer demokratischen Gesellschaft und der – rundum akzeptierten – Zielvorstellung von der Mündigkeit des Schülers.[43]

Das Überwältigungsverbot gilt auch für Datenvisualisierungen, die durch die Schülerinnen und Schüler überprüft werden können oder deren Erkenntnisgewinn, den sie aus den von ihnen überprüften Daten ableiten. Das fachdidaktische Konzept des digital-forschenden Lernens hat auch eine wissenschaftstheoretische Fundierung, die dem Kritischen Rationalismus Poppers folgt. Auch für quantitative Daten gilt, dass sie keine Wahrheit darstellen können und nur so lange Bestand haben, bis sie falsifiziert werden.

Was in Wissenschaft und Politik kontrovers ist, muss auch im Unterricht kontrovers erscheinen. Diese Forderung ist mit der vorgenannten aufs engste verknüpft, denn wenn unterschiedliche Standpunkte unter den Tisch fallen, Optionen unterschlagen werden, Alternativen unerörtert bleiben, ist der Weg zur Indoktrination beschritten.[44]

Forschen die Schülerinnen und Schüler mithilfe statistischer Daten im Zusammenhang mit einer Bundestagsdebatte zu bestimmten Sachthemen, können sie sowohl die Beiträge der Regierung als auch der Opposition nutzen. Beispiel: Debattenbeiträge zum Einsatz der Bundeswehr in Mali sind in der Regel wenige Minuten lag. Diese Beiträge sind über das Bundestagsfernsehen als Abruf-Beitrag individuell hör- und diskutierbar. Sie können wiederholt angesehen oder für Notizen gestoppt werden. Gezielt kann der Schüler bzw. die Schülerin Einzelbeiträge von Regierung und Opposition auswählen und so selbst das Kontroversitätsgebot umsetzen.

Der Schüler muss in die Lage versetzt werden, eine politische Situation und seine eigene Interessenlage zu analysieren, sowie nach Mitteln und Wegen zu suchen, die vorgefundene politische Lage im Sinne seiner Interessen zu beeinflussen.[45]

Auch dieses Prinzip des Beutelsbacher-Konsenses ist mit dem digital-forschenden Lernen realisierbar. Der Schüler bzw. die Schülerin kann sowohl bei der Datenauswahl seine/ihre Interessenlage berücksichtigen, als auch durch die im Rahmen des digital-forschenden Lernens erworbene Handlungsfähigkeit. Wer weiß, wie man Meldung prüft, wie man ergänzende Daten recherchiert, wie man Excel und Screenshot-Programme zur Anwendung bringt, der kann dieses Wissen, quasi als Transfer auch bei weiteren kritischen Überprüfungen von (Fake) News oder postfaktischen Informationen anwenden. Diese erworbene Handlungsfähigkeit ist eine fachliche Handlungsfähigkeit, sie bezieht sich ausdrücklich auf das Unterrichtsfach „Politik und Wirtschaft“, „Wirtschaftsgeographie“, „Gesellschaftskunde“ oder „Sozialwissenschaften“, wie immer das Fach in den jeweiligen Bundesländern heißt. Die ausgewählten „Open Data“ oder „Open Government Data“-Angebote beziehen sich auf politische, ökonomische und geografische Inhalte. Begrenzt handelt es sich bei diesem Konzept auch um „Medienbildung“ und nicht nur um Politik- und Wirtschaftsunterricht, der digitale Medien nutzt. Machen wir diese Unterrichtschancen der Überwältigungsvermeidung sowie einer datengetriebenen Kontroversität und Multiperspektivität an Beispielen deutlich.

3.2 Vermeidung von Überwältigung

Im europäischen Vergleich ist Deutschland schon länger das Hauptzielland internationaler Migration. Erstmals seit 2016 ist 2021 auch die Nettozuwanderung nach Deutschland im Vergleich zum Vorjahr wieder angestiegen, ebenso wie die humanitäre Migration. Weitere Fragen rund um die Entwicklung der Zu- und Abwanderung gibt der jedes Jahr von der Bundesregierung herausgegebene Migrationsbericht.[46]

Wenige Themen polarisieren auch in Deutschland so sehr, wie die Migration nach Deutschland und nach EU-Europa. Die Zuwanderung, die Chancen und Risiken durch die Zuwandernden lassen sich politisch thematisieren. Wenn die Zuwanderungsthematik durch Daten und Fakten gut aufbereitet wird, dann verliert das Thema zwar nicht seine Emotionalität, aber es wird durch Verwendung von statistischen Daten etwas aus dem Erregungsmodus in den faktenorientierten Diskussionsmodus überführt.

Auf welche Datensätze können wir zurückgreifen und welche Analysen und Visualisierungen können wir betreiben?

Quelle: Eurostat 2023k

Überwältigung könnte beispielsweise durch die Analyse und Visualisierung der „Insgesamt"-Zahlen zur Zuwanderung eintreten. Das Bundesamt für Migration erklärt dazu:

> *Ein anderes Bild ergibt sich beim Blick auf das Verhältnis der Zuwanderungszahlen zur jeweiligen Bevölkerungsgröße: Hier wiesen 2021 neben Luxemburg mit 35,9 Zugewanderten je 1.000 Einwohnerinnen und Einwohner auch Zypern (29,1) und Malta (27,0) relativ gesehen hohe Zuzugszahlen auf. Die Zuwanderungsquote Deutschlands liegt beim Vergleich der EU-Staaten dagegen mit 8,8 Zugewanderten je 1.000 Einwohnerinnen und Einwohner im Mittelfeld.*[47]

Zu berücksichtigen ist jedoch, dass in diesen Zahlen sowohl die Zuwanderung aus den EU-Staaten als auch die Zuwanderung aus Nicht-EU-Staaten enthalten ist. Visualisiert man diese Daten, dann müsste man auch die Auswanderung aus Deutschland berücksichtigen. Die Netto-Einwanderungsdaten ergeben sich aus der Verrechnung von Ein- und Auswanderung. Die Daten findet man hier:

Quelle: Eurostat 2023l

Die Einwanderung ist anteilig auf die Bevölkerungsgröße zu berechnen und nicht als absoluter Wert zu visualisieren. Es ist zu prüfen, ob Deutschland, als bevölkerungsreiches Land, mehr Migrantinnen und Migranten aufnimmt als andere Länder, indem man die Einwohnerinnen und Einwohner durch die Anzahl der Netto-Migrantinnen und -Migranten teilt.

Gleiches gilt für die Analyse und Visualisierungen der Asylbewerberzahlen. Sie sagen ohne die Verrechnung mit der Einwohnerstärke des Landes nur aus, dass Deutschland ein beliebtes Ziel der Asylbewerberinnen und -bewerber gewesen ist. Verrechnet man die Anzahl der Anträge mit der Einwohnerzahl eines Landes, dann wird sichtbar, dass die Pro-Einwohner-Asylbewerberzahlen in Schweden, in der Hochphase der Flüchtlingswelle 2015, höher waren als die Bewerberzahlen in Deutschland.

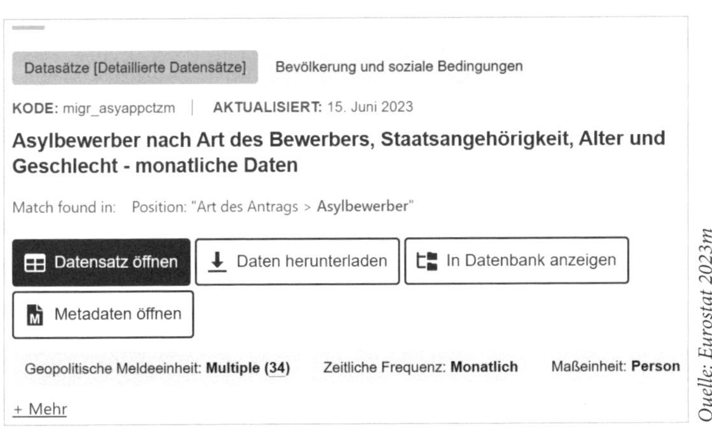

Quelle: Eurostat 2023m

Die Bevölkerungsdaten finden Sie hier:

Quelle: Eurostat 2023n

In welcher Größenordnung die deutsche Staatsangehörigkeit vergeben wird, ergibt sich aus der folgenden Statistik:

Quelle: Eurostat 2023o

Neben der Einbürgerung könnten auch Integrationsdaten, wie die Anzahl der binationale Ehen, Bildungs- und Arbeitsmarktentwicklungen sowie Kriminalitätsentwicklungen durch Migration eine Rolle in faktenorientierten

Diskussionen spielen. Diese Daten finden sich nicht in den Datenbanken von Eurostat, sie sind in anderen Datenbanken verfügbar.

Wie auch immer, durch die Berechnung von Kennziffern und der Vermeidung von absoluten Werten sowie durch Ländervergleichsdatenberechnungen, kann man der Überwältigung mittels Daten vorbeugen.

Der digital-forschende Politik- und Wirtschaftsunterricht mit selbst analysierten Statistiken und selbst visualisierten Diagrammen kann auch politische Kontroversen und Multiperspektivität begünstigen. Ausgehend vom Beutelsbacher Konsens wird zwischen der erwünschten Kontroversität und einer unerwünschten extremen Polarisierung unterschieden. Wo der Übergang von der erwünschten Kontroversität zur problematischen extremen Polarisierung verläuft, ist keinesfalls eindeutig definiert.

3.3 Kontroversität: Darstellung von politischen Ergebnissen mittels statistischer Daten aus Sicht der Regierung und der Opposition

Wie beurteilt die Regierung und wie die Opposition die Ergebnisse des politischen Handelns? Wir werden den identischen Datensatz nehmen und diesen, je nach politischer Ausrichtung, unterschiedlich analysieren und visualisieren. An dieser Stelle könnte die Diskussion geführt werden, ob alle im Bundestag vertretenen Fraktionen bei der Analyse und Visualisierung der Daten Berücksichtigung finden sollten. Meines Erachtens sollten alle Fraktionen, die zur Opposition gezählt werden, Berücksichtigung finden, schließlich könnten die Schülerinnen und Schüler auch auf den sozialen Netzwerken Informationen von allen Fraktionen und Parteien erhalten. Sich mit den Tricks der Datenvisualisierung aus Sicht der Regierung und Opposition zu beschäftigen, schärft aber den Blick für die unterschiedliche Analyse und Visualisierung von quantitativen Daten.

Politische Kontroversität ist ein zentraler Bestandteil der Auseinandersetzung um Interessen und Macht. Nehmen wir exemplarisch die Staatsverschuldung und analysieren diese aus Sicht der Regierung und der Opposition. Zu berücksichtigen sind mindestens zwei gesetzliche Regelungen, die Maastricht-Kriterien und die Schuldenbremse.

Öffentlicher Schuldenstand nach Maastricht

Das jährliche Haushaltsdefizit eines Landes sollte 3 % und der öffentliche Schuldenstand insgesamt 60 % des Bruttoinlandsprodukts (BIP) nicht überschreiten.

Schuldenbremse
Die Schuldenbremse sieht vor, dass die Haushalte von Bund und Ländern grundsätzlich ohne Einnahmen aus Krediten auszugleichen sind. Im Rahmen des Grundsatzes ausgeglichener Haushalte gewährt Artikel 115 Grundgesetzes dem Bund einen eng begrenzten strukturellen, also unabhängig von der konjunkturellen Lage bestehenden, Verschuldungsspielraum. Die maximal zulässige strukturelle Nettokreditaufnahme ist auf 0,35 % des Bruttoinlandsproduktes begrenzt.

Den öffentlichen Bruttoschuldenstand, das Defizit, der Überschuss und die Staatseinnahmen werden der Userin bzw. dem User bereits auf der Anfangsseite von Eurostat angeboten. Ohne an dieser Stelle auf die Situation eingehen zu wollen, sei mit diesem Screenshot verdeutlicht, dass das Auffinden dieser Daten einfach ist.

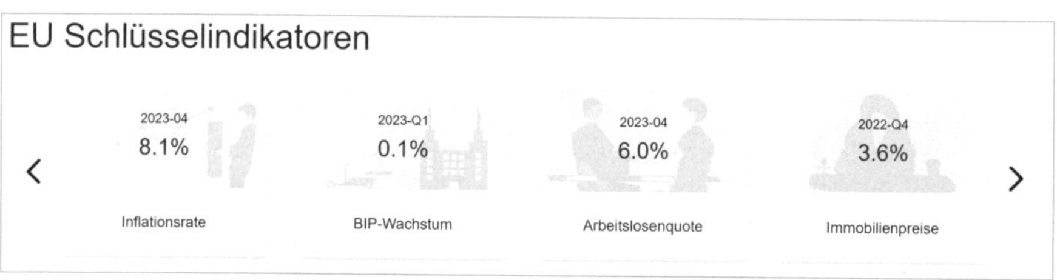

Quelle: Eurostat 2023

Doch würde man nur die Schulden der Bundesrepublik Deutschland betrachten, dann würde man die „Absicherung" durch die Vermögen der Deutschen unberücksichtigt lassen. Doch genau das gehört zu einer kontroversen Betrachtung der Staatsschulden dazu: Wie wohlhabend sind die Personen, die im Fall der Fälle für einen Teil der Staatsschulden durch Steuererhöhungen haften könnten? Die quantitativen Daten zum Vermögen der Deutschen findet man bislang nicht auf den Seiten von Eurostat, aber dafür in den Berichten der Deutschen Bundesbank.

Monatsbericht der Deutschen Bundesbank: Vermögen in Deutschland sind deutlich gestiegen (24.04.2023)

Die Vermögen privater Haushalte in Deutschland sind zwischen 2017 und 2021 gestiegen. So erhöhte sich das durchschnittliche Nettovermögen der Haushalte zwischen 2017 und 2021 um 83.600 Euro auf 316.500 Euro.[48]

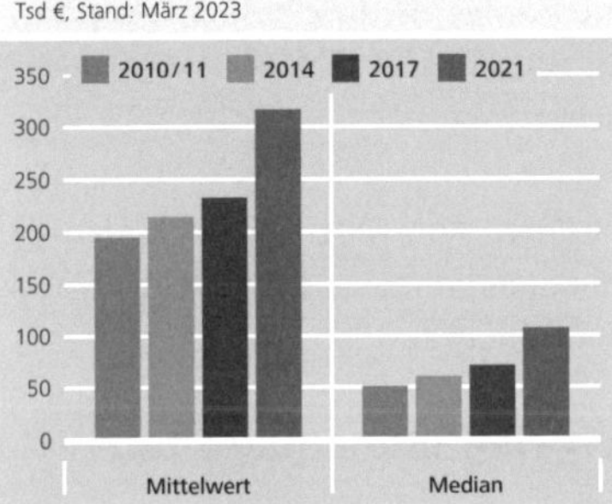

Nettovermögensverteilung der privaten Haushalte in Deutschland
Quelle: Deutsche Bundesbank 2023, S. 27

Die vermögensärmeren 20 % der Haushalte konnten einen Anstieg ihres Guthabens auf Giro- und Sparkonten verzeichnen. Gleichzeitig hat sich die Verschuldung der vermögensärmeren Haushalte geringfügig verringert, so die Deutsche Bundesbank in ihrem Monatsbericht. Die Sparquote der privaten Haushalte hat sich insbesondere während der Corona-Pandemie erhöht, während gleichzeitig der Konsum reduziert wurde. Lediglich 20 % der Haushalte meldeten Lohn- und Einkommensverluste durch Corona, so die Deutsche Bundesbank.

Position	2010/11	2014	2017	2021
Mittelwert/Median	3,8	3,6	3,3	3,0
P90[1)]/Median	8,6	7,8	7,8	6,8
Gini-Koeffizient	76 %	76 %	74 %	73 %
Anteil vermögendste 10 % am gesamten Nettovermögen	59 %	60 %	55 %	56 %
Interquartilsabstand[2)]	203 000 €	221 000 €	262 000 €	338 000 €
Abstand zwischen P90 und P10[3)]	442 000 €	468 000 €	555 000 €	725 000 €
Anteil Haushalte mit Nettovermögen <= 0 €	9 %	10 %	9 %	6 %
Anteil Haushalte mit Nettovermögen < Mittelwert der Nettovermögen	74 %	74 %	72 %	72 %

1 Mit „P90" wird die Grenze beschrieben, ab der ein Haushalt zu den 10 % vermögendsten Haushalten gehört. **2** Der „Interquartilsabstand" ist ein Maß für die Streuung von Daten. Bei der Interpretation ist zu beachten, dass der „Interquartilsabstand" auch dann ansteigen würde, wenn sich die Vermögen aller Haushalte um denselben Faktor erhöhen würden. **3** Mit „P10" wird die Grenze beschrieben, die die vermögendsten 90 % der Haushalte von den vermögensärmeren 10 % trennt.

Deutsche Bundesbank

Zusammenfassung der Vermögensverteilung der privaten Haushalte in Deutschland
Quelle: Deutsche Bundesbank 2023, S. 29

Die Ungleichheit, gemessen am Nettovermögen der Einwohnerinnen und Einwohner, hat sich auch zwischen 2017 und 2021 leicht reduziert, so die Bundesbank. Dennoch: Den reichsten 10 % der privaten Haushalte in Deutschland gehören etwa 56 % des gesamten Nettovermögens.

Auch das Alter ist für die Höhe des Vermögens relevant. [...] So haben laut der Studie Haushalte mit Personen unter 25 Jahren ein Median-Vermögen von 11.400 Euro, während in der Altersgruppe zwischen 45 und 74 Jahren das Median-Vermögen zwischen 154.700 und 231.000 Euro beträgt. Ab diesem Alter `entsparen´ viele Menschen und schenken beispielsweise ihren Kindern Teile ihres Vermögens", so die Bundesbanker in ihrem Monatsbericht.[49]

Digital-forschendes Lernen ermöglicht einen kontroversen Blick, den der Beutelsbacher Konsens wünscht, auf die Staatsverschuldung Deutschlands und die Vermögen der Menschen in Deutschland.

3.4 Multiperspektivität durch vielfältige quantitative Daten

Richten wir nun unseren Blick auf weltweite Daten, recherchieren und analysieren wir zur Entwicklungszusammenarbeit, zu den UN-Nachhaltigkeitszielen und zu den Auslandseinsätzen der Bundeswehr.

Grundsätze und Ziele des Bundesministeriums für wirtschaftliche Zusammenarbeit:

Im Mittelpunkt steht dabei das Engagement gegen Armut und Hunger und für gesunde Menschen in einer gesunden Umwelt. Das BMZ versteht sich als Transformationsministerium, das weltweit den Umbau hin zu einer nachhaltigen, klima- und naturverträglichen Wirtschaftsweise voranbringt und zugleich Frieden, Freiheit und Menschenrechte stärkt. Dazu stimmen wir die bilaterale Zusammenarbeit mit unseren Partnerländern weltweit ab und fördern einen starken, an den SDGs orientierten Multilateralismus. Wir wollen im respektvollen Miteinander Strukturen in den Partnerländern und global so verändern, dass ein besseres Leben für alle Menschen möglich ist.[50]

Der folgende Screenshot vom Bundesministerium für wirtschaftliche Zusammenarbeit zeigt Partnerländer der Bundesrepublik Deutschland. Klicken Sie auf der Website auf diese Länderbuttons, dann erfahren Sie mehr über die betreffenden Länder und auch über die geplanten oder umgesetzten Maßnahmen der Bundesregierung.

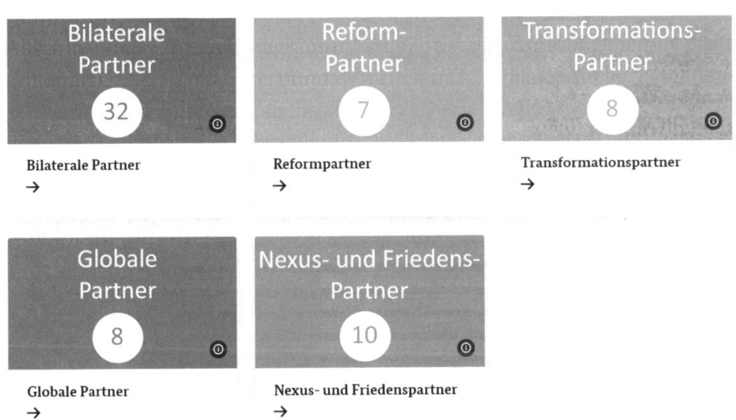

Entwicklungszusammenarbeit
Quelle: Bundesministerium für wirtschaftliche Zusammenarbeit 2023

Auch die Bundesregierung betont bei ihrer Vorstellung die Orientierung ihrer Politik an den UN-Nachhaltigkeitszielen. Die UN-Nachhaltigkeitsziele (SDG) entstanden als Nachfolgeziele der Millenniumgoals der Vereinten Nationen:

Mit der im Jahr 2015 verabschiedeten Agenda 2030 hat sich die Weltgemeinschaft unter dem Dach der Vereinten Nationen zu 17 globalen Zielen für eine bessere Zukunft verpflichtet. Leitbild der Agenda 2030 ist es, weltweit ein menschenwürdiges Leben zu ermöglichen und gleichzeitig die natürlichen Lebensgrundlagen dauerhaft zu bewahren. Dies umfasst ökonomische, ökologische und soziale Aspekte. Dabei unterstreicht die Agenda 2030 die gemeinsame Verantwortung aller Akteure: Politik, Wirtschaft, Wissenschaft, Zivilgesellschaft – und jedes einzelnen Menschen.[51]

Im Einzelnen lauten die 17 Ziele: Ziel 1: Armut in jeder Form und überall beenden, Ziel 2: Ernährung weltweit sichern, Ziel 3: Gesundheit und Wohlergehen, Ziel 4: Hochwertige Bildung weltweit, Ziel 5: Gleichstellung von Frauen und Männern, Ziel 6: Ausreichend Wasser in bester Qualität, Ziel 7: Bezahlbare und saubere Energie, Ziel 8: Nachhaltig wirtschaften als Chance für alle, Ziel 9: Industrie, Innovation und Infrastruktur, Ziel 10: Weniger Ungleichheiten, Ziel 11: Nachhaltige Städte und Gemeinden, Ziel 12:

Nachhaltig produzieren und konsumieren, Ziel 13: Weltweit Klimaschutz umsetzen, Ziel 14: Leben unter Wasser schützen, Ziel 15: Leben an Land, Ziel 16: Starke und transparente Institutionen fördern, Ziel 17: Globale Partnerschaft.

17 Ziele für die Nachhaltigkeit

Quelle: United Nations, www.un.org/sustainabledevelopment / The content of this publication has not been approved by the United Nations and does not reflect the views of the United Nations or its officials or Member States.

Oder nehmen wir exemplarisch die Länder Afrikas, in denen die Bundeswehr durch mandatierte Auslandseinsätze beteiligt ist. Welche Entwicklungen nehmen diese Länder? Die Bundeswehr schreibt zu ihren Einsätzen: Laufende Bundeswehr-Einsätze in Afrika:

Afrika ist für Deutschland und Europa von besonderer Bedeutung bei der Bewältigung globaler Zukunftsaufgaben. Allerdings gefährden die vielschichtigen Krisen – insbesondere im Sahel –zunehmend die Stabilität und Entwicklungschancen mancher Regionen. Das betrifft auch die sicherheitspolitischen Interessen Deutschlands und Europas unmittelbar. Ziel des deutschen Engagements ist es, Instabilität und Gewalt einzudämmen sowie Verschärfungen politischer und humanitärer Krisen entgegenzuwirken.[52]

Wir könnten uns mit den Erfolgen oder Misserfolgen der aktuellen oder bereits abgeschlossenen Bundeswehreinsätzen in Afrika beschäftigen und dazu die passenden Daten recherchieren.

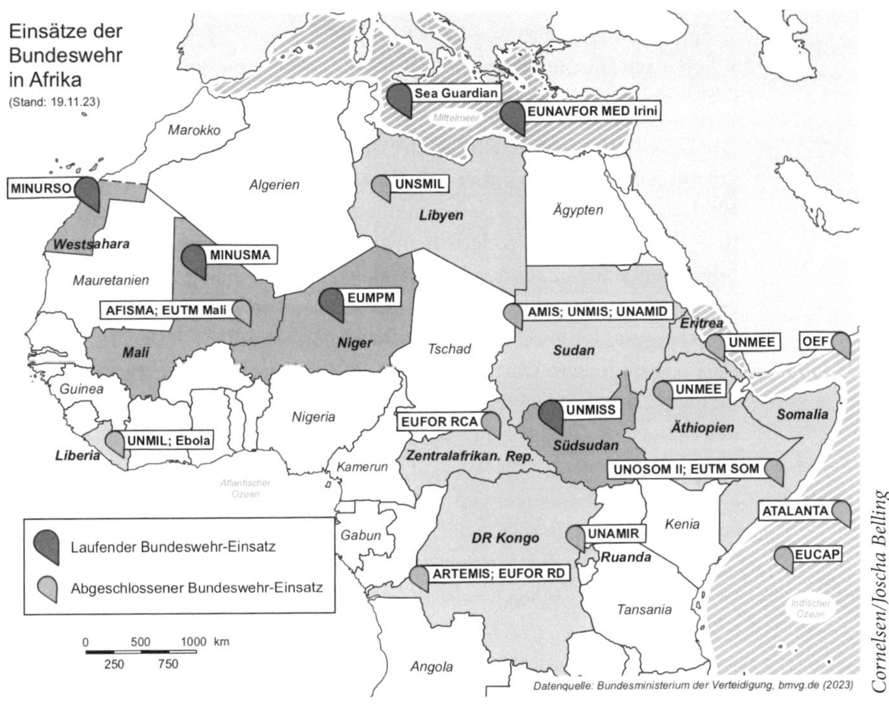

Abgeschlossene und aktuelle Bundeswehreinsätze in Afrika
Datenquelle: Bundesministerium der Verteidigung 2023

Aufgrund der notwendigen Eingrenzung wählen wir Mali, Niger und Südsudan aus, die wir mit der Bundesrepublik Deutschland vergleichen. Natürlich hinkt dieser Vergleich, man kann nicht die ärmsten Länder der Welt mit einem der reichsten Länder vergleichen. Dennoch: Um sich besser orientieren zu können, werden wir den Vergleich wagen. Wir wollen folgende Daten recherchieren: Eingruppierung bezüglich Gewalt- und Gewaltverbrechen, Failing-State-Index oder Demokratie und Rechtstaatlichkeitsindex. Hat sich die politische und sicherheitspolitische Situation im Land den Einsatz der Bundeswehr verbessert?

Aber auch die folgenden Daten können Auskunft über die Bewertung des Bundeswehreinsatzes geben:

- Lebenserwartung
- Geburten pro Frau

- Zugang zu Elektrizität
- Schulische Grundbildung
- BIP pro Kopf

Die Lebenserwartung nach Geburt ist ein interessanter Datensatz. Er kann gut zur Theoriebildung oder zur Theorieüberprüfung genutzt werden. Die Modernisierungstheorie lässt sich durch die Entwicklung der Lebenserwartung prüfen, die Dependenztheorie kann geprüft werden, postkoloniale oder liberale Ideen können hinterfragt werden oder aber eine neue Theorie oder ein eigener Indikator entwickelt werden. Im Index der menschlichen Entwicklung (englisch: *Human Development Index, HDI*) werden die durchschnittlichen Werte eines Landes in grundlegenden Bereichen der menschlichen Entwicklung erfasst. Dazu gehört die Lebenserwartung bei der Geburt, das Bildungsniveau sowie das Pro-Kopf-Einkommen.

> *Aus einer großen Zahl solcher Einzelindikatoren wird eine Rangliste errechnet. Sie ermöglicht es, den Stand der durchschnittlichen Entwicklung eines Landes abzuleiten. Der aktuelle Index bezieht sich auf das Jahr 2018 und erfasst 189 Staaten, 73 von ihnen wurden als Länder mit geringer oder mittlerer Entwicklung eingestuft.*[53]

Mithilfe der Daten der World Bank können sich Schülerinnen und Schüler eigene Indikatoren bauen.

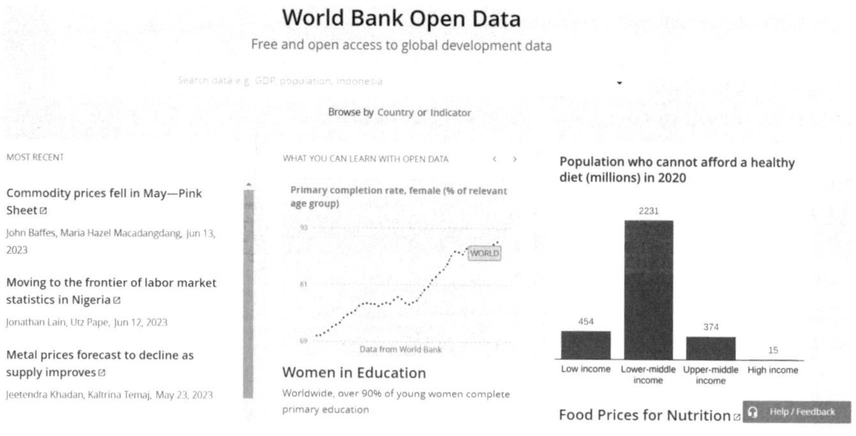

World Bank Open Data

Free and open access to global development data

Search data e.g. GDP, population, Indonesia

Browse by Country or Indicator

MOST RECENT

Commodity prices fell in May—Pink Sheet

John Baffes, Maria Hazel Macadangdang, Jun 13, 2023

Moving to the frontier of labor market statistics in Nigeria

Jonathan Lain, Utz Pape, Jun 12, 2023

Metal prices forecast to decline as supply improves

Jeetendra Khadan, Kaltrina Temaj, May 23, 2023

WHAT YOU CAN LEARN WITH OPEN DATA

Primary completion rate, female (% of relevant age group)

93

81

69

WORLD

Data from World Bank

Women in Education

Worldwide, over 90% of young women complete primary education

Population who cannot afford a healthy diet (millions) in 2020

454 2231 374 15

Low income, Lower-middle income, Upper-middle income, High income

Food Prices for Nutrition

Help / Feedback

Quelle: World Bank 2023b

Eigene Kennziffern begründet erstellen und damit versuchen, die Entwicklung eines Landes gemäß den Zielen der deutschen Entwicklungszusammenarbeit oder den Erfolg (oder Misserfolg) von Bundeswehreinsätzen im Ausland zu erfassen, kann man mit den statistischen Daten der Weltbank. Wie man zu den Datensätzen der Weltbank kommt, wurde bereits kurz beschrieben. Im folgenden Praxisteil werden der Datendownload und erste, einfache Datenanalysen und Datenvisualisierungen ausprobiert. Dabei greifen wir direkt auf die „World Bank Open Data“ zurück:

Die Datenquelle, die man kostenlos und ohne Rechtebeschränkungen zur Datenbeschaffung nutzen kann, findet sich bei der Weltbank. Auf den Seiten der WorldBank.org findet man, leider etwas versteckt, die Weltentwicklungsindikatoren. Im Original heißen sie World Development Indicators (WDI) und die Weltbank schreibt:

The World Development Indicators is a compilation of relevant, high-quality, and internationally comparable statistics about global development and the fight against poverty. The database contains 1,600 time series indicators for 217 economies and more than 40 country groups, with data for many indicators going back more than 50 years.[54]

TEIL 2 DATEN IN DEN DATENBANKEN EUROSTAT UND DER WELTBANK RECHERCHIEREN UND ANALYSIEREN

4 Daten von Eurostat in Excel exportieren und visualisieren

Wie hat sich die Lebenserwartung in Italien, Spanien, Deutschland und Schweden entwickelt? Italien und Spanien sind die europäischen Staaten, die von der Corona-Krise besonders stark betroffen waren. Wie alt werden die Menschen in den Ländern nach der Geburt durchschnittlich? Welche Entwicklung der Lebenserwartung hat sich in den vergangenen Jahren eingestellt? Welche Länder haben einen Abfall der Lebenserwartung zu beklagen?

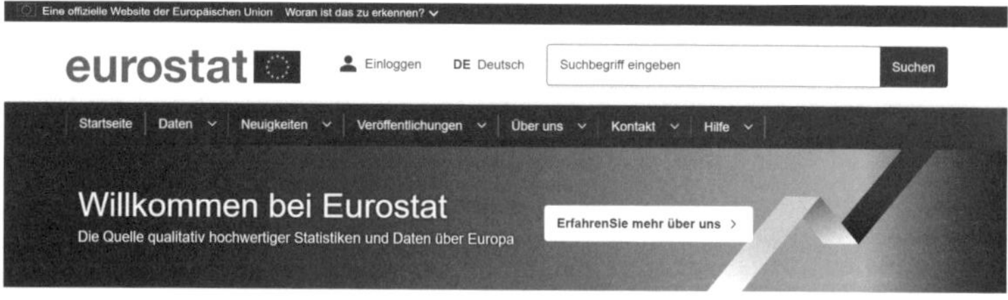

Eurostat-Homepage
Quelle: Eurostat 2023a

4.1 Recherche in Eurostat

Beginnen wir mit der Datenrecherche in den Datenbanken von Eurostat. Dort werden wir die Lebenserwartung für die oben genannten europäischen Länder finden. Eurostat führt die Daten der jeweiligen nationalen statistischen Ämter zusammen. Eurostat finden Sie als Unterseite der Europäischen Kommission. Der Link zu Eurostat lautet: https://ec.europa.eu/eurostat/de/

Einstieg in die Datenbanken

Man kann zum einen über die „Suchfunktion" die Daten zur Lebenserwartung recherchieren …

Quelle: Eurostat 2023a

… und die vorgeschlagenen Titel und Fundorte der Daten anzeigen lassen …

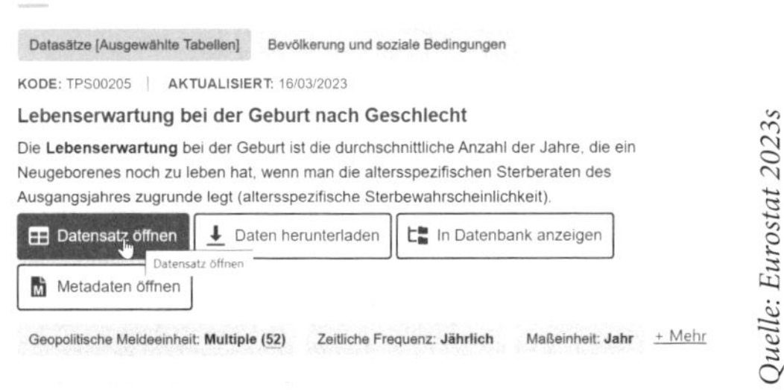

Quelle: Eurostat 2023s

Der Datenfundort ist besonders interessant, wenn man gleichzeitig nach Daten sucht, die inhaltlich mit den gefundenen Daten in Verbindung stehen. Dann wird die Datenbank zur Bibliothek in der man ein Buch gesucht und gefunden hat. Die Bücher, die neben dem gefundenen Buch stehen, sind meist auch von Interesse.

Der Datenfundort
Quelle: Eurostat 2023r

Datenerkundung
Quelle: Eurostat 2023a

Oder man sucht über den Button der Datenbank auf der Homepage von Eurostat, nach Datenbanken, die den Datensatz „Lebenserwartung ab Geburt“ enthalten.

Auf diesem Weg kommt man zur „Datenbank nach Themen“, die anfänglich etwas unübersichtlich erscheint, jedoch viele Möglichkeiten beinhaltet, die gesuchten Daten gezielt zu finden und herunterzuladen. Wir werden uns mit der „Datenbank nach Themen" noch genauer beschäftigen.

Wir könnten jedoch auch zu den „Tabellen nach Themen" navigieren, die bereits reduzierten und vorausgewählten Daten zum Download bereithalten.

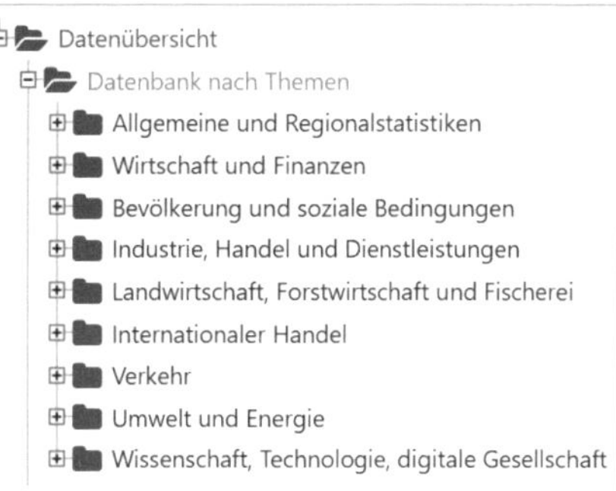

Datenbank
Quelle: Eurostat 2023q

Tabelle nach Themen
Quelle: Eurostat 2023q

Oder wir gehen zu den „Tabellen über EU-Politikbereiche", die Daten nach den aktuellen, inhaltlichen Schwerpunkten bereitstellt. Aber zu den Politikbereichen der EU gibt es später mehr Informationen.

Tabellen über EU-Politikbereiche
Quelle: Eurostat 2023q

Zunächst schauen wir uns den Aufruf der Daten mittels des Suchverlaufes an. Empfehlenswert ist es, zunächst über die Suchmaske die Daten auszuwählen und sich dann die Fundorte anzeigen zu lassen. Sinnvoll ist es auch, sich die Fundstellen in den Datenbanken anzeigen zu lassen, dabei lernt man dann die Systematik von Eurostat kennen. Sie ist nicht komplizierter als das Periodensystem der Elemente im Fach Chemie.

Quelle: Eurostat 2023

Lebenserwartung bei Geburt über die Suchmaske recherchieren

Wir recherchieren die Lebenserwartung bei Geburt über die Suchmaske. Eurostat schlägt einen naheliegenden Begriff vor, sodass die Suche relativ einfach ist.

Klicken Sie auf „Datensatz öffnen“ und es wird der Datensatz angezeigt.

Lebenserwartung nach Geburt wird geöffnet

Digital-forschendes Lernen ermöglicht die Überprüfung von Aussagen, sei es von Politikerinnen und Politikern, Wissenschaftlerinnen und Wissenschaftlern, Medien oder Faktenfindern. Und auch diese Daten, die Eurostat veröffentlicht hat, mit denen nun die Aussagen überprüft werden, sind keinesfalls als Wahrheiten anzusehen, sie müssen ihrerseits immer wieder geprüft und in Frage gestellt werden. Eurostat öffnet den „Databrowser“ und gibt in der Maske die „Lebenserwartung bei Geburt nach Geschlecht“ frei.

Quelle: Eurostat 2023s

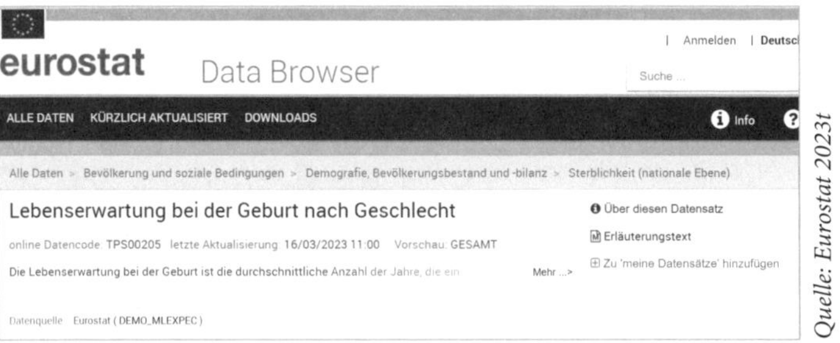

Quelle: Eurostat 2023t

Sie sehen unter dem Einstiegsfenster ein weiteres Menü mit zwei Fenstern: ein Fenster mit verschiedenen Menüs und Auswahlmöglichkeiten sowie ein Fenster mit den Daten, die durch die Einstellungen vorausgewählt sind.

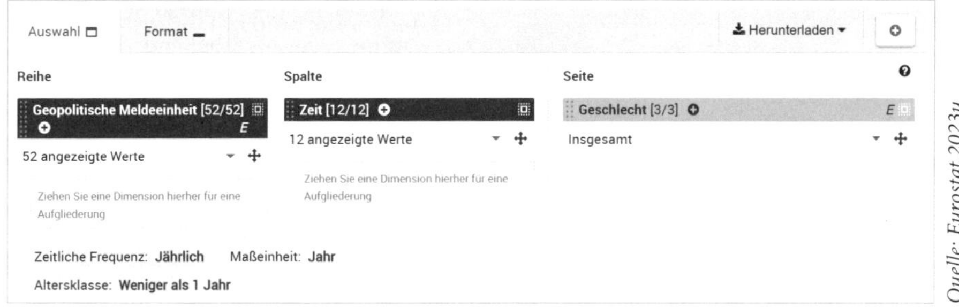

Quelle: Eurostat 2023u

Infofenster

Betrachten wir das Fenster mit den Auswahlmöglichkeiten. Es wird in die Felder „Geopolitische Meldeeinheit", „Zeit" und „Geschlecht" unterteilt.

Wählen wir zunächst das Feld „Geopolitische Meldeeinheit" aus. Hier werden die EU-Staaten sowie kumulierte Werte und verschiedene Nicht-EU-Staaten aus der Nachbarschaft der EU angezeigt. Wir wählen gemäß unserer Fragestellung die Staaten Deutschland, Spanien, Italien und Schweden aus.

Quelle: Eurostat 2023u

Zeitauswahl

Quelle: Eurostat 2023u

Länderauswahl

Betrachten wir nun im Menü die Zeit. Klicken wir dazu alle Jahre, die Eurostat aufweist, an. Es sind die Jahre 2010 bis 2021.

Quelle: Eurostat 2023u

Geschlecht

Und in der Rubrik „Geschlecht" wählen wir anschließend „Insgesamt" aus.

Nach der Auswahl und der Aktualisierung können wir die Datenvorauswahl im Datenfenster betrachten.

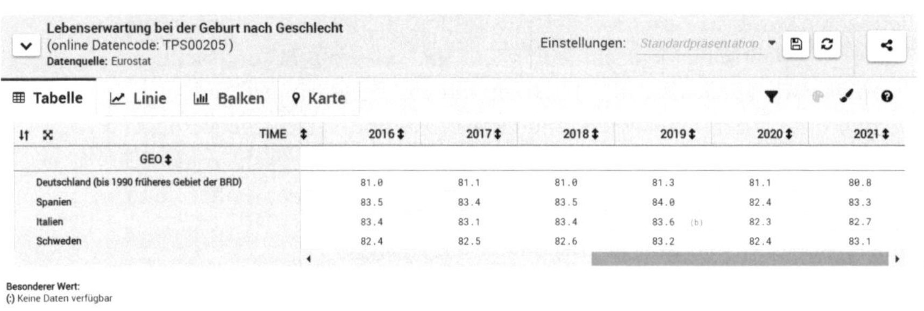

TIME / GEO	2016	2017	2018	2019	2020	2021
Deutschland (bis 1990 früheres Gebiet der BRD)	81.0	81.1	81.0	81.3	81.1	80.8
Spanien	83.5	83.4	83.5	84.0	82.4	83.3
Italien	83.4	83.1	83.4	83.6 (b)	82.3	82.7
Schweden	82.4	82.5	82.6	83.2	82.4	83.1

Besonderer Wert:
(:) Keine Daten verfügbar

Quelle: Eurostat 2023u

Datenvorauswahl

Quelle: Eurostat 2023u

Im Menü „Format"

Kommen wir nun zum Menü „Format". Der Datendownload ist abhängig von der Vorauswahl der Daten und des Formates. Die Auswahl der Daten kann für diese Übung übernommen werden, jedoch müssen wir im Menü „Format" einige wenige Einstellungen vornehmen, die uns anschließend die Arbeit mit den Daten erleichtern. Wichtig ist, dass die Daten im Unterricht ohne großen Zusatzaufwand bearbeitet werden können. Ein Zusatzaufwand wäre beispielsweise das Löschen von Zeilen oder Spalten, erklärenden Zeichen und Abkürzungen. Um die schnelle Arbeitsfähigkeit zu realisieren, sollten nur Dateien ohne leere Spalten und Erklärungen heruntergeladen werden.

Wichtig: Wir verbergen (oder löschen) die „Flags". „Flags" bedeutet auf Deutsch „Kennzeichen" und sind Metadaten, die zusätzliche Informationen über statistische Daten liefern. So sind einige Daten „vorläufig" oder es sind keine Daten vorhanden. Diese „Flags" sind zusätzliche Informationen für die korrekte Interpretation der Daten. Jedoch erschweren sie die angestrebte Datenvisualisierung. Wir klicken auf „verbergen" und schließen so den Download dieser Informationen aus.

Anschließend laden wir die vorausgewählten Daten (ohne „Flags") als Datensatz herunter. Dazu rufen wir im Menü „Herunterladen" die „Kalkulationstabelle (.xlsx)" auf. Die Excel-Tabelle wird nach zweimaligem „Herunterladen"-Aufruf (bitte nicht irritieren lassen) heruntergeladen.

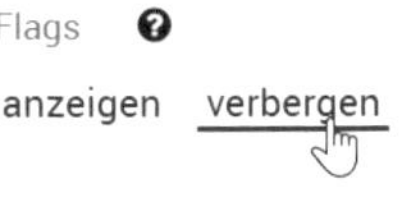

Quelle: Eurostat 2023u

Wir laden nur die Daten herunter, die wir in der Vorschau gesehen haben, nicht den vollständigen Datensatz.

Herunterladen
Quelle: Eurostat 2023u

4.2 Excel-Arbeitsblatt

Es öffnet sich Excel. Die Datei ist in Blätter aufgeteilt, ein Titelblatt mit den grundlegenden Informationen zur Datei als „Zusammenfassung" sowie einigen Verlinkungen. Die gewünschten Daten finden sich auf dem „Blatt 1".

So sieht das Blatt 1 aus. Sichtbar werden die Informationen zur Lebenserwartung ab Geburt als Gesamtausgabe (also ohne männlichen oder weiblichen Schwerpunkt) für die ausgewählten Länder Schweden, Deutschland, Italien und Spanien.

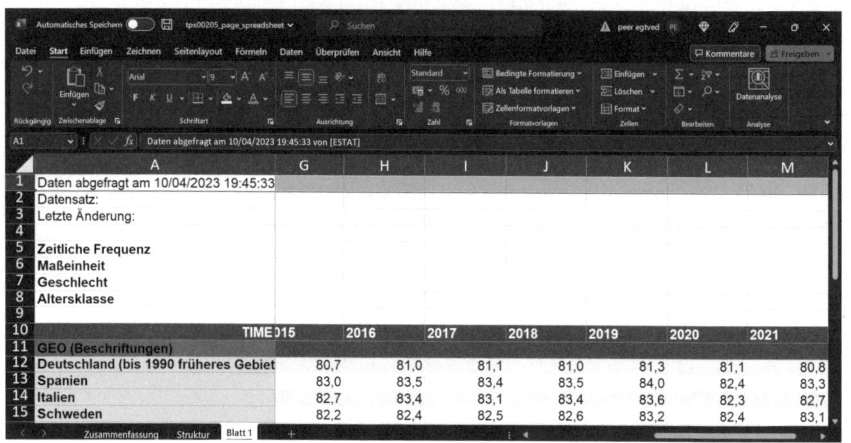

	A	G	H	I	J	K	L	M
1	Daten abgefragt am 10/04/2023 19:45:33							
2	Datensatz:							
3	Letzte Änderung:							
4								
5	**Zeitliche Frequenz**							
6	**Maßeinheit**							
7	**Geschlecht**							
8	**Altersklasse**							
9								
10	**TIME**	**2015**	**2016**	**2017**	**2018**	**2019**	**2020**	**2021**
11	GEO (Beschriftungen)							
12	**Deutschland (bis 1990 früheres Gebiet**	80,7	81,0	81,1	81,0	81,3	81,1	80,8
13	**Spanien**	83,0	83,5	83,4	83,5	84,0	82,4	83,3
14	**Italien**	82,7	83,4	83,1	83,4	83,6	82,3	82,7
15	**Schweden**	82,2	82,4	82,5	82,6	83,2	82,4	83,1

Datenquelle: Eurostat 2023u

Systematik Excel

Wir sollten drei Begriffe vorab klären, die uns das Arbeiten mit Excel erleichtern werden: Spalte, Zeile und Zelle.

Spalte

Die Spalten verlaufen vertikal, von oben nach unten, und lauten auf einen Buchstaben. In unserem Fall ist es der Buchstabe I. In der Spalte I sind die Daten für das Jahr 2017 eingetragen.

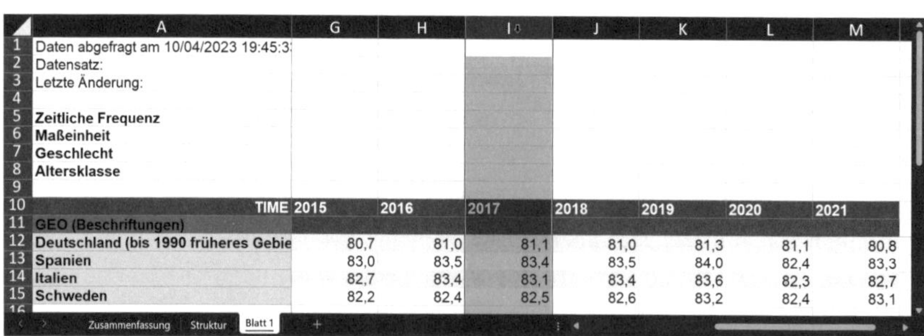

Spalte

Zeile

Die Zeilen verlaufen horizontal, also von links nach rechts, und lauten auf eine Zahl. Hier ist die Zeile 12. Sie zeigt die Lebenserwartung ab Geburt in Deutschland.

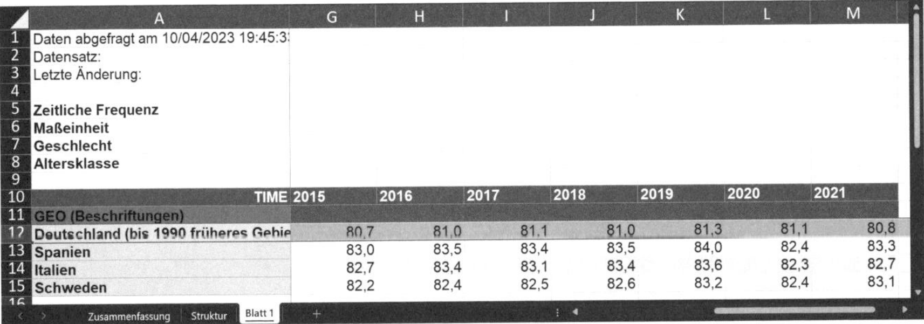

	A	G	H	I	J	K	L	M
1	Daten abgefragt am 10/04/2023 19:45:3							
2	Datensatz:							
3	Letzte Änderung:							
4								
5	**Zeitliche Frequenz**							
6	**Maßeinheit**							
7	**Geschlecht**							
8	**Altersklasse**							
9								
10	**TIME**	**2015**	**2016**	**2017**	**2018**	**2019**	**2020**	**2021**
11	**GEO (Beschriftungen)**							
12	**Deutschland (bis 1990 früheres Gebie**	80,7	81,0	81,1	81,0	81,3	81,1	80,8
13	**Spanien**	83,0	83,5	83,4	83,5	84,0	82,4	83,3
14	**Italien**	82,7	83,4	83,1	83,4	83,6	82,3	82,7
15	**Schweden**	82,2	82,4	82,5	82,6	83,2	82,4	83,1

Zusammenfassung | Struktur | Blatt 1

Zeile

Zelle

Der Wert 81,1 Jahre steht in einer Zelle, in unserem Fall in der Zelle I/12. Es ist der Schnittpunkt von Zeile und Spalte, also für die Bundesrepublik Deutschland im Jahr 2017.

	A	G	H	I	J	K	L	M
1	Daten abgefragt am 10/04/2023 19:45:3							
2	Datensatz:							
3	Letzte Änderung:							
4								
5	**Zeitliche Frequenz**							
6	**Maßeinheit**							
7	**Geschlecht**							
8	**Altersklasse**							
9								
10	**TIME**	**2015**	**2016**	**2017**	**2018**	**2019**	**2020**	**2021**
11	**GEO (Beschriftungen)**							
12	**Deutschland (bis 1990 früheres Gebie**	80,7	81,0	81,1	81,0	81,3	81,1	80,8
13	**Spanien**	83,0	83,5	83,4	83,5	84,0	82,4	83,3
14	**Italien**	82,7	83,4	83,1	83,4	83,6	82,3	82,7
15	**Schweden**	82,2	82,4	82,5	82,6	83,2	82,4	83,1

Zusammenfassung | Struktur | Blatt 1

Zelle

Die entsprechenden Zeilen, die visualisiert werden sollen, markieren, …

Die Zeilen mit den Ländern Deutschland, Spanien, Italien und Schweden sowie den Jahresangaben werden markiert. Halten Sie ggf. beim Markieren die Steuerungstaste „Strg“ zum Speichern der bisherigen Markierungen gedrückt.

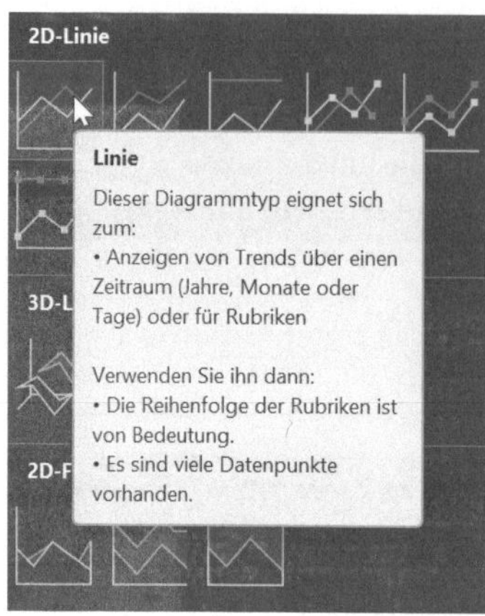

Linie

... unter „Einfügen" das Liniendiagramm auswählen

Das „Diagramme"-Menü finden Sie in der Titelleiste unter dem Menüpunkt „Einfügen". Wählen Sie das Liniendiagramm aus.

4.3 Erste Excel-Datenvisualisierung wird erstellt

Mit einem Klick auf das Liniendiagramm erstellt Excel ein erstes Diagramm. Dieses ist jedoch im „Rohzustand", es muss noch beschriftet und gelayoutet werden.

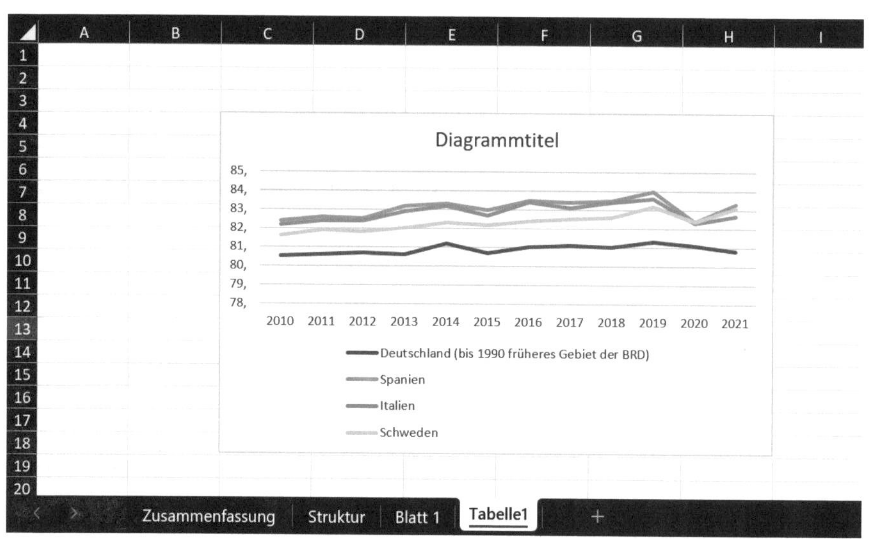

Erstentwurf des Diagramms

Dies ist noch keine Datenvisualisierung der Entwicklung der Lebenserwartung der vier genannten Länder. Die Länderlinien sind zu dicht, die Beschriftung der Achsen und der Titel fehlen, außerdem fehlt die Quelle der Daten. Es handelt sich lediglich um eine erste Visualisierung von Daten.

Die Visualisierung in Form von Diagrammen basiert auf statistischen Daten, die in allen europäischen Ländern (und vermutlich über die EU hinaus) als gültig angesehen werden. Wenn das Diagramm bearbeitet wird, dann könnte es abschließend wie folgt aussehen: Es zeigt die unterschiedlichen Lebenserwartungen in den vier ausgewählten Ländern seit 2010 unter der Berücksichtigung der letzten beiden Jahre der Corona-Pandemie.

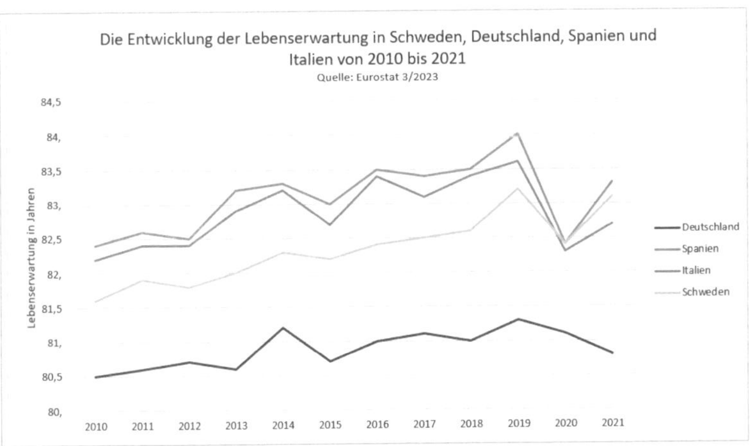

Datenvisualisierung

Wie ein solches Diagramm gestaltet werden kann, sodass es informativ und überzeugend auf die Betrachtenden wirkt, haben wir bereits im vorherigen Kapitel kurz thematisiert. Dieser zweite Teil des Buches beschäftigt sich mit öffentlichen und privaten Datenanbietern, der Datenauswahl und der Datenanalyse. Die Datenvisualisierung mittels Excel wird in den meisten Kapiteln jedoch nur kurz angerissen.

Sonderzeichen sowie Zeilen und Spalten markieren und entfernen

Leider vergessen Schülerinnen und Schüler immer wieder die „Flags“ und mögliche Sonderzeichen, wie Doppelpunkte, bereits vor dem Download abzuwählen. Diese müssen, etwas umständlich, nachträglich in Excel entfernt werden. Und so könnte der fehlerhafte Download nach Öffnung in Excel aussehen:

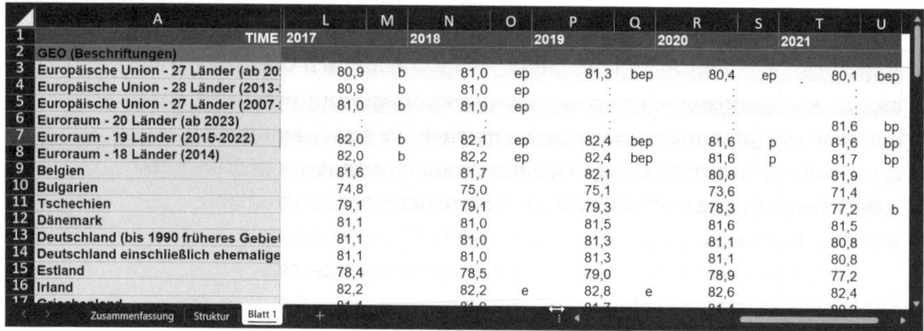

	A	L	M	N	O	P	Q	R	S	T	U
1	TIME	2017		2018		2019		2020		2021	
2	GEO (Beschriftungen)										
3	Europäische Union - 27 Länder (ab 20	80,9	b	81,0	ep	81,3	bep	80,4	ep	80,1	bep
4	Europäische Union - 28 Länder (2013-	80,9	b	81,0	ep	:		:		:	
5	Europäische Union - 27 Länder (2007-	81,0	b	81,0	ep	:		:		:	
6	Euroraum - 20 Länder (ab 2023)	:		:		:		:		81,6	bp
7	Euroraum - 19 Länder (2015-2022)	82,0	b	82,1	ep	82,4	bep	81,6	p	81,6	bp
8	Euroraum - 18 Länder (2014)	82,0	b	82,2	ep	82,4	bep	81,6	p	81,7	bp
9	Belgien	81,6		81,7		82,1		80,8		81,9	
10	Bulgarien	74,8		75,0		75,1		73,6		71,4	
11	Tschechien	79,1		79,1		79,3		78,3		77,2	b
12	Dänemark	81,1		81,0		81,5		81,6		81,5	
13	Deutschland (bis 1990 früheres Gebiet	81,1		81,0		81,3		81,1		80,8	
14	Deutschland einschließlich ehemalige	81,1		81,0		81,3		81,1		80,8	
15	Estland	78,4		78,5		79,0		78,9		77,2	
16	Irland	82,2		82,2	e	82,8	e	82,6		82,4	

Fehlerhafte Datenauswahl

Nun, ganz sicher wäre es das Beste, wenn man den Download fehlerfrei wiederholen würde. Wenn das aber nicht möglich sein sollte (warum eigentlich nicht?), müssen wir das Excel-Arbeitsblatt korrigieren.

Doppelpunkte

Laden wir uns für diese Übung die Lebenserwartung der Menschen ab Geburt für alle Staaten herunter, die von Eurostat angeboten werden. Öffnen wir anschließend die Exceldatei und sehen uns die Sonderzeichen als „Doppelpunkte" an.

TIME	015	2016	2017	2018	2019	2020	2021
GEO (Beschriftungen)							
Europäische Union - 27 Länder (2007-2	80,6	81,0	81,0	81,0	:	:	:
Euroraum - 20 Länder (ab 2023)	:	:	:	:	:	:	81,6
Euroraum - 19 Länder (2015-2022)	81,6	82,0	82,0	82,1	82,4	81,6	81,6
Euroraum - 18 Länder (2014)	81,7	82,1	82,0	82,2	82,4	81,6	81,7

Doppelpunkte verzerren die Visualisierung

Die „Doppelpunkte" in den Zellen müssen entfernt und ersetzt werden. Warum? Weil die „Doppelpunkte" für nicht vorhandene Werte stehen und anschließend in einer Datenvisualisierung mit dem Wert „Null" dargestellt werden. Eine Null zwischen zwei Werten würde eine Null in der Abbildung sein und daher ein sehr unschönes-gezacktes Liniendiagramm ergeben.

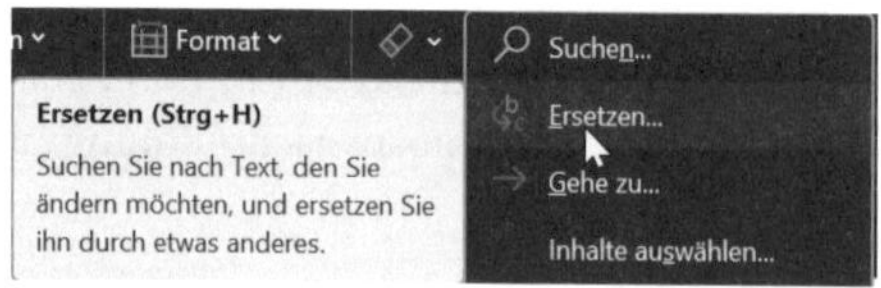

Ersetzen

Ersetzen durch *Änderungen*

Ersetzen der Doppelpunkte

Das „Suchen/Ersetzen"-Menü finden Sie in der Titelleiste unter dem Menüpunkt „Start". Geben Sie unter „Suchen nach" den gesuchten „Doppelpunkt" ein und unter „Ersetzen durch" „nichts" (also keinen Wert, nicht einmal ein Leerzeichen). Dann vervollständigen Sie die Angaben mit „Alle Ersetzen". Sie erhalten die Information, dass Excel 97 Stellen selbständig geändert hat. Nach dieser Vorarbeit geht es an das Visualisieren von Daten.

Entfernen weiterer überflüssiger Informationen

Löschen wir nun die überflüssigen Sonderzeichen, die „Flags". Der nächste Schritt muss nicht zwingend notwendig sein, z. B. wenn die „Flags" vor dem Download abgewählt wurden. Vermutlich wird es immer mal vorkommen, dass man vergisst die „Flags" vorab abzuwählen. Dann müssen wir diese Spalten herauslöschen. Zunächst markieren wir die Spalten in denen Sonderzeichen stehen oder die generell unbesetzt sind bei gedrückter StrgTaste. In unserem Beispiel sind es die Spalten C, E, G, I und K.

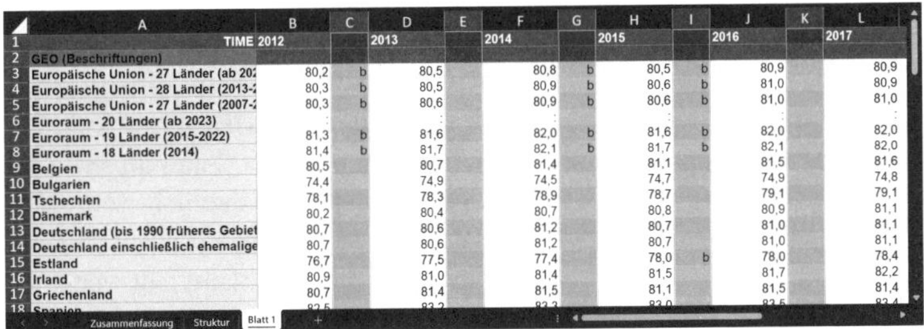

	A	B	C	D	E	F	G	H	I	J	K	L
1	TIME	2012		2013		2014		2015		2016		2017
2	GEO (Beschriftungen)											
3	Europäische Union - 27 Länder (ab 202	80,2	b	80,5		80,8	b	80,5	b	80,9		80,9
4	Europäische Union - 28 Länder (2013-2	80,3	b	80,5		80,9	b	80,6	b	81,0		80,9
5	Europäische Union - 27 Länder (2007-2	80,3	b	80,6		80,9	b	80,6	b	81,0		81,0
6	Euroraum - 20 Länder (ab 2023)	:		:		:		:		:		:
7	Euroraum - 19 Länder (2015-2022)	81,3	b	81,6		82,0	b	81,6	b	82,0		82,0
8	Euroraum - 18 Länder (2014)	81,4	b	81,7		82,1	b	81,7	b	82,1		82,0
9	Belgien	80,5		80,7		81,4		81,1		81,5		81,6
10	Bulgarien	74,4		74,9		74,5		74,7		74,9		74,8
11	Tschechien	78,1		78,3		78,9		78,7		79,1		79,1
12	Dänemark	80,2		80,4		80,7		80,8		80,9		81,1
13	Deutschland (bis 1990 früheres Gebiet	80,7		80,6		81,2		80,7		81,0		81,1
14	Deutschland einschließlich ehemalige	80,7		80,6		81,2		80,7		81,0		81,1
15	Estland	76,7		77,5		77,4		78,0	b	78,0		78,4
16	Irland	80,9		81,0		81,4		81,5		81,7		82,2
17	Griechenland	80,7		81,4		81,5		81,1		81,5		81,4
18	Spanien											

Spalten markieren

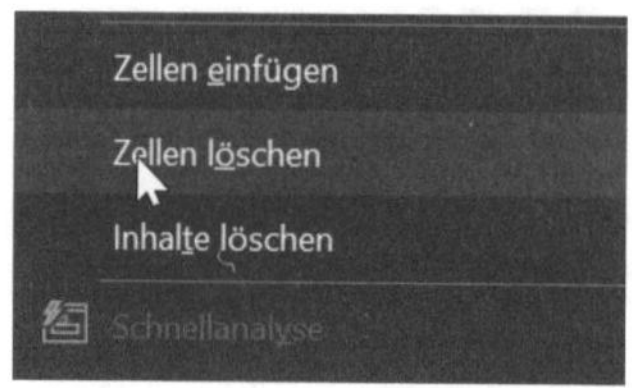

Löschen

Anschließend entfernen wir die ausgewählten Spalten. Mittels Rechtsklick öffnet sich ein Bearbeitungsmenü in Excel. Löschen wir nun die überflüssigen Spalten bzw. Zellen.

Jetzt müssten alle überflüssigen Zeichen und Doppelpunkte, die unsere Datenvisualisierung stören würden, entfernt sein.

Wir können die Zeilen markieren, deren Länder, Daten und Jahre visualisiert werden sollen. Wir markieren Schweden, Norwegen, die Schweiz und die Bundesrepublik Deutschland sowie die Jahre 2012 bis 2021. Die Zeilen werden wieder mit der gehaltenen Strg-Taste markiert und ein Diagramm „auf die Schnelle" erstellt.

	A	D	E	F	G	H	
1	TIME	2014	2015	2016	2017	2018	20
2	GEO (Beschriftungen)						
36	Finnland	81,3	81,6	81,5	81,7	81,8	
37	Schweden	82,3	82,2	82,4	82,5	82,6	
38	Europäischer Wirtschaftsraum (EWR)	80,9	80,6	81,0	81,0	81,0	
39	Europäischer Wirtschaftsraum (EWR)	80,9	80,6	81,0	81,0	81,1	
40	Europäische Freihandelsassoziation	82,9	82,8	83,2	83,3	83,4	
41	Island	82,9	82,5	82,2	82,6	82,9	
42	Liechtenstein	82,1	82,7	82,3	83,7	83,1	
43	Norwegen	82,2	82,4	82,5	82,7	82,8	
44	Schweiz	83,3	83,0	83,7	83,7	83,8	
45	Vereinigtes Königreich	81,4	81,0	81,2	81,3	81,3	

Zeilenmarkierung zwecks Visualisierung

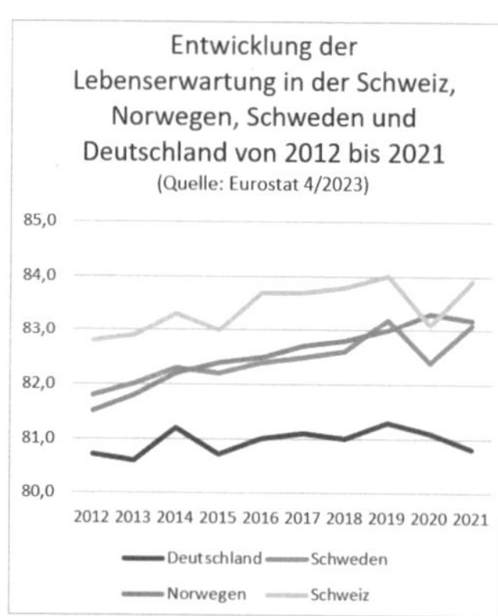

Datenvisualisierung der Lebenserwartung

Wenn wir die Markierungen visualisieren, dann ergibt sich zunächst ein etwas chaotisches Bild. Fügen wir aber einen Titel, Quelle und interpretierbare Achsenabschnitte ein, dann wird sichtbar, dass sich die Lebenserwartung in Schweden und der Schweiz seit der Corona-Pandemie deutlich verbessert hat, Norwegen stagniert auf hohem Niveau und Deutschland fällt weiter ab.

Diagramm visualisieren und gestalten

Mit der Datenauswahl bzw. den ausgewählten Vergleichsdaten, der Achsenbeschriftung, der Farben, der Zeit- und Mengenangaben sowie mit dem Titel trifft man eine Auswahl an Informationen, die die Wirklichkeit des Betrachters konstruieren.

Eine geschickte Auswahl, Skalierung und Beschriftung der identischen Daten von Eurostat können ein beunruhigendes Bild erzeugen, welches die Position der Opposition wiedergibt oder ein zufriedenes Bild, welches die Sicht der Regierung unterstreicht. Es kann Glaubwürdigkeit ausstrahlen, weil vertrauenswürdige Quellen genannt werden und auf schrille Farben und übersteile Kurven verzichtet werden. Das Diagramm kann aber auch als unglaubwürdig aufgefasst werden, obwohl es mit seriösen Daten erstellt worden ist. Dieses könnte der Fall sein, wenn beispielsweise die Multiperspektivität als Relativierung wahrgenommen wird. Wie auch immer: Die eigentliche Kunst ist nicht, Daten herunterzuladen und als Diagramm darzustellen, die eigentliche Kunst der politischen Datenkommunikation ist es, Daten bewusst auszuwählen, sie seriös zu visualisieren und dem Betrachter eine eindeutige Interpretation zu liefern, die er mit „sieht man doch" relativ naiv erkennt und begründet. Wenn Schülerinnen und Schüler erkennen, dass identische Daten sehr unterschiedlich dargestellt werden können, dass es eine Regierungsdarstellung und eine Oppositionsdarstellung von identischen Daten geben kann, dann ist ein wichtiges fachdidaktisches Ziel erreicht.

Datendiagramme werden als seriös wahrgenommen, wenn sie die folgenden Informationen enthalten.

Formale Beschriftung

- Die Überschrift kennzeichnet das Thema und Intention.
- Der Datenbezugspunkt ist zu nennen.
- Der Zeitraum der Daten wird angegeben.
- Die Quelle der Daten wird angegeben.

Informationen zum Zwecke der besseren Interpretation

- Kennzeichnung der Achsenabschnitte
- Skalierungen
- Mengenangaben
- Zeitangaben

- lineare oder logarithmische Darstellung
- bewusst ausgewählte Vergleichswerte

Lesbarkeit zur vereinfachten Interpretation
- Schriftart schlicht halten, keine Effekthascherei
- Überschriften nur wenig größer als der Fließtext
- entweder durch kursiv oder fett Abschnitte hervorheben, nicht beide Möglichkeiten miteinander kombinieren
- auf das Drehen der Schrift verzichten
- Fettschrift für Skalen nur in Ausnahmefällen
- weiße Schrift auf schwarzem Grund nur in Ausnahmefällen

Farbe
- Verzichten Sie auf viele bunte Farben.
- Verwenden Sie für einen Datensatz möglichst nur eine Farbe.
- Verwenden Sie für eine Variable immer dieselbe Farbe.
- Farben haben möglicherweise eine Wirkung: Rot steht beispielsweise für eine Signal- oder sogar Warnfarbe. Berücksichtigen Sie die Wirkung der Farben.

5.1 Diagramme visualisieren

Wie visualisieren wir nun die Daten, die wir im vorherigen Unterkapitel heruntergeladen haben? Was machen wir mit den markierten Zeilen? Wir wählen das Excel-Menü „Einfügen“ aus und klicken auf das „Liniendiagramm“.

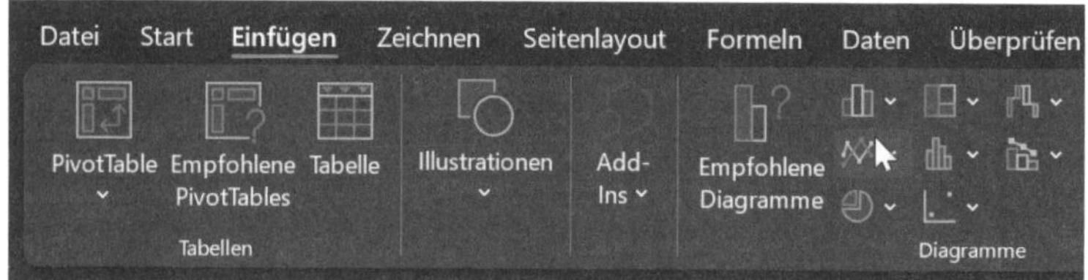

Einfügen

Jetzt wählen wir das Liniendiagramm aus.

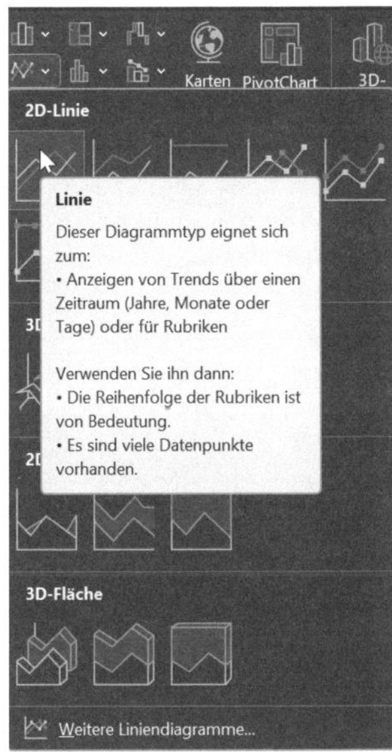

Liniendiagramm

Das Diagramm wird erzeugt. Uns werden außerdem noch weitere Formatvorlagen für unser Diagramm angezeigt.

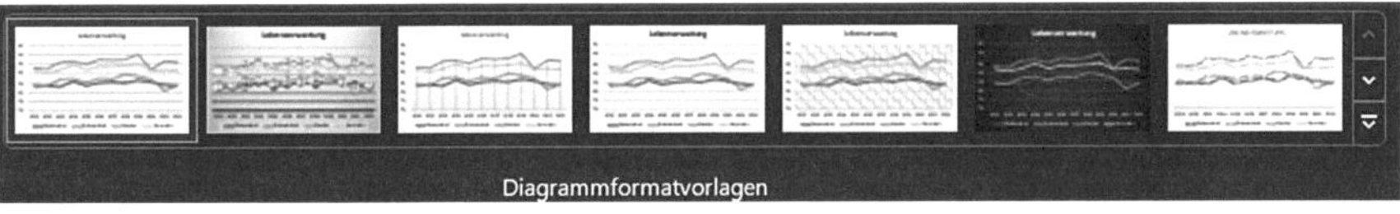

Formatvorlagen

Lassen wir diese unbeachtet. Hier geht es nicht um die Auswahl einer hübschen Vorlage, sondern um bewusste Gestaltung eines seriösen Diagramms.

Diagrammtitel

Beschäftigen wir uns mit unserem Diagramm. Mit einem Doppelklick auf „Diagrammtitel", kann man den Titeltext eingeben und formatieren. Bei der Eingabe des Titeltextes sollten wir uns an den eben genannten formalen Grundsätzen zur Titelbeschriftung orientieren.

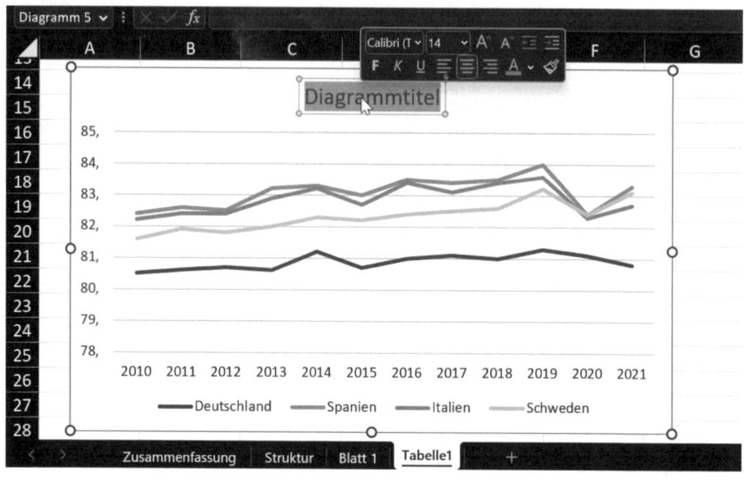

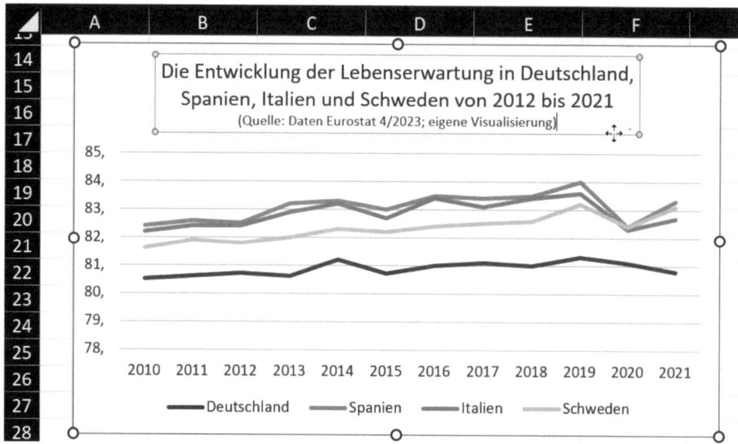

Diagramm erzeugen

5.2 Diagramme gestalten

Diagrammelement hinzufügen oder das Schnelllayout wählen

Arbeitet man im Diagramm, kann man im Menü „Diagrammentwurf" verschiedenen „Diagrammelemente", wie Achsenbeschriftungen hinzufügen oder gleich das ganze Layout auf die Schnelle verändern („Schnelllayout").

Das Schnelllayout ermöglicht den Wechsel zwischen bereits voreingestellten Layouttypen. Auch der „Diagrammtyp“ lässt sich ändern. So könnte aus einem Liniendiagramm schnell ein Balkendiagramm werden, was in unserem Fall aber keinen Sinn ergibt. Um in das Menü „Diagrammentwurf“ zu kommen, klicken Sie einfach zweimal auf das Diagramm.

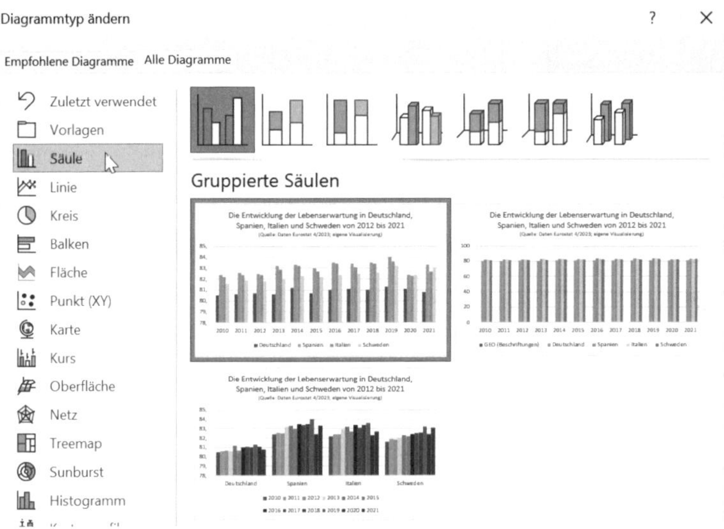

Achsenbeschriftung einfügen: „Lebenserwartung nach Geburt“

Wenn das bisheriges Layout unangetastet bleiben soll und nur einzelne Elemente, wie Achsenbeschriftung oder Achsentitel hinzugefügt werden sollen, dann kann man das Menü „Diagrammelemente hinzufügen“ wählen.

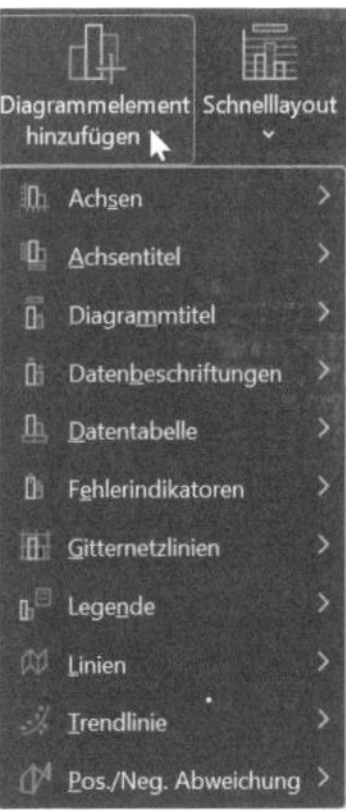

Wir fügen einen vertikalen Achsentitel ein und beschriften diesen mit „Lebenserwartung nach Geburt“. Wir könnten über das „Schnelllayout“ auch die Gestaltung des Liniendiagramms ändern. Da wir aber unser Diagramm selbst gestalten wollen, ist das an dieser Stelle nicht zielführend.

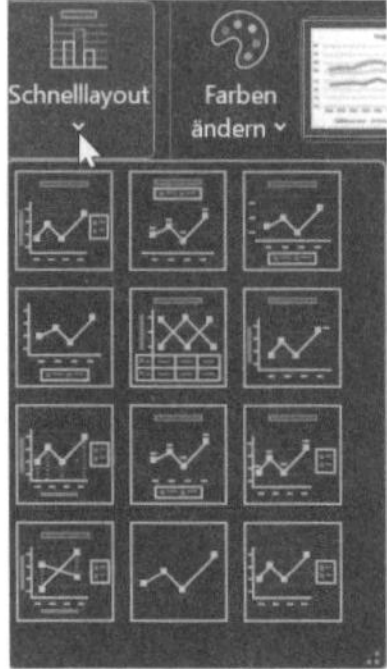

Mit einem Rechtsklick auf das Diagramm könnten Sie ein Menü aufrufen, welches Ihnen Zugang zu den eben gezeigten Gestaltungs- und Beschriftungsmöglichkeiten ermöglicht, ohne dass Sie zunächst das Menü „Entwurf" aufrufen müssen.

Zwischenstand

Der bisherige Zwischenstand zeigt ein Liniendiagramm mit Achsenbeschriftung, Titelbeschriftung und Legende. Problematisch ist die kleine Schrift, vor allem aber die Linien, die zu dicht aneinander „kleben".

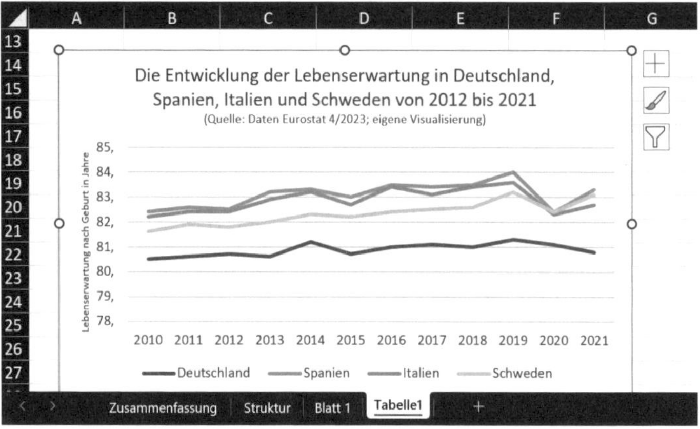

Zwischenstand

Achsen formatieren

Mit einem Doppelklick auf die Achsenwerte öffnet sich das Menü „Achsen formatieren". Von den diversen Einstellmöglichkeiten sind die Einstellungen „Minimum" und „Maximum" von Interesse. Je dichter die beiden Werte an die äußeren Linien herangesetzt werden, desto stärker wird das Liniendiagramm auseinandergezogen.

Wir ändern das Minimum von 78 auf 80 Jahre und korrigieren das Hauptintervall auf 0,5 also einem halben Jahr.

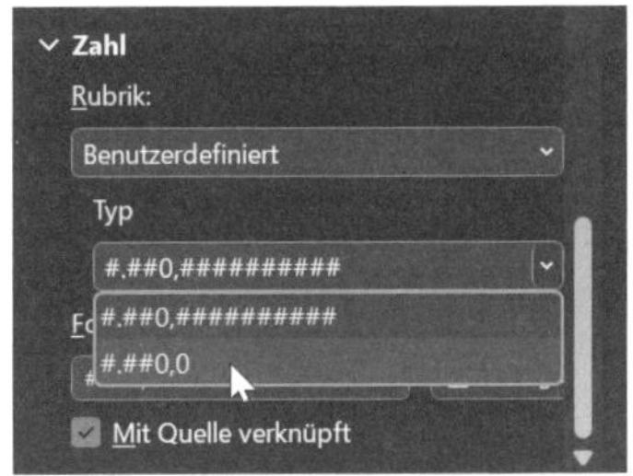

Außerdem ändern wir die Art und Weise, wie die Jahre als Zahl wiedergegeben werden. Wir ändern „Benutzerdefiniert" in „Zahl" ab. Außerdem wählen wir eine Nachkommastelle aus.

5.3 Das Ergebnis wird sichtbar

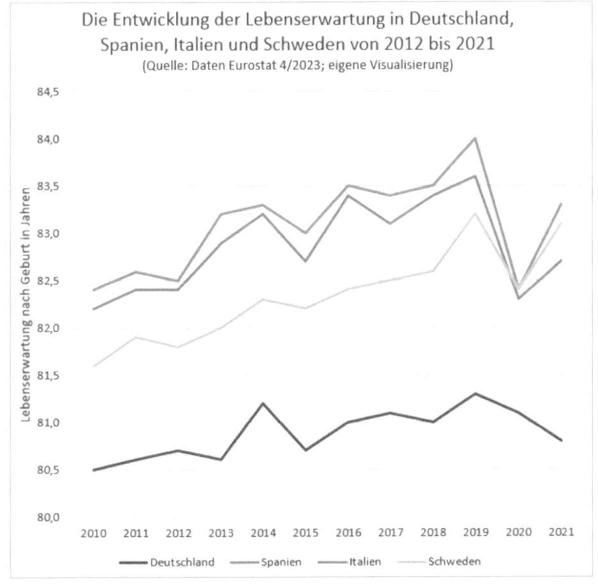

Endergebnis Diagramm

Die Lebenserwartung stieg von 2012 bis 2021 in allen vier EU-Ländern an. Die Corona-Pandemie ab 2020 führte in den vier Ländern zu einem Rückgang der Lebenserwartung, der jedoch in Deutschland nur wenige Monate betrug, in Spanien, Italien und Schweden dagegen dramatisch ausfiel und zwischen einem und eineinhalb Jahren lag. Jedoch konnten Italien, Spanien und vor allem Schweden einen Teil des Verlustes der Lebenserwartung wieder ausgleichen. Dagegen sank in Deutschland die Lebenserwartung im Jahr 2021 weiter. 2021 lag die Lebenserwartung nach Geburt in Bundesrepublik Deutschland rund zwei Jahre unter der in Schweden, Italien und Spanien.

Daten der Größe nach sortieren und visualisieren

Beginnen wir unsere Datenrecherche wieder mit der Suche nach der Lebenserwartung nach Corona. In welchen EU-Ländern ist, nach dem Ende der Corona-Pandemie 2023, die Lebenserwartung am höchsten? Dazu benötigen wir die aktuellsten Daten, möglichst aus dem Jahr 2022.

Visualisieren wir die aktuelle Lebenserwartung aller Personen nach Geburt in der Europäischen Union. Ordnen Sie dazu die aktuelle Lebenserwartung der Größe nach und erstellen Sie ein passendes Diagramm.

6.1 Ausgangsbasis

- Recherchieren Sie die Eurostat-Datensatz „Lebenserwartung nach Geburt" aller Länder in der Europäischen Union, laden Sie die Datei herunter und öffnen Sie diese in Excel.
- Nutzen Sie alle bisher kennengelernten Tipps zur Erstellung einer Datenvisualisierung mittels Excel.

Suche nach der Lebenserwartung

Quelle: Eurostat 2023g

Gebraucht werden nur die Daten aller 27 EU-Staaten sowie der Durchschnittwert aller EU-Staaten für das Jahr 2021. Wir wählen diese Daten wieder vorab aus.

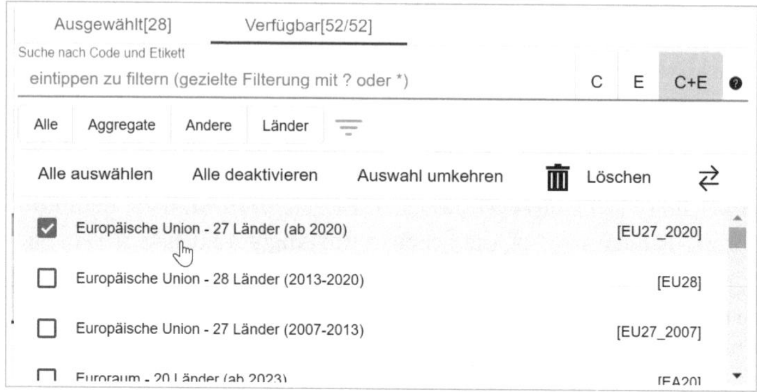

Länder

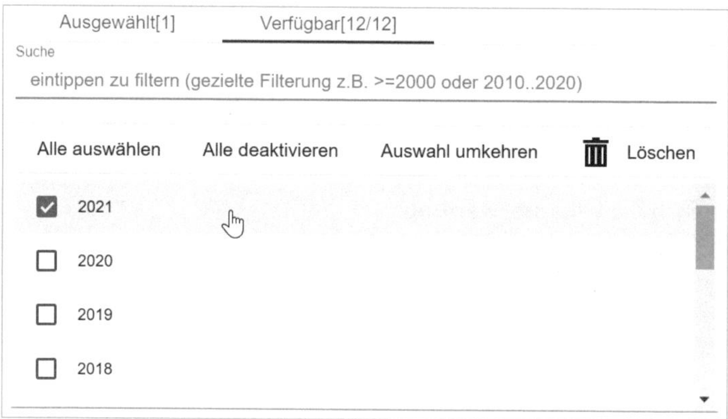

Zeit

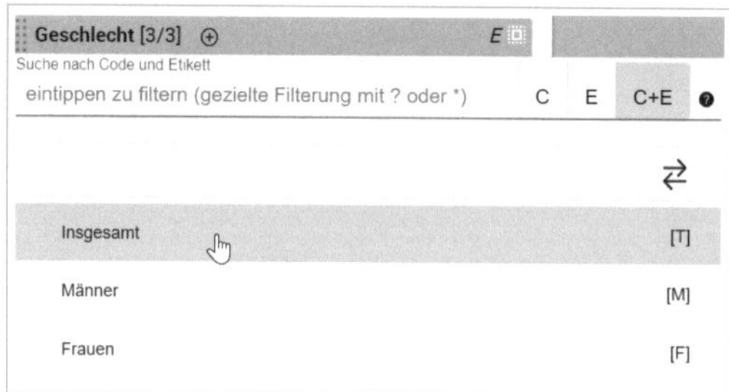

Geschlecht

Quelle: Screenshots Eurostat 2023w

Alternativ könnte man auch den gesamten Datensatz herunterladen. Ein nachträgliches Löschen der Daten wäre auch möglich. Dazu markieren Sie die zu entfernenden Spalten und Zeilen und klicken auf „Zellen löschen". Aber: Wenn man vor dem Download gleich die Daten entfernt, die man später nicht mehr benötigt, dann besteht die folgende Datenvisualisierung nur noch aus drei Klicks. Eine frühe Datenbereinigung lohnt sich also.

Empfohlene Diagramme

Jetzt steht unser zu visualisierender Datensatz fest. Markieren wir alle 27 EU-Staaten, den Durchschnittswert sowie die Werte für das Jahr 2021. Mit dem Klick auf „Einfügen" und „Empfohlene Diagramme" wird uns ein Balkendiagramm vorgeschlagen und das wählen wir aus.

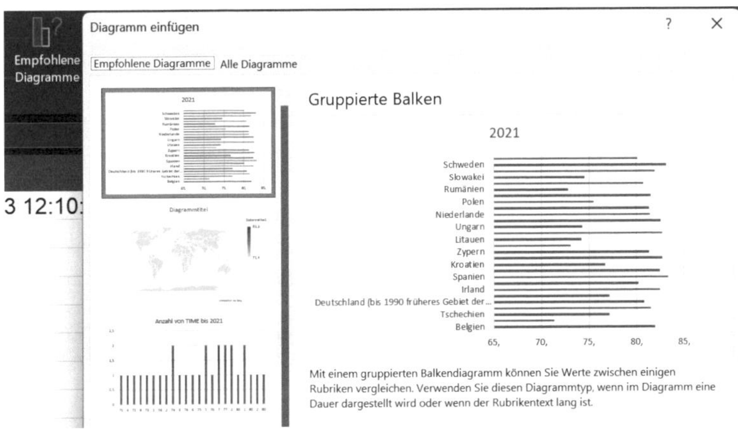

Datenquelle: Eurostat 2023

Aber das Diagramm ist unsortiert und sieht unübersichtlich aus. Das sollten wir ändern.

Sortieren: Markieren der Daten der EU-Länder und das Jahr 2021.

Wir markieren die Lebenserwartung für alle 27 EU-Länder sowie den Durchschnittwert für das Jahr 2021, klicken rechts auf die Maustaste und wählen „Sortieren" und dort „Benutzerdefiniertes Sortieren" aus. Wir sortieren nach der Spalte „Jahr 2021" und die Reihenfolge lautet „Nach Größe (aufsteigend)". Jetzt sortiert Excel die Lebenserwartung der 27 EU-Staaten (und den Durchschnittswert).

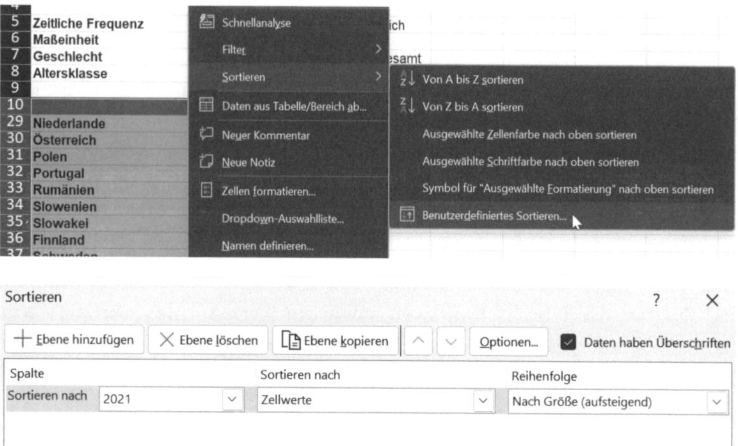

6.2 Diagramm erzeugen und Diagramm formatieren

Nachdem die Daten sortiert sind, werden diese visualisiert. In der Titelleiste findet sich dazu das Menü „Einfügen". Wieder klicken wir auch „Empfohlene Diagramme" und wählen das Balkendiagramm aus. Das Balkendiagramm hat den Vorteil, dass die Länder vollständig aufgeführt werden können, ohne dass das Diagramm und die Ländernamen unleserlich werden.

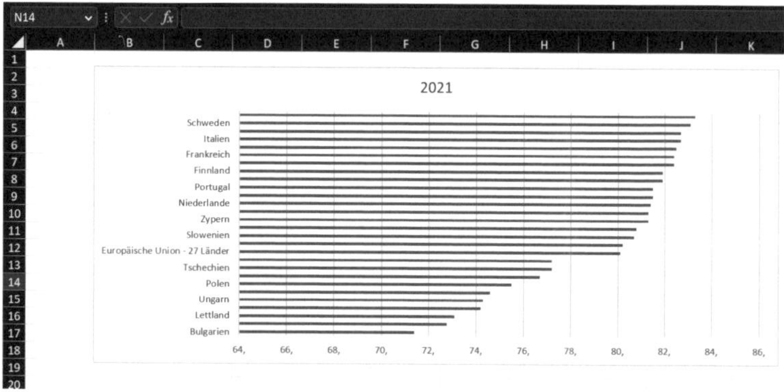

Balkendiagramm

Diagramm beschriften

Abschließend wird das Diagramm beschriftet, die Jahresangaben in Form gebracht, die Achsen skaliert und der Titel, mit der Datenquelle, eingefügt.

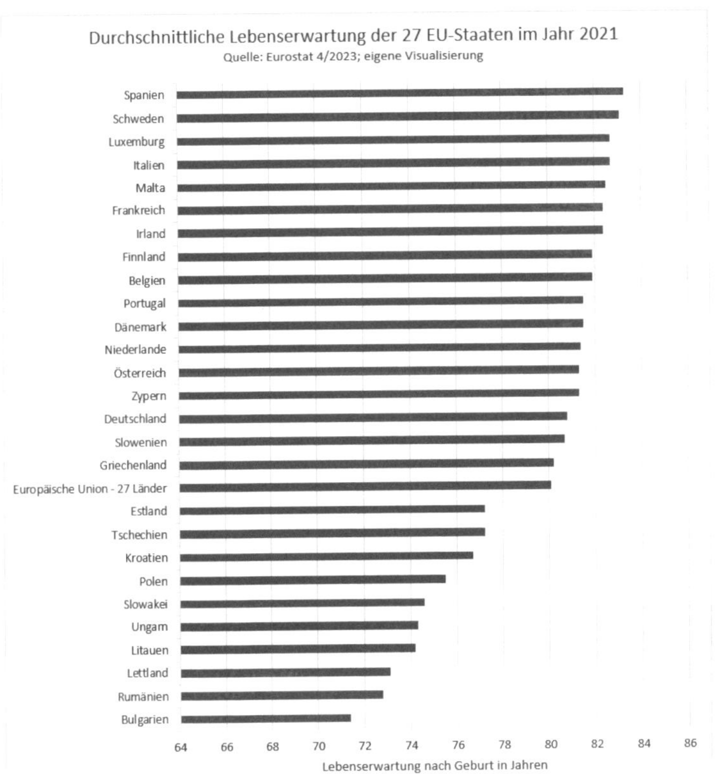

Ergebnisdiagramm

Die höchste Lebenserwartung aller EU-Europa-Länder im Jahre 1 der Corona-Pandemie haben Malta, Schweden, Italien, Spanien, Zypern, Frankreich und Finnland. Die Lebenserwartung liegt in allen eben genannten Ländern bis über 82 Jahren (nach Geburt). Sichtbar wird, dass in den ehemaligen Transformationsstaaten die Lebenserwartung noch immer am niedrigsten ist.

7 Erste Schritte zu eigenen Datenanalysen – Grundrechenarten in Excel

Vielleicht wundern Sie sich, weil in den Aufgaben bislang nicht nach den Gründen der Entwicklung oder nach möglichen Problemlösungsstrategien gefragt wird. Digital-forschendes Lernen besteht ja nicht ausschließlich aus Datenrecherche und Datenvisualisierung, es besteht vor allem aus eigenen Vermutungen oder eigener Kritik an bestehenden Annahmen oder Theorien, die mittels statistischer Daten überprüft werden. Wir werden noch zu diesen Themen gelangen, bitte haben Sie etwas Geduld. Aber bevor wir uns mit dem digital-forschenden Lernen, Hypothesen und Theorien sowie mit Trends und Korrelationen beschäftigen, werden wir uns in diesem Kapitel mit den Grundrechenarten als erste Möglichkeiten der Datenanalyse beschäftigen.

7.1 Grundrechenarten

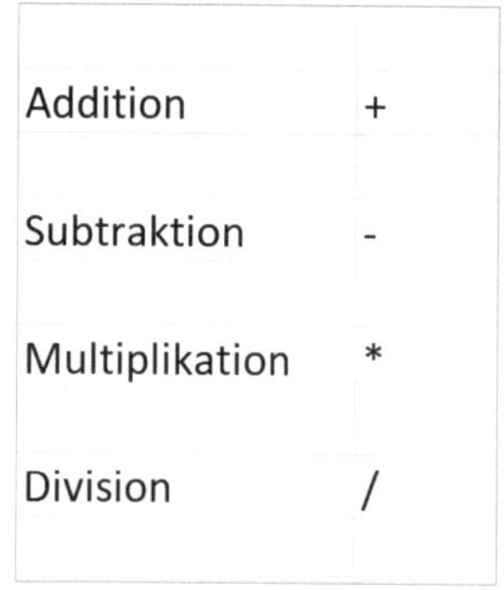

Addition	+
Subtraktion	-
Multiplikation	*
Division	/

Grundrechenarten

Für eine kleine Datenanalyse braucht man die Grundrechenarten. Mit den im Screenshot abgebildeten Zeichen führt man in Excel die Rechenoperationen durch.

Einleitung der Berechnung
Vor jeder Ergebnisberechnung muss immer das Gleichheitszeichen stehen.

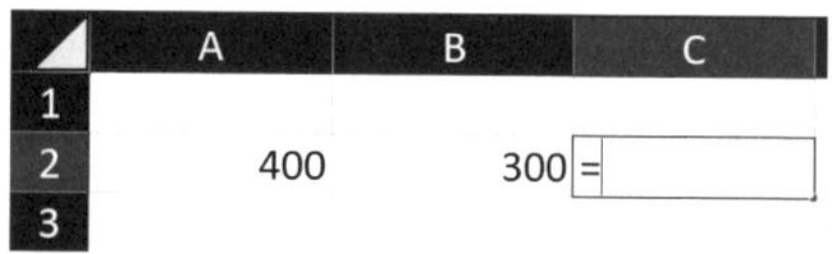

Gleichheitszeichen

Addition
Nach dem gesetzten Gleichheitszeichen klickt man in die Felder, mit denen man rechnen will und setzt den Operator dazwischen. In diesem Beispiel addiert man den Wert der Zelle A2 mit dem der Zelle B2. Nach dem „Return" wird das Ergebnis in der Zelle C2 angezeigt.

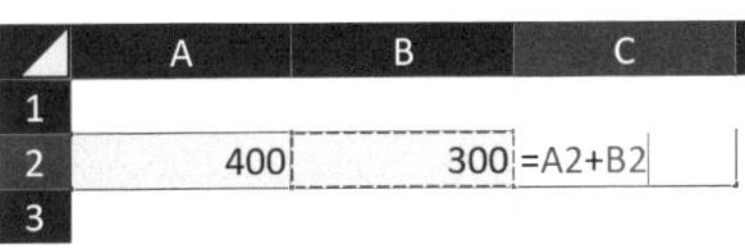

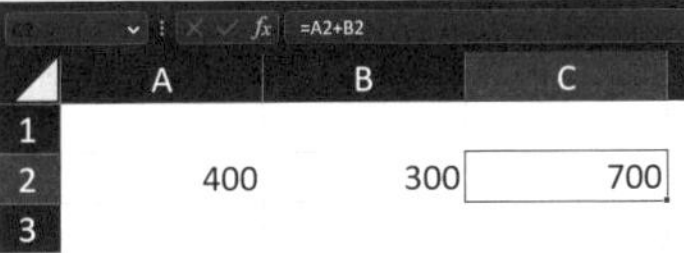

Addition

Subtraktion

In diesem Beispiel subtrahiert man den Wert der Zelle B2 von der Zelle A2.

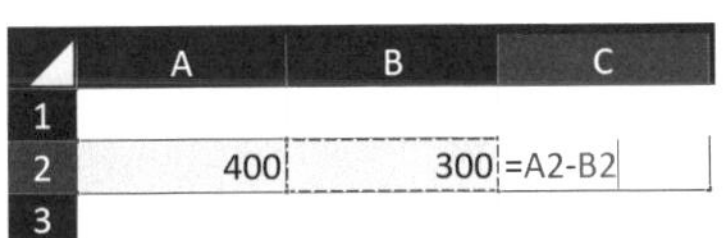

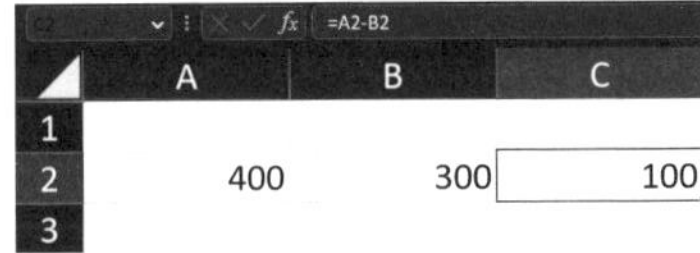

Subtraktion

Multiplikation

In diesem Beispiel multipliziert man den Wert der Zelle A2 mit dem der Zelle B2.

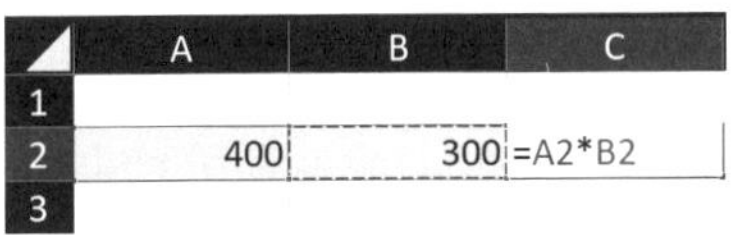

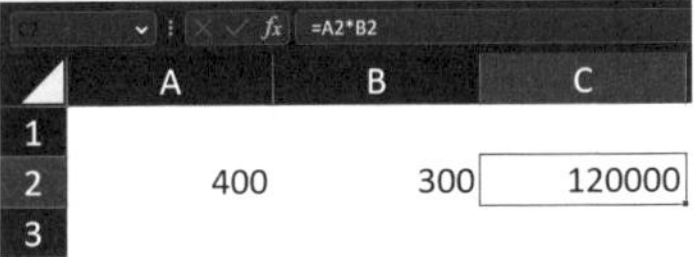

Multiplikation

Division

In diesem Beispiel dividiert man den Wert der Zelle A2 mit dem der Zelle B2.

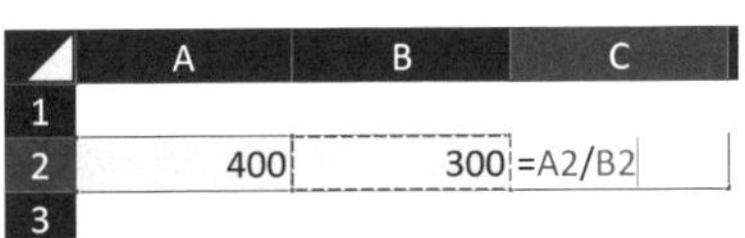

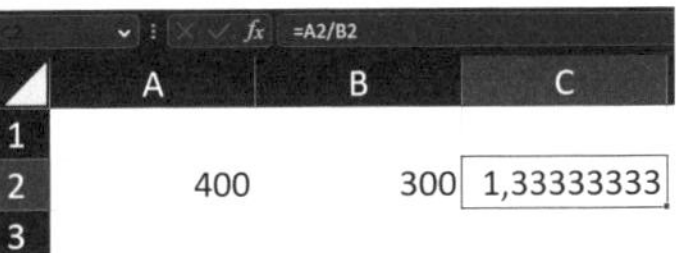

Division

Punkt vor Strichrechnung
Will man „Punkt vor Strichrechnung" vermeiden, muss man Klammern setzen: In diesem Beispiel addiert man zunächst den Wert der Zelle A2 mit dem der Zelle B2 und multipliziert anschließend mit dem Wert C2.

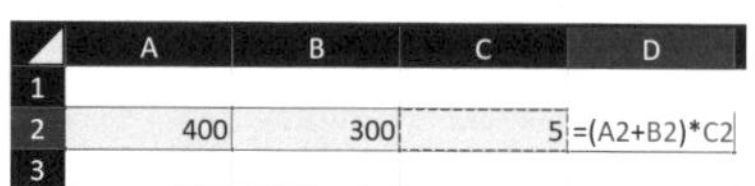

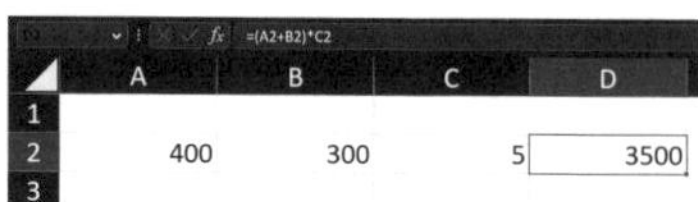

Punkt vor Strich

7.2 Anwendungsbeispiel: Entwicklung der Lebenserwartung

Wenden wir die vier Grundrechenarten in einer Aufgabe mit den statistischen Daten von Eurostat an:

Wie hat sich die Lebenserwartung in der Corona-Pandemie entwickelt? In welchen Ländern ging die Lebenserwartung von 2019 bis 2020 am stärksten zurück? In welchen EU-Ländern vermuten Sie nur geringe Unterschiede?

Laden Sie sich die Daten der Lebenserwartung für die Jahre 2019, 2020 und 2021 aus Eurostat herunter. Berechnen Sie den Unterschied in der Lebenserwartung durch die Pandemie in den 27 EU-Staaten zwischen den Jahren 2019 und 2020.

Visualisieren Sie die jeweiligen Unterschiede in der Lebenserwartung durch die Corona-Pandemie. Erstellen Sie ein Balkendiagramm mit allen Differenzen der Lebenserwartungen bei Geburt zwischen 2019 und 2020.

Vorkenntnisse

- Mathematische Grundschulkenntnisse: Grundrechenarten
- Grundkenntnisse in der Datenrecherche in Eurostat
- Grundkenntnisse Excel
- Daten in Datenbank nach Themen auswählen und herunterladen

Wir rufen die Datenbank nach Themen auf, suchen die Lebenserwartung nach Geburt sowie die Jahre 2019, 2020 und 2021.

Quelle: Eurostat 2023w

Datei herunterladen

Wie bereits bekannt: Wir wählen alle 27 EU-Länder, plus den EU-27-Mittelwert für die Jahre 2019, 2020 und 2021 aus. Unter „Format" wählen wir wieder die „Flags" ab. Nun laden wir die Excel-Datei aus der Datenbank von Eurostat herunter und öffnen die Datei. Auf dem Blatt 1 finden wir die Daten. Es ergibt Sinn, die Beschriftungen in den Zeilen 1 bis 10 zu löschen, um besser arbeiten zu können.

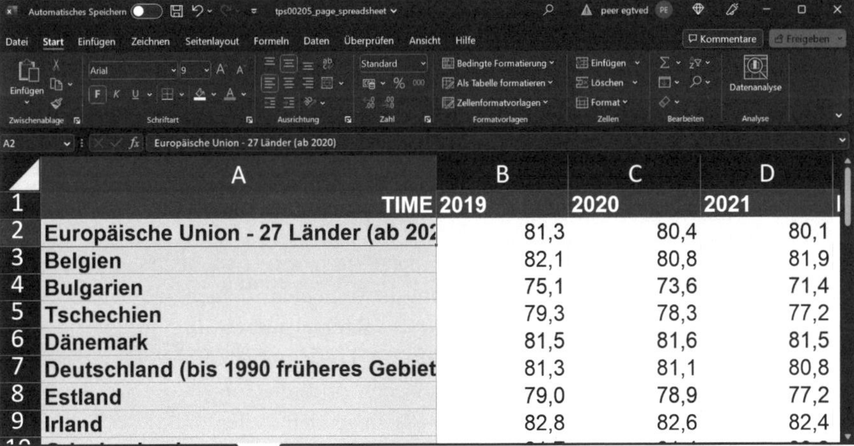

	A	B	C	D
1	TIME	2019	2020	2021
2	Europäische Union - 27 Länder (ab 202	81,3	80,4	80,1
3	Belgien	82,1	80,8	81,9
4	Bulgarien	75,1	73,6	71,4
5	Tschechien	79,3	78,3	77,2
6	Dänemark	81,5	81,6	81,5
7	Deutschland (bis 1990 früheres Gebiet	81,3	81,1	80,8
8	Estland	79,0	78,9	77,2
9	Irland	82,8	82,6	82,4

Arbeitsblatt

Formel eingeben

Mit einem Gleichheitszeichen beginnen Sie die Formel. Ziehen Sie anschließend von der Lebenserwartung im Jahr 2020 die Lebenserwartung des Jahres 2019 ab. Klicken Sie dazu auf die Felder, die voneinander abgezogen werden sollen, in unserem Fall C3 – B3. Die Zahl wird für die meisten Länder negativ, es handelt sich um den Rückgang der Lebenserwartung im ersten Jahr der Pandemie. Anschließend klicken Sie auf „Return". Die Differenz in der Lebenserwartung beträgt -0,9 Jahre in den 27 EU-Staaten. Achtung: Es sind nicht 9 Monate, wie man leicht denken könnte. Das Jahr hat 12 Monate, wir müssen mit 0,9 multiplizieren, die Lebenserwartung reduziert sich also um etwa 10,8 Monate.

	A	B	C	D	E
1					
2	TIME	2019	2020	2021	
3	Europäische U	81,3	80,4	80,1	=C3-B3
4	Belgien	82,1	80,8	81,9	

Automatische Berechnung

Die Differenz der Lebenserwartung bei Geburt in allen 27 EU-Staaten betrug zwischen 2019 und 2020 -0,9 Jahre oder 10,8 Monate.

	A	B	C	D	E
1					
2	TIME	2019	2020	2021	Differenz 1
3	Europäische U	81,3	80,4	80,1	-0,90
4	Belgien	82,1	80,8	81,9	
5	Bulgarien	75,1	73,6	71,4	
6	Tschechien	79,3	78,3	77,2	

Jetzt kommt ein Trick, der Sie begeistern wird (jedenfalls, wenn Sie ihn noch nicht kennen): Das Ergebnis ist von einem kleinen Rahmen umgeben und in der unteren rechten Ecke des Rahmens ist ein kleines Viereck. Wenn Sie dieses Viereck mit der Maus erfassen und nach unten ziehen, wird die Formel aus der oberen Zelle für alle folgenden Zellen korrekt übertragen, also wird jeweils die reduzierte

Differenz 1
-0,90

Automatische Übernahme

Lebenserwartung zwischen 2020 und 2019 in den jeweiligen Ländern berechnet. Sie müssen die Formel also nicht immer wieder eingeben.

Kopieren und einfügen

Um die Daten zu sortieren und später zu visualisieren, müssen diese neben den Ländern stehen. Wir markieren daher die Länder-Zeile und die „Rückgang 1"-Zeile mit gedrückter Strg-Taste, kopieren die Inhalte und fügen sie anschließend auf einem neuen Blatt wieder ein.

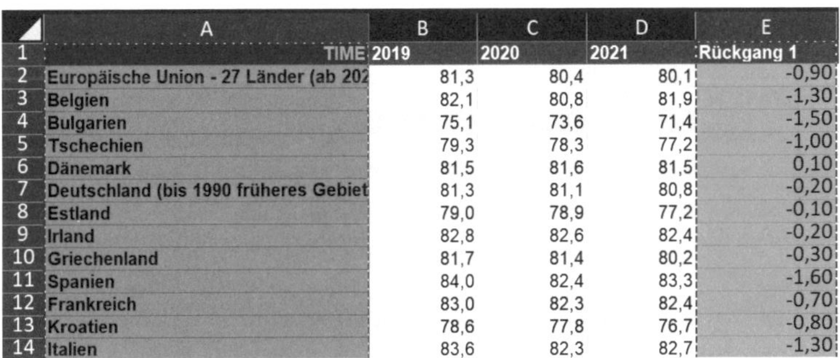

	A	B	C	D	E
1	TIME	2019	2020	2021	Rückgang 1
2	Europäische Union - 27 Länder (ab 202	81,3	80,4	80,1	-0,90
3	Belgien	82,1	80,8	81,9	-1,30
4	Bulgarien	75,1	73,6	71,4	-1,50
5	Tschechien	79,3	78,3	77,2	-1,00
6	Dänemark	81,5	81,6	81,5	0,10
7	Deutschland (bis 1990 früheres Gebiet	81,3	81,1	80,8	-0,20
8	Estland	79,0	78,9	77,2	-0,10
9	Irland	82,8	82,6	82,4	-0,20
10	Griechenland	81,7	81,4	80,2	-0,30
11	Spanien	84,0	82,4	83,3	-1,60
12	Frankreich	83,0	82,3	82,4	-0,70
13	Kroatien	78,6	77,8	76,7	-0,80
14	Italien	83,6	82,3	82,7	-1,30

Kopieren

	A	B
1		Rückgang 1
2	Europäische (	-0,90
3	Belgien	-1,30
4	Bulgarien	-1,50
5	Tschechien	-1,00
6	Dänemark	0,10
7	Deutschland (	-0,20
8	Estland	-0,10
9	Irland	-0,20
10	Griechenland	-0,30
11	Spanien	-1,60

Einfügen

Sortieren

Sortieren Sie im Anschluss an das „Einfügen" die Entwicklung der Lebenserwartung in allen Ländern und der EU-27 der Größe nach. „Sortieren", „Benutzerdefiniertes Sortieren" sowie „Nach Größe aufsteigend". Es zeigt sich, dass sich die Lebenserwartung in den EU-Ländern sehr unterschiedlich entwickelt hat. Es gab in Spanien einen Rückgang um mehr als ein Jahr und sieben Monate, dagegen stieg die Lebenserwartung in Dänemark während der Pandemie sogar weiter an, und zwar um etwa einen Monat.

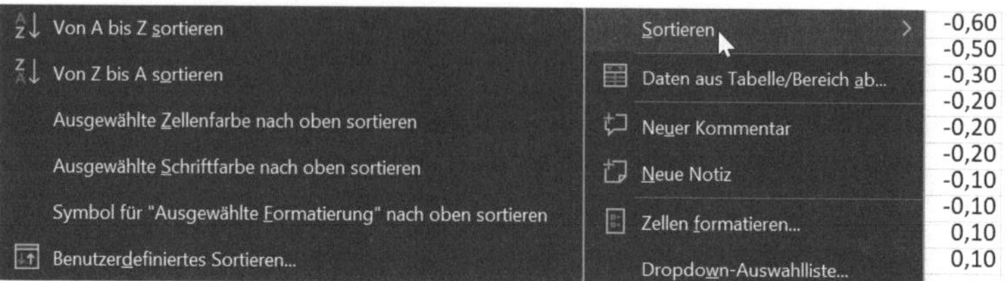

Datenvisualisierung

Nun visualisieren wir den Datensatz als Säulendiagramm und fügen die Achsenbeschriftung sowie den Titel ein. Eine Besonderheit müssen wir an dieser Stelle jedoch noch ansprechen: Wir müssen die Länder-Beschriftungen über die Säulen anordnen. Klicken wir dazu auf einen der Ländernamen, gehen zu den „Achsenoptionen", dort zu „Beschriftungen" und klicken dort bei „Beschriftungsposition" auf „hoch".

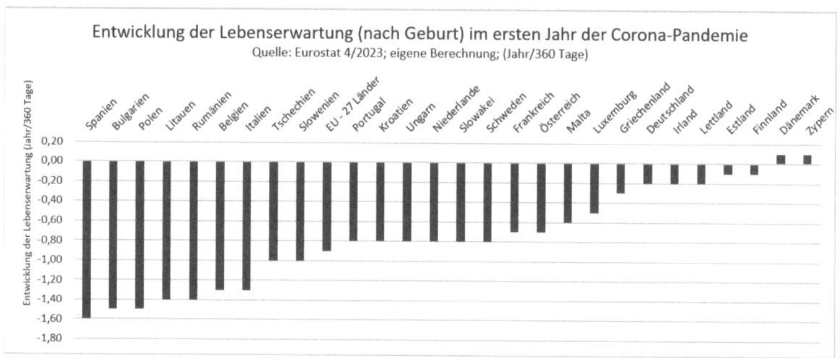

Entwicklung

Und so sieht die Entwicklung der Lebenserwartung im ersten Jahr der Corona-Pandemie aus. Spannend zu erfahren wäre es, wie die Pandemie sich in den 27 EU-Staaten weiterentwickelt hat und welche Auffälligkeiten zu beobachten sind. Prüfen wir daher in der folgenden Aufgabe, wie sich die Lebenserwartung im zweiten Jahr der Pandemie entwickelt hat und welche prozentualen Veränderungen nach zwei Pandemiejahren zum Ausgangsjahr unserer Berechnungen, dem Jahr 2019, messbar sind.

Prozentrechnung für Datenanalysen

Beginnen wir mit der nächsten Übungsfrage: In welchem EU-Land hat sich die Lebenserwartung prozentual am stärksten in der Pandemie verändert? Nutzen wir für die Analyse die Prozentrechnung.

Erinnern Sie sich noch an die Formelsammlung aus der 7. Klasse? Wenn nicht, hier eine Erinnerung für die Prozentrechnung:

BEISPIEL

Bei einer Schülersprecherwahl geben 889 Schülerinnen und Schüler ihre Stimme ab (Grundwert). Gewählt ist, wer 50 % (Prozentsatz) plus eine Stimme erhält. Wie viele Stimmen muss der Schülersprecher erhalten? 444,5 bzw. 445 Stimmen muss die Person erhalten.

$$\text{Prozentwert (W)} = \frac{\text{Grundwert (G)} \bullet \text{Prozentsatz (p)}}{100}$$

BEISPIEL

Bei einer Oberstufenkonferenz erhält der Medienbeauftragte der Schülerinnen und Schüler die absolute Mehrheit mit 60 % der abgegebenen Stimmen (Prozentsatz), es wurden 45 Stimmen für den neuen Medienbeauftragte n gezählt (Prozentwert). Wie viele Schülerinnen und Schüler haben ihre Stimme abgegeben? 75 Schüler haben ihre Stimme abgegeben.

$$\text{Grundwert (G)} = \frac{\text{Prozentwert (W)} \bullet 100}{\text{Prozentsatz (p)}}$$

BEISPIEL

Bei einer Klassensprecherwahl hat Jorid 10 Stimmen erhalten, Vilja 15 Stimmen und Peer 5 Stimmen (jeweils Prozentwert). 30 Schülerinnen und Schüler sind in einer Klasse (Grundwert). Wie lautet das prozentuale Ergebnis (Prozentsatz)? Für Jorid stimmten 33,33 %, für Vilja 50 %, und für Peer haben 16,67 % gestimmt.

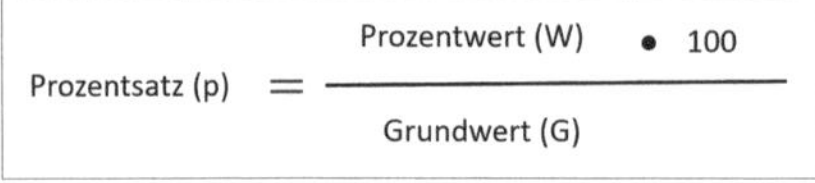

$$\text{Prozentsatz (p)} = \frac{\text{Prozentwert (W)} \bullet 100}{\text{Grundwert (G)}}$$

Wenn Sie das Ergebnis überprüfen wollen, dann können Sie dieses mithilfe der Prüfformel realisieren. Das richtige Ergebnis ihrer Berechnung wird dann 100 ergeben.

8.1 Veränderung der Lebenserwartung

Um wie viel % hat sich die Lebenserwartung bei Geburt der Bevölkerung in den 27 EU-Ländern zwischen 2019 und 2021 verändert?

Vorkenntnisse

- Prozentrechnung aus der 7. Klassenstufe
- Grundkenntnisse in der Datenrecherche in Eurostat
- Grundkenntnisse Excel

Ausgangslage und Aufgabe

Rufen Sie den Datensatz „Lebenserwartung nach Geburt“ auf. Wählen Sie die 27 EU-Staaten aus sowie die Jahre 2010, 2019 bis 2021. Außerdem wählen Sie die „Flags“ ab. Laden Sie sich abschließend die Datei herunter und öffnen diese in Excel.

Berechnen Sie die Differenz der in zehn Jahren gestiegenen Lebenserwartungen vor der Pandemie, also aus den Jahren 2010 bis 2019 in Jahren und in %-Angaben. Berechnen Sie anschließend die Entwicklung der Lebenserwartung zwischen 2019 und 2021 in absoluten Jahren und in %-Angaben.

Abschließend: Berechnen Sie die relative Entwicklung der Lebenserwartung im Rahmen der Pandemie (von 2019 bis 2021), bezogen auf die Steigerung der Lebenserwartung bis zur Pandemie (2010 bis 2019). Hat die Corona-Pandemie die Steigerung der Lebenserwartung bis 2019 aufgezehrt?

Stellen Sie die unterschiedlichen Ergebnisse in eigenen Diagrammen dar. Welches Diagramm sagt die Wahrheit über die Entwicklung der Lebenserwartung in den 27 EU-Staaten aus?

Berechnungen durchführen

Öffnen Sie die Excel-Datei und entfernen Sie Angaben, die für die folgenden Berechnungen nicht gebraucht werden.

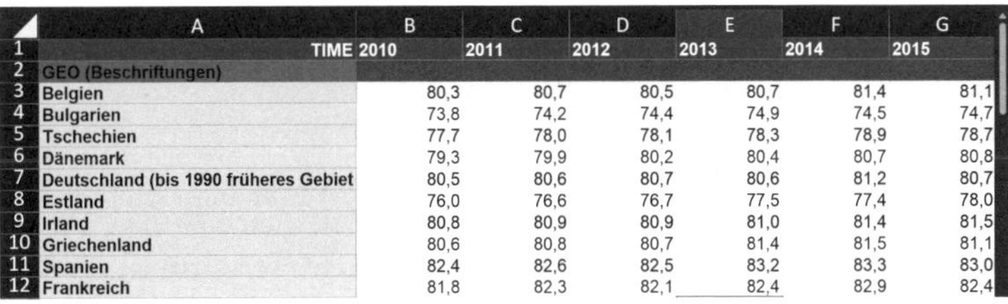

	A	B	C	D	E	F	G
1	TIME	2010	2011	2012	2013	2014	2015
2	GEO (Beschriftungen)						
3	Belgien	80,3	80,7	80,5	80,7	81,4	81,1
4	Bulgarien	73,8	74,2	74,4	74,9	74,5	74,7
5	Tschechien	77,7	78,0	78,1	78,3	78,9	78,7
6	Dänemark	79,3	79,9	80,2	80,4	80,7	80,8
7	Deutschland (bis 1990 früheres Gebiet	80,5	80,6	80,7	80,6	81,2	80,7
8	Estland	76,0	76,6	76,7	77,5	77,4	78,0
9	Irland	80,8	80,9	80,9	81,0	81,4	81,5
10	Griechenland	80,6	80,8	80,7	81,4	81,5	81,1
11	Spanien	82,4	82,6	82,5	83,2	83,3	83,0
12	Frankreich	81,8	82,3	82,1	82,4	82,9	82,4

Ausgangstabelle

Anschließend berechnen wir das Delta der Lebenserwartung in Jahren und %-Angaben zwischen 2010 und 2019 für alle 27 EU-Staaten.

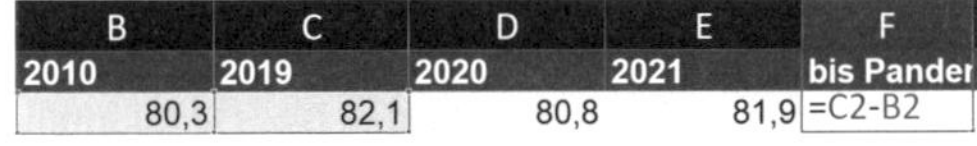

B	C	D	E	F
2010	2019	2020	2021	bis Pander
80,3	82,1	80,8	81,9	=C2-B2

Berechnung Steigerung der Lebenserwartung

Die Lebenserwartung hat im oben gezeigten Beispiel von 80,3 Jahre auf 82,1 Jahre zugenommen, es handelt sich um einen Anstieg von 1,8 Jahren bzw. ein Jahr und fast zehn Monate. Es handelt sich um die Entwicklung des Landes Belgien, wie man anhand der Excel-Tabelle auf der vorherigen Seite erkennen kann.

Und nun die %-Zunahme der Lebenserwartung in den 27 EU-Staaten seit 2010. Die Lebenserwartung hat in Belgien, von 2010 auf 2019, um 2,24 % zugenommen. Die folgenden beiden Diagramme zeigen die Zunahme der Lebenserwartung in Jahren und in Prozenten. Deutschland hat, so kann man gut erkennen, die geringste Zunahme an Lebenserwartung ab Geburt, von 2010 bis 2019 zu verzeichnen. In den drei baltischen Staaten ist die Lebenserwartung am stärksten gestiegen.

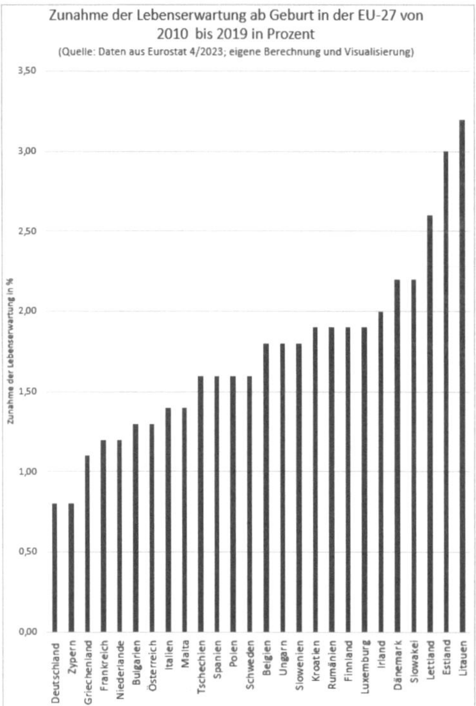

Prozentuale Steigerung der Lebenserwartung von 2010 bis 2019

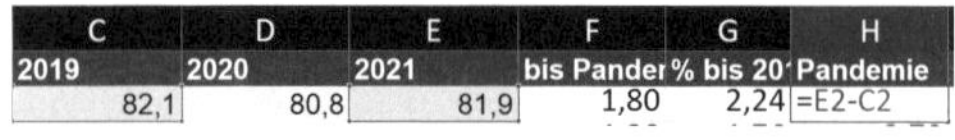

C	D	E	F	G	H
2019	2020	2021	bis Pander	% bis 20'	Pandemie
82,1	80,8	81,9	1,80	2,24	=E2-C2

Berechnung der Abnahme der Lebenserwartung durch die Corona-Pandemie

Berechnen wir nun den Rückgang der Lebenserwartung im Rahmen der Pandemie. Ausgangsbasis für die mögliche Reduktion der Lebenserwartung ist nun das letzte Jahr vor der Pandemie, das Jahr 2019. Um wie viele Jahre ist die Lebenserwartung (ab Geburt) im Jahr 2020 und 2021 gegenüber 2019 zurückgegangen?

Nun, offensichtlich werden unterschiedliche Entwicklungen sichtbar: Belgien holt den Verlust bei der Lebenserwartung aus dem ersten Corona-Jahr fast wieder auf. Betrug die Lebenserwartung 2019 noch 82,1 Jahre sank sie im ersten Jahr der Pandemie auf 80,8 Jahre. 2021 betrug die Lebenserwartung dann wieder 81,9 Jahre, hatte fast das Niveau vor der Corona-Pandemie wieder erreicht. Der Unterschied betrug nur noch 0,2 Jahre bzw. fast drei Monate. In Bulgarien hingegen ging die Lebenserwartung um 3,7 Jahre seit 2019 zurück, eine dramatische Entwicklung.

Die folgende Abbildung zeigt ausschnittartig einen Teil der Berechnungen. In der viertletzten Spalte ist die gestiegene Lebenserwartung seit 2010 zu sehen, es folgt die prozentuale Steigerung. In der vorletzten Spalte ist der Rückgang der Lebenserwartung seit 2019 abzulesen, gefolgt von der prozentualen Veränderung der Lebenserwartung seit 2019.

1	TIME 2010	2019	2020	2021	Jahre bis	% bis 20	Pandemie	% durch P
2	Belgien	80,3	82,1	80,8	81,9	1,80	2,24	-0,20	-0,2436
3	Bulgarien	73,8	75,1	73,6	71,4	1,30	1,76	-3,70	-4,9268
4	Tschechien	77,7	79,3	78,3	77,2	1,60	2,06	-2,10	-2,6482
5	Dänemark	79,3	81,5	81,6	81,5	2,20	2,77	0,00	0
6	Deutschland	80,5	81,3	81,1	80,8	0,80	0,99	-0,50	-0,615
7	Estland	76,0	79,0	78,9	77,2	3,00	3,95	-1,80	-2,2785
8	Irland	80,8	82,8	82,6	82,4	2,00	2,48	-0,40	-0,4831
9	Griechenland	80,6	81,7	81,4	80,2	1,10	1,36	-1,50	-1,836
10	Spanien	82,4	84,0	82,4	83,3	1,60	1,94	-0,70	-0,8333
11	Frankreich	81,8	83,0	82,3	82,4	1,20	1,47	-0,60	-0,7229

Zwischenergebnisse bis 2019

8.2 Wie und in welchem Maße geht die Lebenserwartung prozentual zurück?

Gegenüber 2019 betrug die Abnahme an Lebenserwartung durch die Pandemie in Belgien nur noch 0,24 %. Überhaupt scheint Westeuropa sehr gut durch die Pandemie gekommen zu sein, kein (nord-)westliches Land in der EU hat mehr als 1 % an Lebenserwartung ab Geburt verloren. Lediglich das südliche Griechenland hat 1,5 % an Lebenserwartung ab Geburt, gemessen an 2019, verloren. Die ehemaligen osteuropäischen Transformationsstaaten scheinen die großen Verlierer der Pandemie zu sein. Bulgarien, die Slowakei, Rumänien, Lettland und Polen haben eine Reduktion der Lebenserwartung von über 2,5 % im Vergleich zum Jahr 2019 zu beklagen.

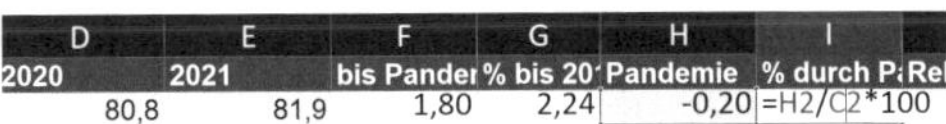

D	E	F	G	H	I
2020	2021	bis Pander	% bis 20	Pandemie	% durch P
80,8	81,9	1,80	2,24	-0,20	=H2/C2*100

Berechnung der prozentualen Abnahme der Lebenserwartung durch Corona

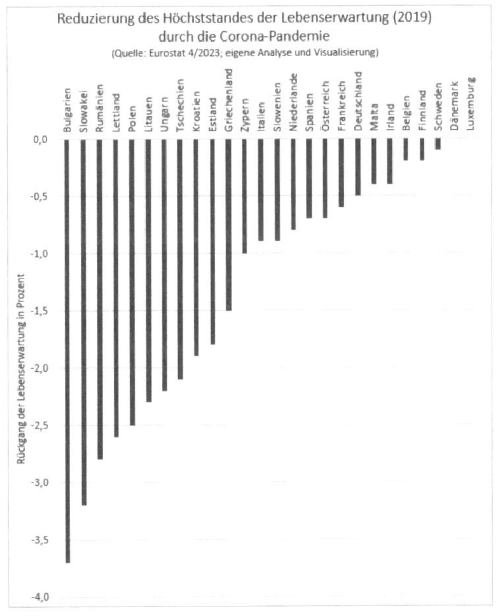

Datenquelle: Eurostat

Zum Schluss trauen wir uns an einen Überwältigungsversuch durch Prozentrechnung heran. Wir berechnen den Rückgang der Lebenserwartung durch die Pandemie, bezogen auf die Steigerungsjahre seit 2010. Unverständlich? Wir wollen wissen, ob der Zuwachs an Lebenserwartung von

2010 bis 2019 durch die Pandemie aufgezehrt wurde oder sogar um ein Mehrfaches reduziert wurde. Alle Prozentangaben von 100 % bedeuten, dass der Zuwachs an Lebenserwartung seit 2010 von der Pandemie aufgebraucht wurde. Alle Werte über 100 % bedeuten, dass die Pandemie nicht nur den Zuwachs an Lebenserwartung seit 2010 vollständig aufgebraucht hat, sondern auch den Anstieg der Lebenserwartung bis 2010 verzehrt. Alle Werte unter 100 % bedeuten, dass ein Teil der Erhöhung der Lebenserwartung von 2010 bis 2019 erhalten geblieben ist.

E	F	G	H	I	J
2021	bis Pander	% bis 20'	Pandemie	% durch P:	Relativ
81,9	1,80	2,24	-0,20	-0,24361	=H2/F2*100

Berechnung des prozentualen Rückgangs der seit 2010 gesteigerten Lebenserwartung

Die folgende Abbildung zeigt alle bisherigen Ergebnisse zusätzlich der %-Veränderungen der Lebenserwartung, die von 2010 bis 2019 gesteigert wurde.

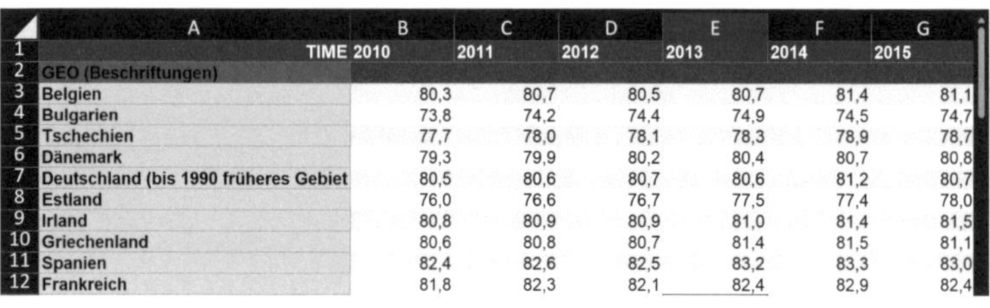

	A	B	C	D	E	F	G
1	TIME	2010	2011	2012	2013	2014	2015
2	GEO (Beschriftungen)						
3	Belgien	80,3	80,7	80,5	80,7	81,4	81,1
4	Bulgarien	73,8	74,2	74,4	74,9	74,5	74,7
5	Tschechien	77,7	78,0	78,1	78,3	78,9	78,7
6	Dänemark	79,3	79,9	80,2	80,4	80,7	80,8
7	Deutschland (bis 1990 früheres Gebiet	80,5	80,6	80,7	80,6	81,2	80,7
8	Estland	76,0	76,6	76,7	77,5	77,4	78,0
9	Irland	80,8	80,9	80,9	81,0	81,4	81,5
10	Griechenland	80,6	80,8	80,7	81,4	81,5	81,1
11	Spanien	82,4	82,6	82,5	83,2	83,3	83,0
12	Frankreich	81,8	82,3	82,1	82,4	82,9	82,4

Endergebnis der bisherigen Berechnungen
Datenquelle: Eurostat

Machen wir es konkret: Von 2010 steigt die Lebenserwartung bis 2019 in Belgien um 1,8 Jahre an, was 2,24 % entspricht. Durch die Pandemie 2020 und 2021 reduzierte sich die Lebenserwartung gegenüber 2019 um 0,2 Jahre. Belgiens Lebenserwartung ab Geburt sank durch die Pandemie gegenüber dem Höchstwert aus dem Jahre 2019 um 0,2 Jahre, was in etwa einem Prozentwert von –0,24 % entspricht. Wenn wir jetzt den Rückgang der Lebenserwartung von 0,2 Jahren nicht auf das Jahr 2019, sondern auf die Steigerung von 2010 bis 2019 (1,8 Jahre) beziehen würden, dann würde der Rückgang 11,11 % betragen. Mathematisch ist diese Berechnung zwar korrekt aber ohne seriösen Aussagewert. Für Bulgarien ließe sich beispielsweise feststellen, dass die Steigerung der Lebenserwartung seit 2010 in

Höhe von 1,3 Jahren durch den Pandemieverlust von 3,7 Jahren der durchschnittlichen Lebenserwartung um fast das dreifach aufgezehrt wurde. Der Verlust an Lebenserwartung beträgt –284 % gemessen an der Steigerung seit 2010. Anders formuliert: Steigerung der Lebenserwartung in Bulgarien seit 2010 (1,3 Jahre) wurde durch die Folgen der Pandemie (fast) dreimal verzehrt (3,7 Jahre). Jetzt erkennt man, wie dramatisch die Corona-Pandemie gewesen ist, jedenfalls in Bulgarien. Sie glauben, dass sei keine seriöse, sondern eine verwirrende, überwältigende Berechnung? Ja, da haben Sie Recht, aber leider kommen derlei Berechnungen immer wieder vor. Risikokompetenz bedeutet auch, dass Schülerinnen und Schülern der Umgang mit fragwürdigen und missverständlichen Prozentwerten, bzw. deren Interpretation, aktiv uben und beherrschen können. Der letzte Teil der Aufgabe besteht darin, die Daten zu visualisieren. Sie kennen die Schritte und die folgenden Abbildungen stehen exemplarisch für die Möglichkeit, Menschen mit Datenvisualisierungen zu überzeugen oder zu überwältigen.

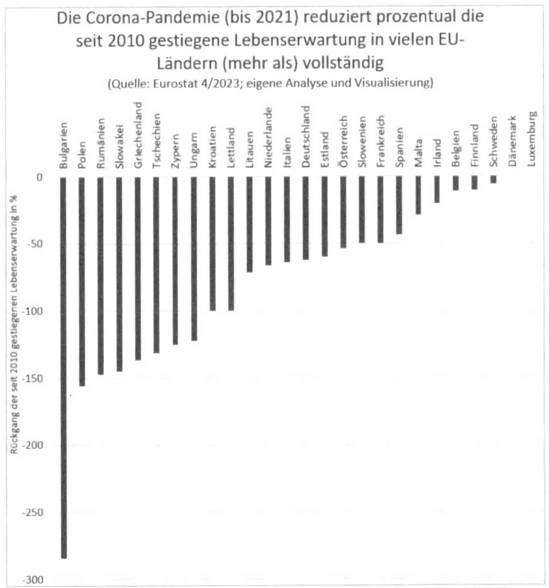

Welche Alternative gibt es zu überwältigenden, weitgehend aussagelosen Prozentsätzen? Sie sagen wenig bis nichts über ein Risiko aus. Nutzen wir die absoluten Häufigkeiten, für Risikoabschätzungen.

8.3 Risikokompetenz: Möglichst ohne Prozentangaben

Risikokompetenz bedeutet, nach Gerd Gigerenzer,[55] dass die Schülerinnen und Schüler die Gefahren oder Herausforderungen von aktuellen Entwicklungen vor dem Hintergrund von Daten analysieren und interpretieren. Sie benötigen für die Risikokompetenz möglichst absolute Häufigkeiten. Die folgende Collage zeigt Datenvisualisierungen über die Entwicklung der Lebenserwartungen in Deutschland und ausgesuchten Nachbarländern. An dieser Stelle geht es um die Relativierung von dramatischen Prozentsätzen, die überwältigen können.

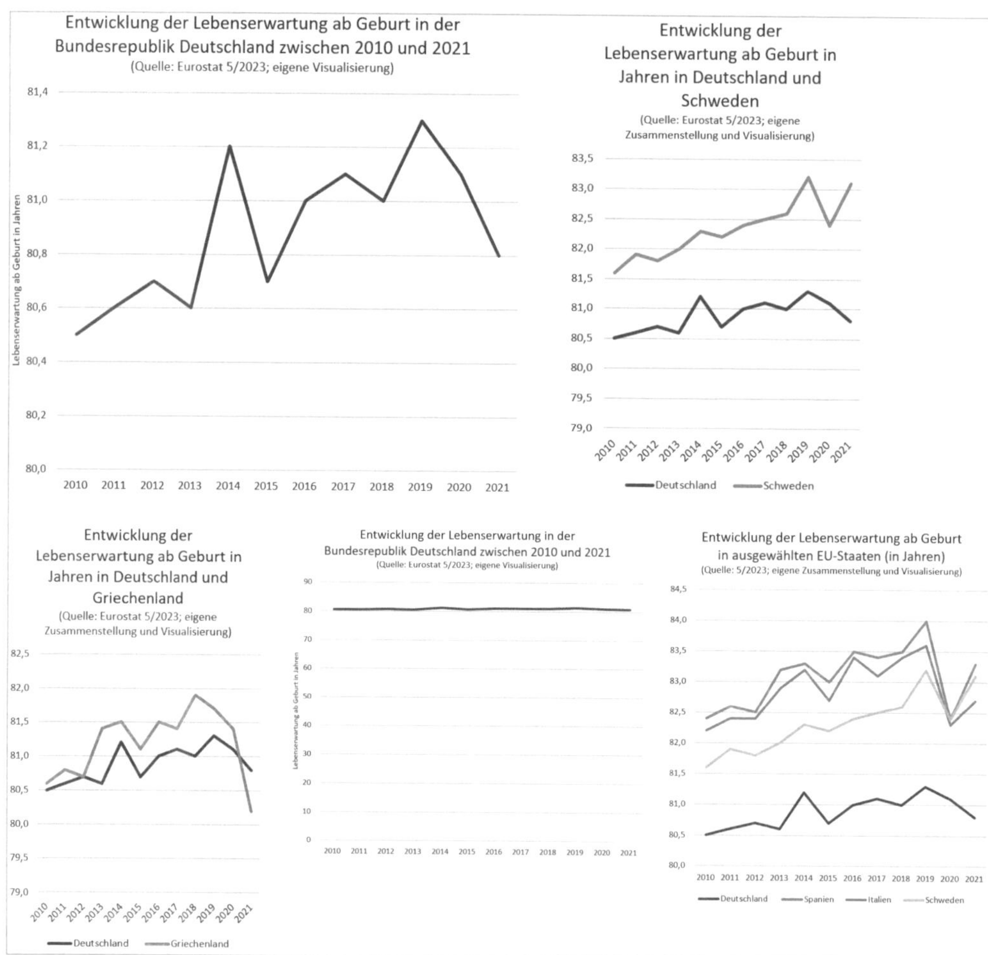

Daten mithilfe von Grundrechenarten in ein sinnvolles Verhältnis setzen

Politischer und ökonomischer Mündigkeit kommt man näher, wenn man im Rahmen der Analyse und der Lösungsorientierung die jeweilige Notwendigkeit der absoluten und relativen Werten erkennt. Und die Berechnung von relativen Werten, beispielsweise in Form von Kennziffern, ist nicht schwer. Mithilfe der Grundrechenarten sowie statistischen Daten und Excel ist dies nicht mehr als eine kleine Rechenleistung. Aber auch die Bildung von Kennziffern, durch Division von absoluten Zahlen oder die Bildung von Prozentwerten kann nicht ohne die Diskussion über die politischen Rahmenbedingungen und die Zulässigkeit von Vergleichen sowie die Berücksichtigung von politischen oder ökonomischen Interessen und Macht erfolgen. Trotzdem, die Bildung von Kennziffern oder relativen Zahlen ist eine wichtige Voraussetzung für die notwendige politische Diskussion.

Wenden wir uns den Gesundheitsausgaben zu und bilden wir Kennziffern, damit die EU-27-Länder vergleichbar werden.

Mithilfe der Grundrechenarten und Excel können wir die Kennziffern berechnen. Wir könnten die Gesundheitsausgaben in Deutschland durch die Anzahl der Einwohnerinnen und Einwohner teilen und haben die Gesundheitsausgaben pro Kopf.

Die Gesundheitsausgaben geben die für das Gesundheitswesen verwendeten wirtschaftlichen Mittel ohne Anlageinvestitionen an. „Gesundheitsausgaben beziehen sich in erster Linie auf von gebietsansässigen Einheiten für Gesundheit verbrauchte Waren und Dienstleistungen, unabhängig davon, wo sie verbraucht werden (das kann auch in der übrigen Welt sein) und wer dafür zahlt.[56]

Und danach berechnen wir, wie viel Prozent der Pro-Kopf-Gesundheitsausgaben im BIP pro Kopf enthalten sind.

Ja, das wäre machbar und erste Übungen mit Grundrechenarten und Prozentrechnungen haben wir ja auch bereits durchgeführt. Aber als ich diese Aufgabe vorbereitet habe, fiel mir auf, dass die Kennziffern bereits in Eurostat eingestellt sind, wir diese also nicht berechnen müssen. Wenn wir es an dieser Stelle trotzdem tun, dann deshalb, weil diese Übung exemplarisch für die Berechnung von Kennziffern steht.

9.1 Drei Dateien werden gesucht

Drei Dateien benötigen wir für die Übung: Die aktuellen Gesundheitsausgaben der jeweiligen 27 EU-Ländern, die aktuellen Bevölkerungszahlen der Länder und das Bruttoinlandsprodukt pro Kopf. Das aktuelle BIP pro Kopf wollen wir diesmal als realen Wert herunterladen, da wir die Gesundheitsausgaben auch als realen Wert vorliegen haben und nur die gleichen Werte in ein sinnvolles Verhältnis zueinander setzen können.

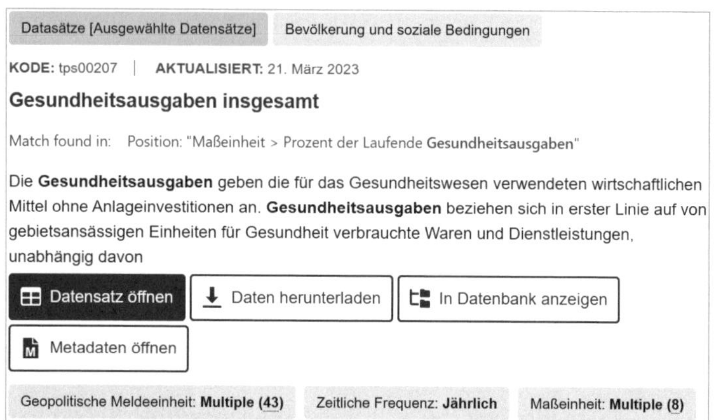

Quelle: Eurostat 2023x

Quelle: Eurostat 2023y

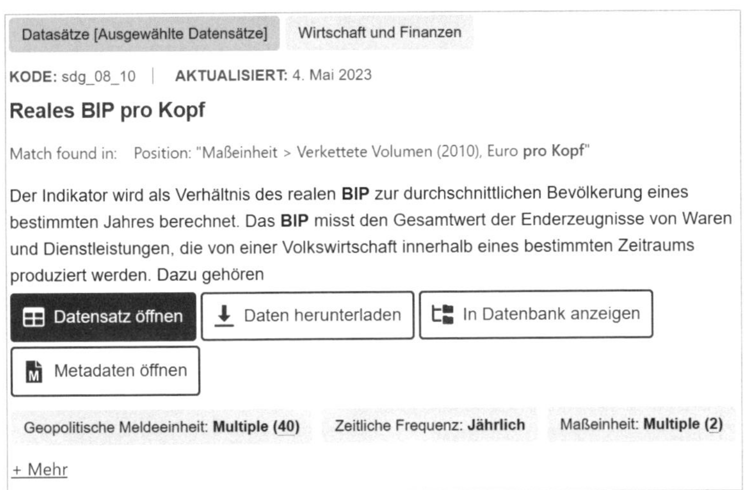

Quelle: Eurostat 2023h

Drucklegung und Aktualität von Eurostat machen es erforderlich, dass wir das Jahr 2020 als Grundlage für den Datendownload und die folgende Berechnung auswählen. Außerdem interessieren uns alle 27 EU-Staaten.

9.2 Kennzifferberechnung durch Grundrechenarten

Wir haben uns die Gesundheitsausgabe der 27 EU-Länder heruntergeladen. Wie man auf den ersten Blick sehen kann, gibt Deutschland viel Geld für die Gesundheit seiner Einwohnerinnen und Einwohner aus, andere Länder, wie Dänemark, scheinbar weniger. Doch dieser Blick ist fehlerhaft, bislang berücksichtigen wir lediglich absolute Werte. Die Einwohnerzahlen bleiben bei den absoluten Gesundheitswerten unberücksichtigt – oder anders ausgedrückt: Allein die unterschiedlichen Einwohnerzahlen von Deutschland und Dänemark machen die absoluten Gesundheitsausgaben unvergleichbar. Wir wollen daher die Gesundheitsausgaben pro Einwohner berechnen, um die Gesundheitswerte zwischen den Ländern überhaupt vergleichen zu können.

Gesundheitsausgaben und Einwohnerzahl öffnen

Wir öffnen die Datei mit den Gesundheitsausgaben der 27 EU-Staaten und die Datei, die uns die Bevölkerungszahl der Staaten angibt.

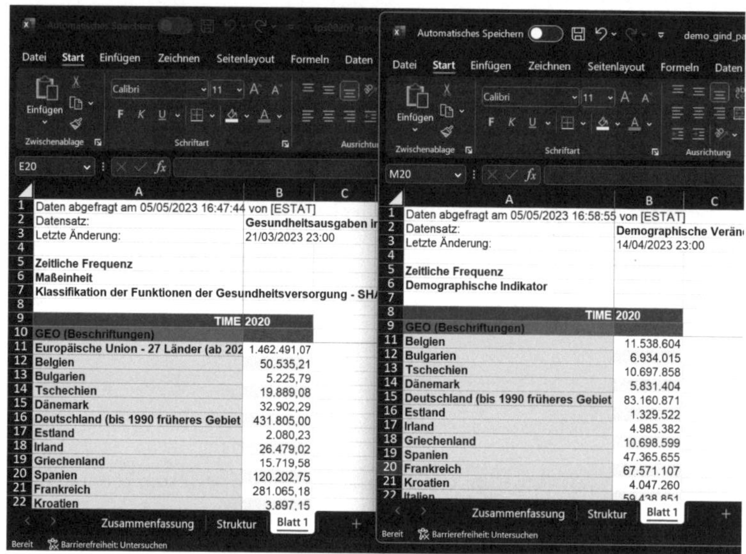

Beide Dateien öffnen

Dann kopieren wir die Gesundheits- und Bevölkerungsdaten der jeweiligen Länder auf ein gemeinsames Arbeitsblatt. Wichtig ist, dass wir überprüfen, dass sich die Zeilen mit den Ländernamen und Länderdaten nicht verschieben. So müssen die Gesundheits- und Bevölkerungsangaben für Deutschland in der identischen Zeile stehen. Besser, Sie kontrollieren die Zeilenangaben unmittelbar nach dem Einfügen der Daten. Anschließend sollten Sie die Spaltenangaben korrekt beschriften (Gesundheit und Bevölkerung), damit vermeiden Sie eine spätere Verwechslungsgefahr.

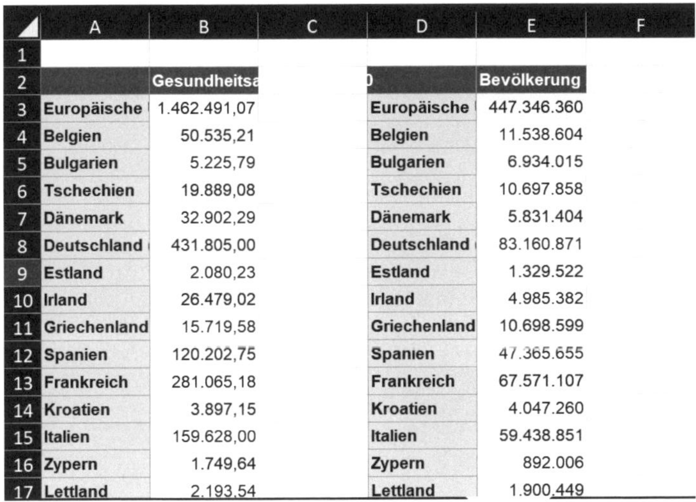

	A	B	C	D	E	F
1						
2		Gesundheitsa		)	Bevölkerung	
3	Europäische	1.462.491,07		Europäische	447.346.360	
4	Belgien	50.535,21		Belgien	11.538.604	
5	Bulgarien	5.225,79		Bulgarien	6.934.015	
6	Tschechien	19.889,08		Tschechien	10.697.858	
7	Dänemark	32.902,29		Dänemark	5.831.404	
8	Deutschland	431.805,00		Deutschland	83.160.871	
9	Estland	2.080,23		Estland	1.329.522	
10	Irland	26.479,02		Irland	4.985.382	
11	Griechenland	15.719,58		Griechenland	10.698.599	
12	Spanien	120.202,75		Spanien	47.365.655	
13	Frankreich	281.065,18		Frankreich	67.571.107	
14	Kroatien	3.897,15		Kroatien	4.047.260	
15	Italien	159.628,00		Italien	59.438.851	
16	Zypern	1.749,64		Zypern	892.006	
17	Lettland	2.193,54		Lettland	1.900.449	

Dateien zusammenkopieren

Nach der Prüfung der Angaben reduzieren wir Leerzeilen und Beschriftungen, so dass die Werte direkt nebeneinanderstehen. Wir erhalten dadurch einen besseren Überblick.

Berechnung mit Grundrechenarten

Bevor wir die Rechenoperation durchführen, müssen wir uns die Zahlen genauer ansehen. Die Gesundheitsdaten sind in Millionen Euro angegeben. Wenn der Wert für Deutschland 431.805,00 Euro lautet, dann muss man wissen, dass dieser mit 1.000.000 multipliziert werden muss. Deutschland gab also nicht rund 432 Tausend oder 432 Millionen, sondern 432 Milliarden Euro im Jahr 2020 für Gesundheit aus. Multiplizieren wir daher alle Gesundheitsausgaben mit 1.000.000 und teilen diesen Wert durch die jeweilige Bevölkerungsanzahl. Die Formel gibt die Berechnung wieder, sie kommt mit den Grundrechenarten Multiplikation und Division aus.

	A	B	C	D	E	F	G
1							
2		Gesundheitsa		)	Bevölkerung		
3	Europäische	1.462.491,07		Europäische	447.346.360	=B3*1000000/E3	
4	Belgien	50.535,21		Belgien	11.538.604		

Berechnung durch Teilen

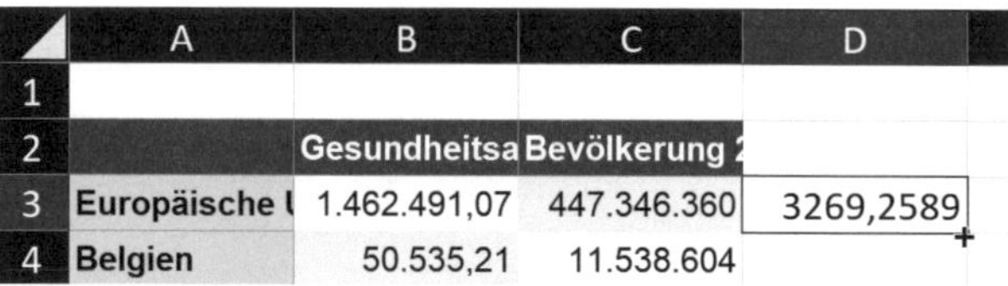

	A	B	C	D
1				
2		Gesundheitsa	Bevölkerung 2	
3	Europäische U	1.462.491,07	447.346.360	3269,2589
4	Belgien	50.535,21	11.538.604	

Ergebnis durch Formel

Dann wandeln wir den Wert in einen Euro-Betrag um. Anschließend erzeugen wir durch Klicken und Ziehen des kleinen Kästchens unter dem Ergebnis die noch fehlenden Ergebnisse.

Berechnung

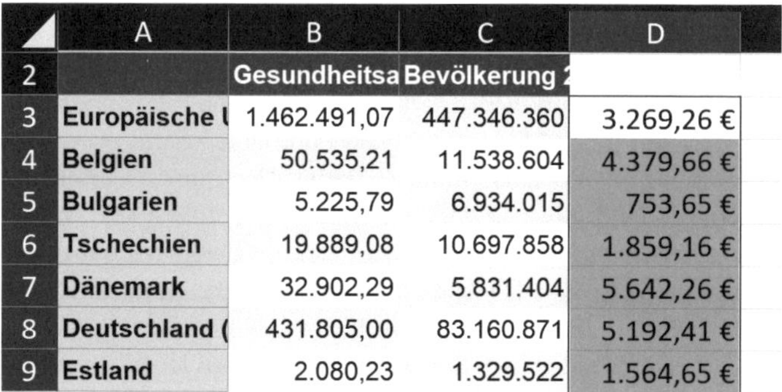

	A	B	C	D
2		Gesundheitsa	Bevölkerung 2	
3	Europäische U	1.462.491,07	447.346.360	3.269,26 €
4	Belgien	50.535,21	11.538.604	4.379,66 €
5	Bulgarien	5.225,79	6.934.015	753,65 €
6	Tschechien	19.889,08	10.697.858	1.859,16 €
7	Dänemark	32.902,29	5.831.404	5.642,26 €
8	Deutschland (	431.805,00	83.160.871	5.192,41 €
9	Estland	2.080,23	1.329.522	1.564,65 €

Berechnung

Dann sortieren wir die Ergebnisse nach Größe, um das Ergebnis zu visualisieren.

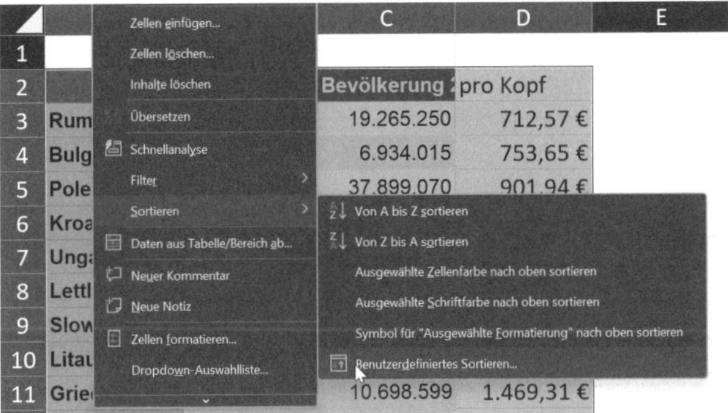

Sortieren

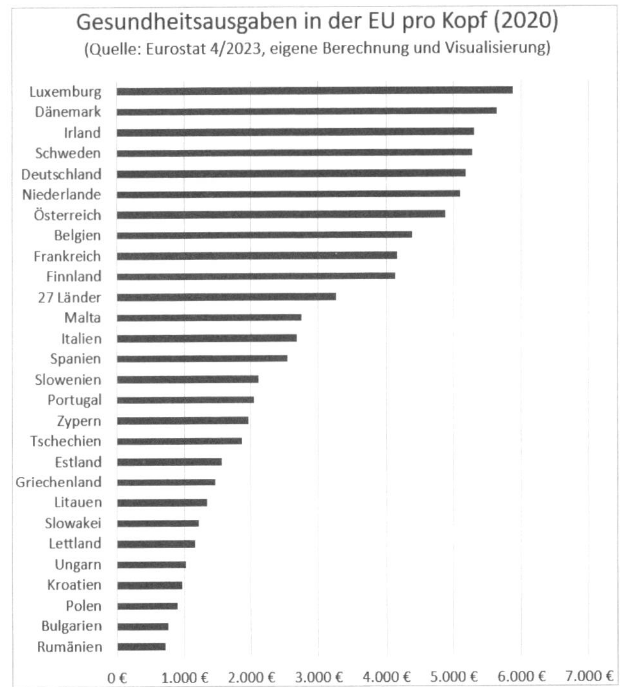

Ergebnis

Sichtbar wird, dass die Gesundheitsausgaben in den 27 EU-Staaten von 712 Euro bis über 5.800 Euro je Einwohner schwanken. Oder anders ausgedrückt: Wohlhabendere EU-Staaten geben sieben bis acht Mal so viel finanzielle Mittel für die Gesundheit ihrer Bürger aus als die ärmeren EU-Mitgliedsstaaten. Die ehemaligen osteuropäischen Transformationsstaaten geben in der Regel unter 2.000 Euro pro Kopf für die Gesundheit aus, während die sehr wohlhabenden EU-Staaten, wie die Niederlande, Deutschland, Schweden, Irland, Dänemark und Luxemburg zwischen 5.000 und unter 6.000 Euro pro Kopf für Gesundheit ausgeben.

9.3 Anteil der Gesundheitsausgaben am BIP pro Kopf

Berechnen wir abschließend, wie hoch der Anteil der Gesundheitskosten pro Kopf am BIP pro Kopf ist. Der gesuchte Wert ist der Prozentsatz. Es ist möglicherweise zu vermuten, dass die unterschiedlichen Ausgaben der 27 EU-Staaten durch die unterschiedlich große Wirtschaftskraft zu erklären sind. Diese Wirtschaftskraft ist das BIP pro Kopf. Wir werden sehen …

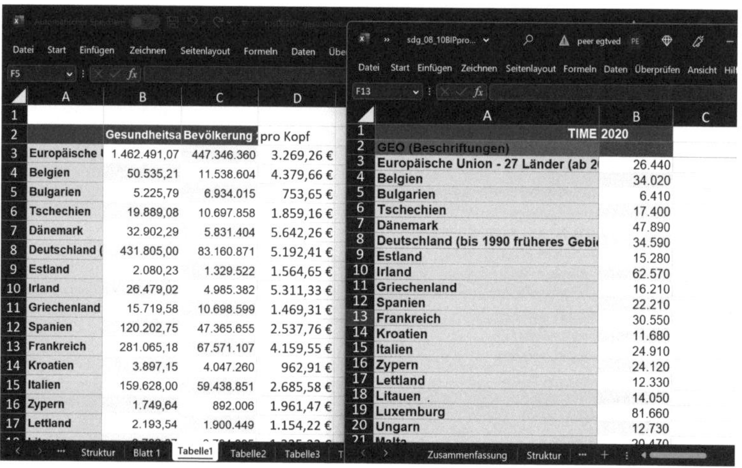

	A	B	C	D
1				
2		Gesundheitsa	Bevölkerung	pro Kopf
3	Europäische I	1.462.491,07	447.346.360	3.269,26 €
4	Belgien	50.535,21	11.538.604	4.379,66 €
5	Bulgarien	5.225,79	6.934.015	753,65 €
6	Tschechien	19.889,08	10.697.858	1.859,16 €
7	Dänemark	32.902,29	5.831.404	5.642,26 €
8	Deutschland (	431.805,00	83.160.871	5.192,41 €
9	Estland	2.080,23	1.329.522	1.564,65 €
10	Irland	26.479,02	4.985.382	5.311,33 €
11	Griechenland	15.719,58	10.698.599	1.469,31 €
12	Spanien	120.202,75	47.365.655	2.537,76 €
13	Frankreich	281.065,18	67.571.107	4.159,55 €
14	Kroatien	3.897,15	4.047.260	962,91 €
15	Italien	159.628,00	59.438.851	2.685,58 €
16	Zypern	1.749,64	892.006	1.961,47 €
17	Lettland	2.193,54	1.900.449	1.154,22 €

	A	B
1	TIME	2020
2	GEO (Beschriftungen)	
3	Europäische Union - 27 Länder (ab 2	26.440
4	Belgien	34.020
5	Bulgarien	6.410
6	Tschechien	17.400
7	Dänemark	47.890
8	Deutschland (bis 1990 früheres Gebi	34.590
9	Estland	15.280
10	Irland	62.570
11	Griechenland	16.210
12	Spanien	22.210
13	Frankreich	30.550
14	Kroatien	11.680
15	Italien	24.910
16	Zypern	24.120
17	Lettland	12.330
18	Litauen	14.050
19	Luxemburg	81.660
20	Ungarn	12.730

Dateien zusammensetzen

Prozentrechnung

Kopieren wir also im ersten Schritt das BIP pro Kopf und die Gesundheitsausgaben pro Kopf nebeneinander in einer Exceltabelle zusammen. Achten wir wieder darauf, dass die Länderdaten korrekt nebeneinanderstehen.

Anschließend rechnen wir den Prozentsatz aus, der den Anteil der Gesundheitsausgaben pro Kopf im Verhältnis zum BIP pro Kopf setzt.

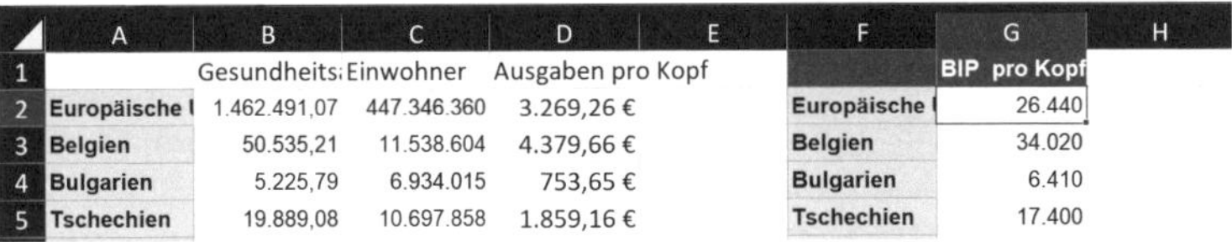

	A	B	C	D	E	F	G	H
1		Gesundheits	Einwohner	Ausgaben pro Kopf			BIP pro Kopf	
2	Europäische	1.462.491,07	447.346.360	3.269,26 €		Europäische	26.440	
3	Belgien	50.535,21	11.538.604	4.379,66 €		Belgien	34.020	
4	Bulgarien	5.225,79	6.934.015	753,65 €		Bulgarien	6.410	
5	Tschechien	19.889,08	10.697.858	1.859,16 €		Tschechien	17.400	

BIP pro Kopf in die Tabelle kopieren

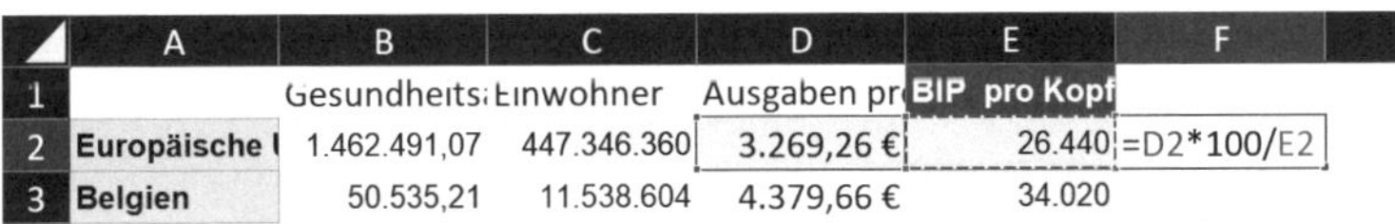

	A	B	C	D	E	F
1		Gesundheits	Einwohner	Ausgaben pr	BIP pro Kopf	
2	Europäische	1.462.491,07	447.346.360	3.269,26 €	26.440	=D2*100/E2
3	Belgien	50.535,21	11.538.604	4.379,66 €	34.020	

Berechnung durchführen

Alle Angaben sind in Prozentangaben. Nun sortieren wir abschließend die Prozentangaben der Größe nach. Sichtbar wird, dass die EU-27-Länder zwischen 7 und 15 % ihres pro Kopf BIP mit oder durch Gesundheitsausgaben erwirtschaften, bzw. verbrauchen. Gesundheit ist ein relevanter Teil des BIPs pro Kopf. Berücksichtigt man aber das BIP pro Kopf bei der Bewertung der Gesundheitsausgaben pro Kopf dann wird sichtbar, dass diese in den ökonomisch besser entwickelten EU-Staaten zwar höher ausfallen, jedoch nicht in dem Maße, wie er bei einem Vergleich der Pro-Kopf-Ausgaben für Gesundheit gesehen haben. Visualisieren wir abschließend unsere Datenanalyse.

Tschechien	10,68
Slowenien	10,69
Italien	10,78
Finnland	11,42
Spanien	11,43
Bulgarien	11,76
Dänemark	11,78
Portugal	11,99
Schweden	12,31
27 Länder	12,36
Niederlande	12,73
Belgien	12,87
Malta	13,42
Frankreich	13,62
Österreich	13,76
Deutschland	15,01

Berechnen und sortieren

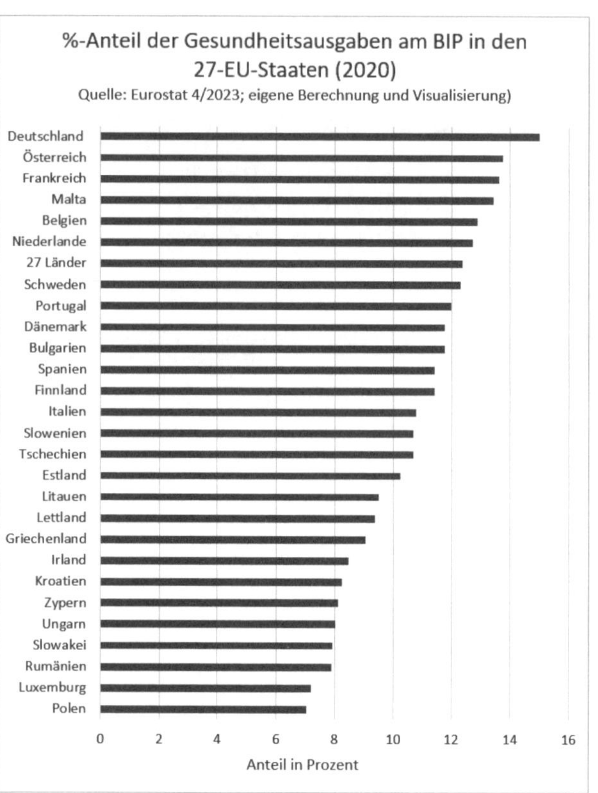

Ergebnis

Nach der Analyse und der Datenvisualisierung wird sichtbar, dass die 27 EU-Staaten zwischen 7 und 15 % ihres BIP für die Gesundheit ihrer Bürgerinnen und Bürger verwenden. Die osteuropäischen Länder geben etwas weniger ihres BIPs für die Gesundheit aus, die „alten" westeuropäischen Demokratien verwenden einen größeren Teil des BIPs für die Gesundheit. Luxemburg stellt eine Ausnahme da. Da das BIP der Luxemburger sehr groß ist, fallen die Gesamtausgaben von fast 6.000 Euro pro Kopf weniger ins Gewicht.

Analyse mittels der Zielwerte und Sekundärachse

10

Erinnern Sie sich noch an die EU-Schuldenkrise zwischen 2008 und 2010? Die Staaten, die von der EU-Schuldenkrise am stärksten betroffen waren, werden oft als die „PIIGS“ bezeichnet, was für Portugal, Italien, Irland, Griechenland und Spanien steht. Diese Länder hatten insbesondere hohe Haushaltsdefizite, hohe Staatsverschuldung und teilweise Probleme in ihren Bankensystemen.

Griechenland war wohl das am stärksten betroffene Land und stand kurz vor einem Staatsbankrott, was zu einer Finanzkrise im gesamten Euroraum führte. Die Europäische Union und der Internationale Währungsfonds (IWF) stellten Griechenland Finanzhilfen in Höhe von mehreren hundert Milliarden Euro zur Verfügung, um die Schuldenkrise zu bewältigen. Portugal, Irland und Spanien erhielten ebenfalls Finanzhilfen, um ihre Wirtschaft zu stabilisieren.

Die Auswirkungen der Schuldenkrise waren in diesen Ländern teilweise sehr schwerwiegend, einschließlich einer hohen Arbeitslosigkeit, steigender Armut, Sparmaßnahmen und sozialer Unruhen. Die EU hat jedoch Maßnahmen ergriffen, um die Auswirkungen der Krise abzuschwächen und die Wirtschaft dieser Länder wieder auf den richtigen Weg zu bringen, insbesondere durch die Bereitstellung von Finanzhilfen, die Umsetzung von Strukturreformen und die Verbesserung der Überwachung der Finanzmärkte.

Ursprünglich wollten man mittels der Maastricht-Kriterien für die Voraussetzungen der Angleichung („Konvergenz“) der EU-Länder sorgen. Die Maastricht-Kriterien sind eine Gruppe von wirtschaftlichen Kriterien, die von den Mitgliedstaaten der Europäischen Union (EU) erfüllt werden müssen, um eine stabile Wirtschaftspolitik zu gewährleisten und die Wirtschafts- und Währungsunion (WWU) zu unterstützen. Die Kriterien wurden im Vertrag von Maastricht von 1992 festgelegt.

Die Maastricht-Kriterien bestehen aus folgenden drei Kriterien:

- **Inflation:** Die Inflation darf nicht mehr als 1,5 Prozentpunkte über dem Durchschnitt der drei EU-Länder mit der niedrigsten Inflation liegen.
- **Haushaltsdefizit:** Das Haushaltsdefizit darf nicht mehr als 3 % des Bruttoinlandsprodukts (BIP) betragen.
- **Staatsschulden:** Die Staatsverschuldung darf nicht mehr als 60 % des BIP betragen oder auf dem Weg dahin sein.

Die Mitgliedstaaten müssen regelmäßig Berichte über ihre Wirtschaftspolitik und die Einhaltung der Kriterien vorlegen. Die Europäische Kommission überprüft die Haushaltsdefizite und die Staatsschulden der Mitgliedstaaten jährlich im Rahmen des Europäischen Semesters. Der Europäische Rat bewertet die Erfüllung der Kriterien und gibt Empfehlungen an die Mitgliedstaaten ab. Insgesamt sollen diese Überprüfungs- und Sanktionsmechanismen sicherstellen, dass die Mitgliedstaaten der EU eine verantwortungsvolle und nachhaltige Wirtschaftspolitik betreiben und die Stabilität des Euro und der Wirtschafts- und Währungsunion unterstützen.

Wenn ein Mitgliedstaat gegen die Maastricht-Kriterien verstößt, kann die Europäische Kommission ein Defizitverfahren einleiten. Dies kann zu Sanktionen führen, wie Geldbußen oder Aussetzung von EU-Fördermitteln. Die Mitgliedstaaten können aufgefordert werden, Maßnahmen zu ergreifen, um Haushaltsdefizite zu reduzieren oder Staatsschulden abzubauen.

Wir wollen die folgenden Fragen klären:

1. Wie erfolgreich waren die Maßnahmen der Schuldenreduzierung in den PIIGS-Staaten durch die EU bzw. die Europäische Zentralbank?
2. Werden die zwei Verschuldungskriterien, die jährliche Neuverschuldung und der Bruttoschuldenstand, wieder eingehalten?
3. Wie entwickelte sich zeitgleich das Bruttoinlandsprodukt?

Wir beschäftigen uns nun mit Kennziffern und Analysen von Zusammenhängen.

Vorkenntnisse

- Grundkenntnisse in der Datenrecherche bei Eurostat
- Grundkenntnisse Excel
- Grundkenntnisse Datenvisualisierung

10.1 Beginnen wir nun mit der Datenrecherche

Es ist zufälligerweise sehr einfach die Datensätze zu finden: Die EU-Schlüsselindikatoren sind direkt auf der Homepage verlinkt. EU-Schlüsselindikatoren sind Statistiken, die von der Europäischen Union (EU) erstellt und veröffentlicht werden, um eine breite Palette von Themen zu messen und zu überwachen, die für die politischen Entscheidungen und die Entwicklung von Strategien auf EU-Ebene relevant sind. Diese Indikatoren sollen dazu beitragen, Fortschritte bei der Erreichung von EU-Zielen und -Prioritäten in verschiedenen Politikbereichen zu messen und zu bewerten.

Quelle: Eurostat 2023a

Datenrecherche

Die EU-Schlüsselindikatoren basieren auf Daten aus verschiedenen Quellen, wie nationalen Statistikämtern, Eurostat, der OECD und anderen internationalen Organisationen. Die Verwendung von EU-Schlüsselindikatoren ermöglicht es den EU-Institutionen und den Mitgliedstaaten, Fortschritte bei der Umsetzung von EU-Politiken und -Strategien zu bewerten und die Wirksamkeit von politischen Maßnahmen zu überwachen.

- Wir wählen die Daten „Haushaltsdefizit und Schuldenstand" sowie „Bruttoinlandsprodukt zu Marktpreisen" aus.
- Wir wählen unter „Reihe" die fünf PIIGS-Staaten (Portugal, Irland, Italien, Griechenland und Spanien) aus.
- In der „Spalte" wählen wir die Zeit aus, und zwar möglichst ab dem Jahr 2000. Gegebenenfalls prüfen wir, ob weitere nicht vorausgewählte Jahreszahlen unter dem Hinweis „verfügbar" sind.
- Unter „Format" wählen wir die „Flags" ab.

Und dann laden wir jede einzelne Datei herunter.

Quelle: Eurostat 2023g

Datenauswahl

10.2 Datenvisualisierung mit Zielwert

Nachdem wir eben eine zielführende Datenauswahl getroffen haben, ist der folgende Schritt kaum noch der Rede wert. Wir fügen einfach eine Zielmarke von 60 % Bruttoverschuldung als Anteil am BIP ein.

	A		T	U	V	W	X
1	TIME		2018	2019	2020	2021	2022
2	Irland	67,6	63,0	57,0	58,4	55,4	44,7
3	Griechenland	179,5	186,4	180,6	206,3	194,6	171,3
4	Spanien	101,8	100,4	98,2	120,4	118,3	113,2
5	Italien	134,2	134,4	134,1	154,9	149,9	144,4
6	Portugal	126,1	121,5	116,6	134,9	125,4	113,9
7	Zielwert	60,	60,	60,	60,	60,	60,

Zielmarke

Anschließend visualisieren wir die Entwicklung von 2000 bis heute. Sichtbar wird, dass lediglich Irland seine Bruttoschuldenquote wieder unter 60 % drücken konnte, den südeuropäischen Staaten gelang dieses nicht. Trotz der Finanzhilfen der EU, des Euro-Rettungsschirms und der Haushaltskürzungen gelang es beispielsweise Griechenland nicht, die Bruttoschuldenquote unter 150 % zu drücken. Eine jetzt folgende Analyse müsste sich nun mit dem Erfolg oder Misserfolg der EU-Politik gegenüber Griechenland beschäftigen. Oder ob es überhaupt sinnvoll gewesen ist, solche strengen Kriterien zu beschließen und anschließend durchzusetzen. An dieser Stelle werden jedoch aber Daten recherchiert, analysiert und visualisiert. Eine Diskussion des Problems wird daher an dieser Stelle nicht durchgeführt. Für den Unterricht sei die Bewertung der Maßnahmen nach der Sachanalyse aber sehr empfohlen. Eine reine Datenanalyse ohne Bewertung der Maßnahmen würde nur Sachurteile, aber keine Werturteile realisieren – eine ausschließlich datenbezogene Sachanalyse als Unterrichtsergebnis wäre mir zu wenig.

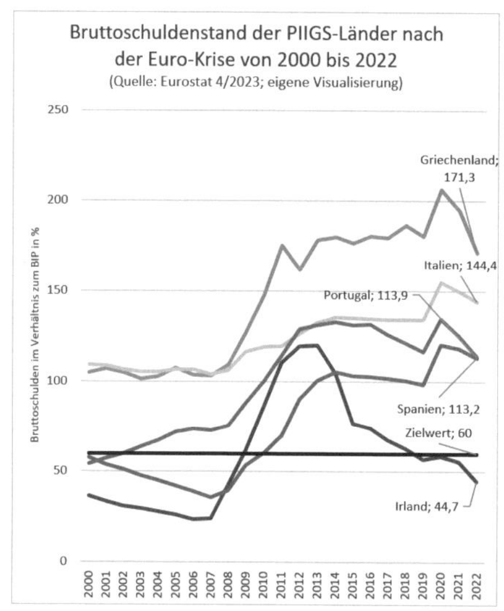

Datenvisualisierung des Bruttoschuldenstandes

10.3 Neue Zielmarke einfügen

Die Zielmarke –3 % können wir auch bei der Darstellung des jährlichen Haushaltsdefizites einfügen und in der Datenvisualisierung sichtbar machen.

	A	B	C	D	E	F
1	TIME	2000	2001	2002	2003	2004
2	Irland	4,9	1,0	-0,5	0,3	1,3
3	Griechenland	-4,1	-5,5	-6,0	-7,8	-8,8
4	Spanien	-1,2	-0,5	-0,3	-0,4	-0,1
5	Italien	-2,4	-3,2	-2,9	-3,2	-3,5
6	Portugal	-3,2	-4,8	-3,3	-5,7	-6,2
7	Zielmarke	-3,	-3,	-3,	-3,	-3,

Zielmarke

Und daraus ergibt sich die Datenvisualisierung rechts, die Aufschluss gibt, ob sich die Fiskalpolitik wieder an den Maastricht-Kriterien ausrichtet.

Auch bei dieser Datenvisualisierung können wir an dieser Stelle keine Diskussion über die Ursachen und Wirkungen von Maßnahmen durchführen, dazu fehlen Platz und Zeit. Allerdings soll erneut betont werden, dass das digital-forschende Lernen keine Excel-Übung ist, sondern das Entwickeln und Analysieren von Hypothesen und die Evaluierung von Ergebnissen, vor allem aber die Suche nach Kritik und Falsifizierung.

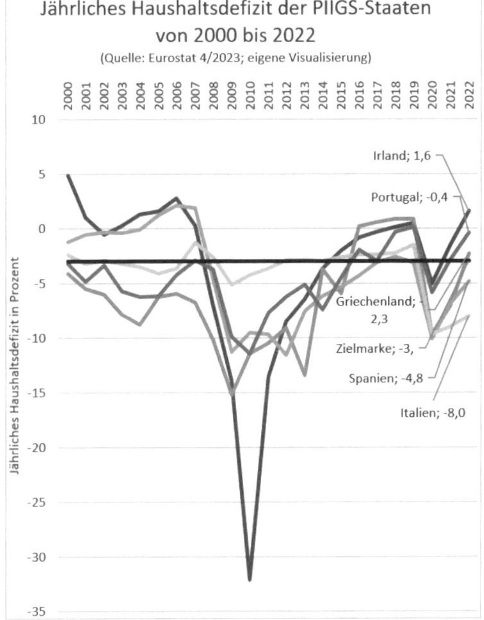

Datenvisualisierung

10.4 Einfügen einer Sekundärachse

Etwas Analyse wollen wir dann am Beispiel der griechischen Entwicklung doch noch wagen. Wir wollen prüfen, ob die Entwicklungen der Schuldenstandquoten und des Bruttoinlandsproduktes in einem Zusammenhang stehen. Dazu öffnen wir die Datei BIP und die Schuldenstandquote von Griechenland.

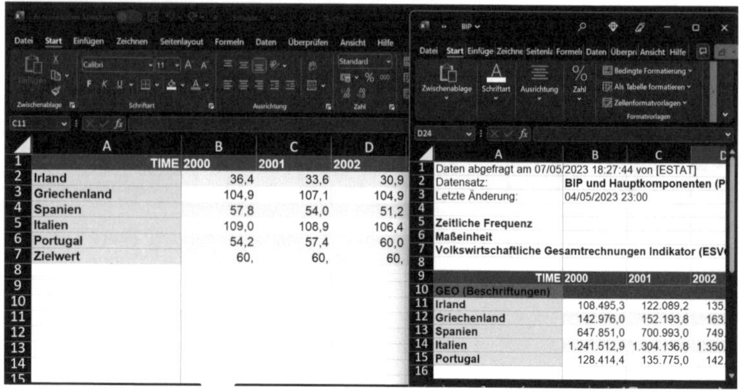

TIME	2000	2001	2002
Irland	36,4	33,6	30,9
Griechenland	104,9	107,1	104,9
Spanien	57,8	54,0	51,2
Italien	109,0	108,9	106,4
Portugal	54,2	57,4	60,0
Zielwert	60,	60,	60,

Daten abgefragt am 07/05/2023 18:27:44 von [ESTAT]
Datensatz: BIP und Hauptkomponenten (P
Letzte Änderung: 04/05/2023 23:00
Zeitliche Frequenz
Maßeinheit
Volkswirtschaftliche Gesamtrechnungen Indikator (ESV

TIME	2000	2001	2002
GEO (Beschriftungen)			
Irland	108.495,3	122.089,2	135
Griechenland	142.976,0	152.193,8	163
Spanien	647.851,0	700.993,0	749
Italien	1.241.512,9	1.304.136,8	1.350
Portugal	128.414,4	135.775,0	142

Daten zusammenkopieren

TIME	2000	2001	2002	2003	2004
Griechenland	104,9	107,1	104,9	101,5	102,9
TIME	2000	2001	2002	2003	2004
Griechenland	142.976,0	152.193,8	163.460,8	178.904,9	193.715,8

Wir reduzieren die überflüssigen Angaben und achten darauf, dass die Jahresangaben zwischen der Schuldenstandquote und dem BIP deckungsgleich sind. Anschließend beschriften wir die Zellen mit den jeweiligen Inhalten. Dann markieren wir die Daten und visualisieren diese.

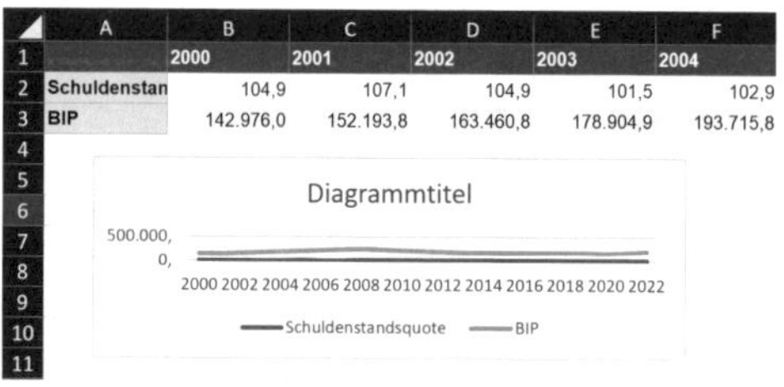

	2000	2001	2002	2003	2004
Schuldenstan	104,9	107,1	104,9	101,5	102,9
BIP	142.976,0	152.193,8	163.460,8	178.904,9	193.715,8

Erste Vorbereitung zur Visualisierung

Nun ja, wenn man Werte, die zwischen 100 und 200 liegen und Werte, die zwischen 100.000 und 300.000 Mio. Euro liegen in einem Diagramm zusammenfügt, dann ist die Datenvisualisierung schlecht und unbrauchbar.

Wir müssen dafür sorgen, dass die Werte in einem Diagramm sinnvoll visualisiert und korrekt dargestellt werden. Dazu klicken wir doppelt auf die Linie „Schuldenstandquote“ und wandeln die Primär- in eine Sekundärachse um. Nun haben wir zwei Achsen in einem Diagramm beschriftet: Die Primärachse zeigt das Bruttoinlandsprodukt in Mio. Euro und die Sekundärachse die Schuldenstandquote in Prozent.

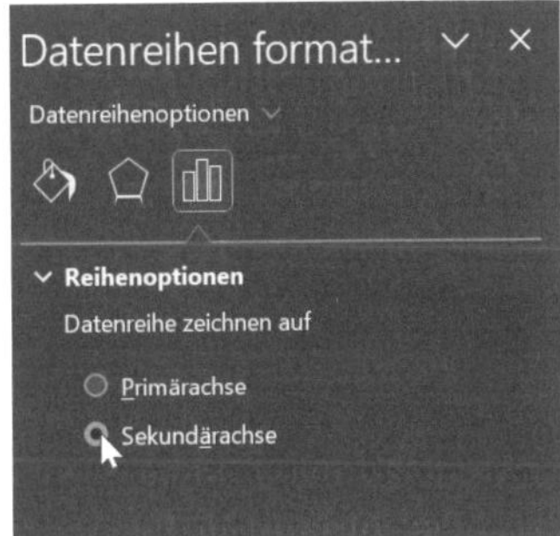

Sekundärachse

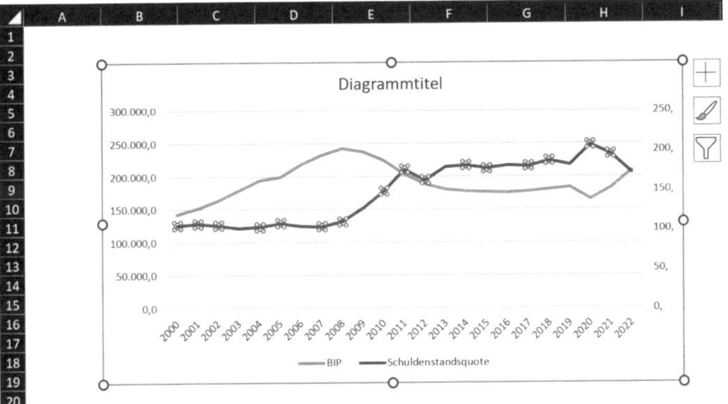

Schuldenstand Griechenland

Mit einigen gestalterischen Eingriffen, die an dieser Stelle nicht weiter konkretisiert werden können, verbessern wir die Aussagefähigkeit des Diagramms. Wir fügen beispielsweise Titel und Achsenbeschriftungen ein und stellen die Dezimalzahlen auf null. Jetzt sieht unser Diagramm besser aus? Auch wird der Zusammenhang zwischen der Schuldenstandquote und dem BIP deutlich.

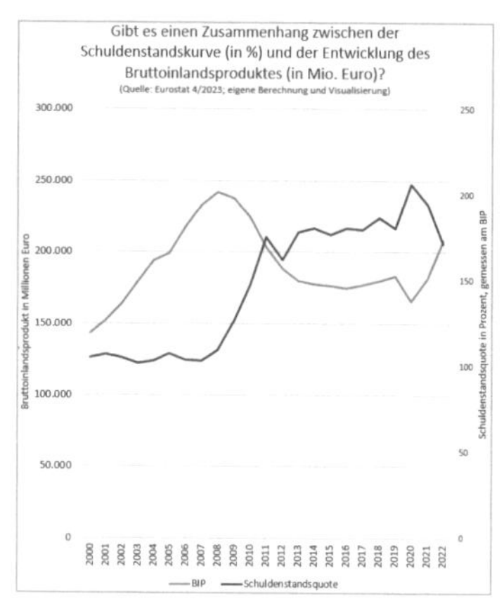

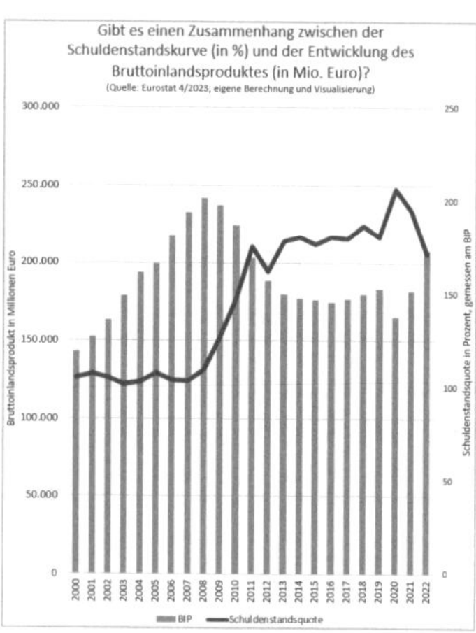

Datenvisualisierung

Jetzt wissen Sie, wie Ihre Schülerinnen und Schüler Daten gezielt auswählen, zusammensetzen und daraus Diagramme mit zwei Achsen erstellen können. Sie können selbstständig Datenvisualisierungen gemäß ihrer eigenen Argumentation erstellen, so wie sie auch in Tageszeitungen, Wirtschaftsmagazinen oder in diversen Online-Lexika vorliegen. Sie erwerben durch das Lernen mit Daten politische Urteils- und Handlungsfähigkeit und sind nicht mehr auf vorgefertigten Diagramme aus Print- oder Online-Medien angewiesen. Das digital-forschende Lernen mit quantitativen Daten entspricht allen Anforderungsbereichen (1, 2 und 3) und dient der Entwicklung von politischer und ökonomischer Mündigkeit.

11 Durchschnittsberechnungen ermöglichen eine bessere Vergleichbarkeit der Daten

Mathematisch gesehen ergibt sich der Durchschnitt meist als Mittel aus Werten, die mal über und mal unter dem Durchschnittswert liegen. Das ist das Wesen des Durchschnitts, dass es sich aus um ihn herum schwankenden Werten ergibt. In dieser Übung wollen wir uns mit dem Durchschnitt des BIP pro Kopf (KKS) beschäftigen und einen Ländervergleich mittels Excel durchführen.

Vorkenntnisse

- Mathematische Grundschulkenntnisse: Grundrechenarten
- Grundkenntnisse in der Datenrecherche in Eurostat
- Grundkenntnisse Excel

11.1 BIP pro Kopf in KKS

„Das Bruttoinlandsprodukt (BIP) ist ein Maß für die wirtschaftliche Tätigkeit in einer Volkswirtschaft. Es ist definiert als Wert aller neu geschaffenen Waren und Dienstleistungen, abzüglich des Wertes aller dabei als Vorleistungen verbrauchten Güter und Dienstleistungen, zuzüglich Nettosteuern auf Produkte und Imports. Das BIP pro Kopf ist das Verhältnis des BIP zur durchschnittlichen Bevölkerung in einem bestimmten Jahr. Die zugrunde liegenden Zahlen sind in Kaufkraftstandards (KKS) ausgedrückt, einer einheitlichen Währung, die Preisniveauunterschiede zwischen Ländern ausgleicht und damit aussagekräftige BIP-Volumenvergleiche erlaubt“[57], so Eurostat über den eigenen Datensatz.

Quelle: Eurostat 2023z

Datenauswahl

Mittels der Suchfunktion suchen wir die Datei „BIP pro Kopf in KKS". Diesmal grenzen wir weder die Jahre noch die Länderauswahl ein. Je mehr Daten vorhanden sind, desto breiter die Analysen, und die folgenden Aussagen machen mehr her …

Herunterladen und öffnen

Und so sieht die vollständig heruntergeladene und geöffnete Datei aus, nachdem wir alle überflüssigen Informationen gelöscht haben.

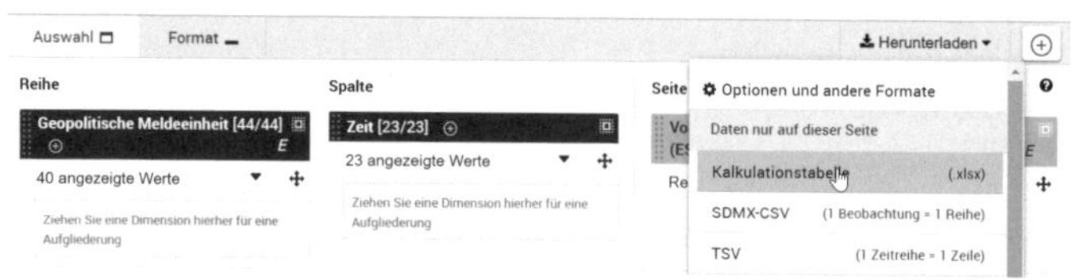

Quelle: Eurostat 2023z

Minimum, Maximum und Mittelwert

Wir wollen uns von Excel den jeweils niedrigsten Wert, den höchsten Wert und den Durchschnitt der anzeigen bzw. berechnen lassen. Daher fügen wir die Begriffe Minimum, Maximum und Mittelwert hinter den Jahreszahlen ein.

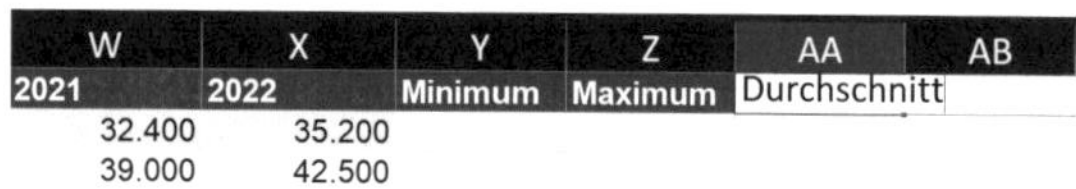

W	X	Y	Z	AA	AB
2021	2022	Minimum	Maximum	Durchschnitt	
32.400	35.200				
39.000	42.500				

Beschriftung der Tabelle

Formeln

Wir werden in dieser Aufgabe das Menü „Formeln" verwenden und dort die Funktion „AutoSumme".

Formeln

Formel aufrufen

Wir benötigen die Durchschnittsberechnungsfunktion, die Mittelwert heißt, sowie die Minimum- und Maximumfunktion. Diese drei Angaben sind leicht mittels Excel zu realisieren. Mit diesen drei Angaben können wir sachbezogen argumentieren.

11.2 Minimum, Maximum, Mittelwert einfügen

Wir fügen in die Zellen, die nach den Eurostat-Daten kommen, auf Höhe der Jahresangaben die Überschriften der zu berechnenden statistischen Werte ein. Als da wären: Minimum, Maximum und Durchschnitt. Dann öffnen wir das Menü „AutoSumme" und klicken Min., Max. und Mittel in die entsprechende Zelle.

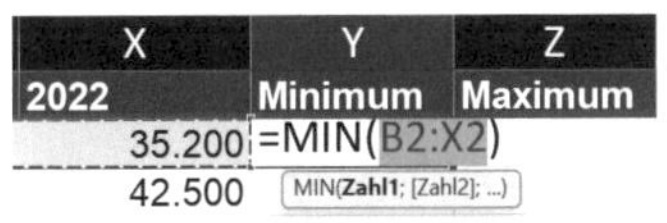

Minimum

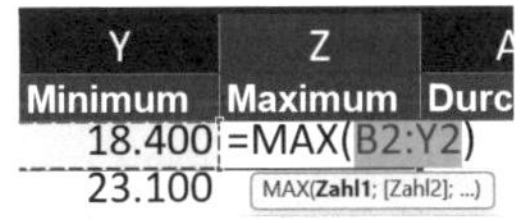

Maximum

Mittelwert

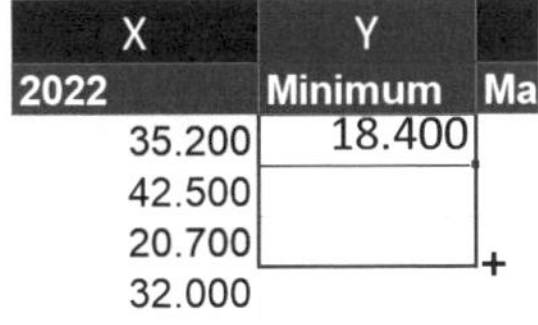

Automatik

Anschließend markieren wir die Zellen, aus denen Excel das Minimum, das Maximum und den Mittelwert anzeigen und berechnen soll. Nach dem Befehl „Return" erscheint der erste Wert. Anschließend ziehen wir das Ergebnisfeld wieder bis zum letzten Berechnungswert, in unserem Fall sind es die Werte von Schweden.

Nun können wir mithilfe des entsprechenden Wertes konkret analysieren und argumentieren. Das BIP pro Kopf liegt insbesondere bei den osteuropäischen Staaten noch deutlich niedriger als in den „alten" westeuropäischen Staaten.

11.3 Differenz berechnen

Als letzten Schritt berechnen wir die Differenz zwischen dem Minimum und den Maximus des BIPs pro Kopf mithilfe der bereits eingeübten Grundrechenart „Subtraktion". Abschließend rechnen wir die Differenz als Prozentsatz. Der Minimumwert dient uns als Grundwert.

Y	Z	AA	AB
Minimum	Maximum	Durchschn	Differenz
18.400	35.200	25.800	=Z2-Y2

Differenz berechnen

Sichtbar wird, dass es vor allem die osteuropäischen Staaten sind, die zwar in absoluten Zahlen eines eher unterdurchschnittlichen Wachstums des Pro-Kopf-BIPs aufweisen. Berücksichtigt man jedoch den niedrigen Beginn des Aufholprozesses und berechnet, um wie viel Prozent das BIP seit 2010 gestiegen ist, dann sieht man mithilfe des Prozentsatzes klarer.

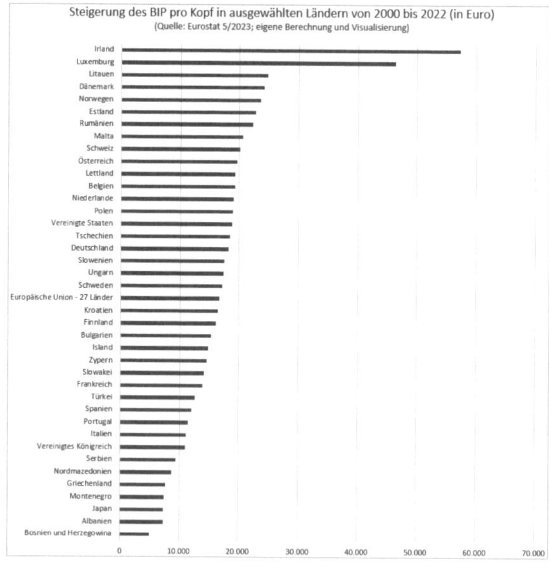

Ergebnis

Mithilfe von Minimum-, Maximum- und Mittelwert sowie der Differenz des Pro-Kopf-BIPs und dem Mittelwert lässt sich seriös über die Entwicklung argumentieren.

Wenn Sie jedoch die teilweise sehr geringen BIP-pro-Kopf-Startwerte berücksichtigen und eine prozentuale Steigerung berechnen, dann haben die höchsten Steigerungen die osteuropäischen Transformationsstaaten realisiert.

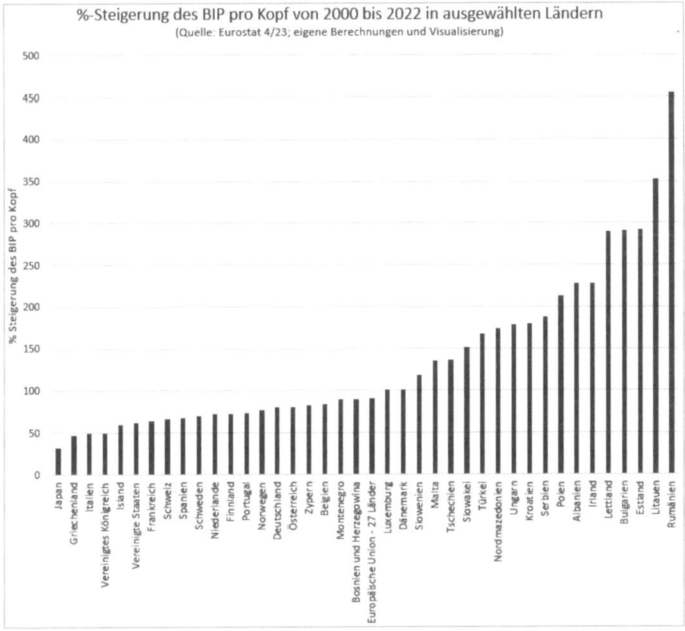

12 Trendanalyse mit Excel

Trendanalysen beschäftigen sich mit der Zukunft, und zwar immer dann, wenn der bisherige Trend, ohne größere Veränderungen, fortgeschrieben werden würde. Das ist zwar selten der Fall, dennoch macht es Sinn, sich mit dieser Möglichkeit der Zukunftsprognose mittels Datenanalyse zu beschäftigen, schließlich finden sich in zahlreichen Studien und Beiträgen im Print- und Online-Bereich Zukunftsszenarien. Schülerinnen und Schüler sollten ihrerseits in der Lage sein, Prognosen und ihr Zustandekommen inhaltlich zu bewerten und gegebenenfalls eigene Prognosen zu erstellen. Mathematisch sind die Herausforderungen weiterhin in der Sekundarstufe I angesiedelt, lineare Gleichungssysteme werden in der Regel in der 9. oder 10. Klassenstufe unterrichtet.

Aber die Schülerinnen und Schüler müssen auch in der Lage sein, Kritik und Zweifel an Trends zu formulieren. Es kann nämlich höchst fragwürdig sein, einfach Trends fortzuschreiben und diese mathematischen Ergebnisse unhinterfragt zu akzeptieren. Diese Erkenntnis muss auch für das folgende Beispiel gelten.

In dieser beispielhaften Trendanalyse wollen wir folgende Frage klären: Wie entwickeln sich die Trends in der Lebenserwartung vor und nach der Corona-Pandemie?

1. Wann werden die neugeborenen Kinder aus Lettland die gleiche Lebenserwartung haben, wie die neugeborenen Kinder in der Bundesrepublik Deutschland? Unterscheiden Sie dabei zwei Trends: Der erste Trend geht von 2007 bis 2019 (also vor der Pandemie) und der zweite Trend geht von 2007 bis 2021.
2. Visualisieren Sie mithilfe der Trendgeraden die Entwicklung der voraussichtlichen Lebenserwartung in den beiden Ländern. Wann bzw. in wie vielen Jahren, schneiden sich die beiden Geraden?

Gleichzeitig müssen wir uns jedoch fragen, ob es realistisch ist, dass die Lebenserwartung linear steigt. Warum sollte das überhaupt passieren? Die Lebenserwartung steigt vermutlich nicht linear, sondern konvergiert eher gegen ein biologisch bedingtes Maximum. Ist es realistisch, dass das Bruttoinlandsprodukt sich linear entwickelt? Steigt die COVID-Infektionsrate linear oder nicht doch exponentiell? Und wie entwickelt sich der Trend des

CO_2-Ausstoßes in Deutschland linear oder exponentiell? Es bleibt dabei: Trendanalysen und Modulationen bedürfen unbedingt einer kritischen Reflexion im Unterricht. Trendfortschreibungen mittels Excel zu generieren ist einfach, die kritisch Reflektion dagegen eine Herausforderung. Wir werden diesen Aspekt am Ende des Kapitels erneut aufgreifen.

Vorkenntnisse

- Lineare Gleichungen aus der 9. bis 10. Jahrgangsstufe
- Grundkenntnisse in der Datenrecherche bei Eurostat
- Grundkenntnisse Excel

12.1 Ausgangssituation

Suchen und finden Sie den Datensatz „Lebenserwartung bei Geburt". Zur Abwechslung recherchieren wir die Daten in der „Datenbank nach Themen". Wir finden diesen in der Datenbank nach Themen – „Bevölkerung" – „Demographie" – „Sterblichkeit" und dann „Lebenserwartung nach Alter und Geschlecht".

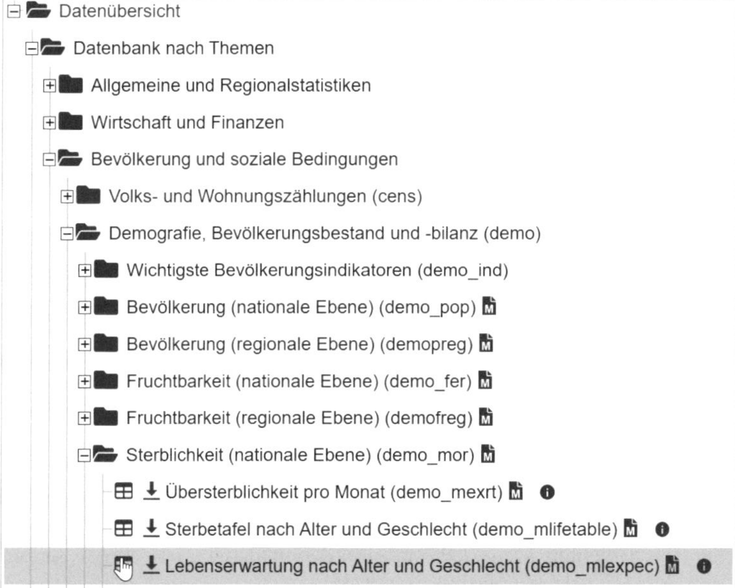

Quelle: Eurostat 2023q

Daten auswählen

Wir wählen aus dem Daten-Explorer die Länder Deutschland und Lettland und die Jahre 2007 bis 2021 aus. Wir laden uns die Datei herunter und öffnen sie in Excel. Sichtbar wird die bekannte Excel-Darstellung der Werte für Deutschland und Lettland.

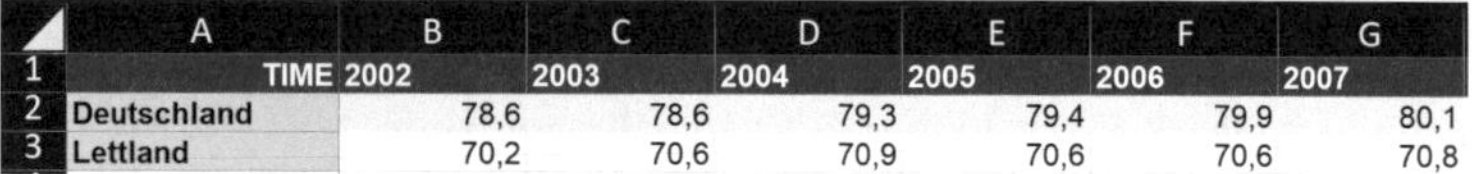

	A	B	C	D	E	F	G
1	TIME	2002	2003	2004	2005	2006	2007
2	Deutschland	78,6	78,6	79,3	79,4	79,9	80,1
3	Lettland	70,2	70,6	70,9	70,6	70,6	70,8

Daten in Excel öffnen

12.2 Daten als Liniendiagramm visualisieren

Wir wählen das Liniendiagramm aus und visualisieren die markierten Daten. Anschließend beschriften wir das Diagramm. Und so könnte der Vergleich zwischen der Lebenserwartung Lettlands und Deutschlands aussehen.

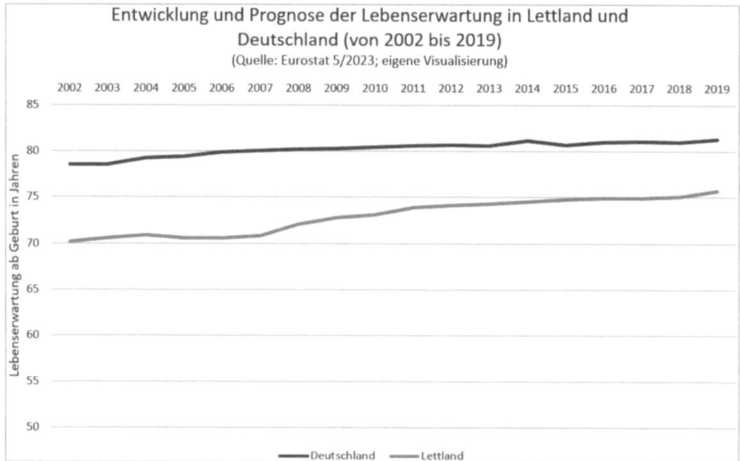

Visualisierungsschritte

Trendlinie einfügen …

Mit einem rechten Mausklick auf eine der beiden Linien öffnen Sie ein Fenster. Der vorletzte Eintrag lautet „Trendlinie hinzufügen“, diesen klicken Sie an. Es öffnet sich das Menü „Trendlinie formatieren“. Wir lassen die

Einstellung „lineare Trendlinie“ unverändert und sehen uns die Prognosemöglichkeiten an:

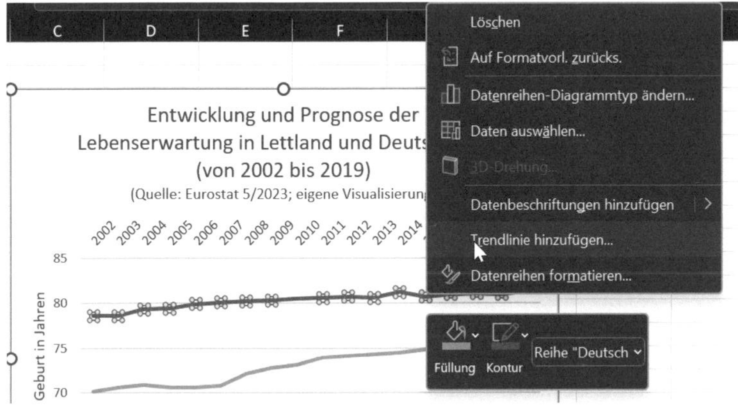

Trendlinie

... und den Trend für 30 Jahre sowie die Formel prognostizieren lassen.

Die lineare Trendlinie soll die kommenden 30 Jahre prognostizieren, dazu geben wir bei „Vorwärts“ 30 Punkte (in unserem Fall Jahre) ein. Außerdem wollen wir uns die Formel, bzw. die Gleichung, im Diagramm anzeigen lassen.

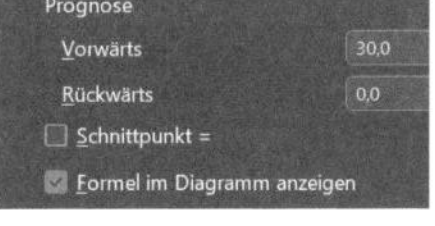

12.3 Trendlinie mit Excel erstellen

Und das war unsere Ausgangsfrage: Würde die Entwicklung der Lebenserwartung bei Geburt von Babys in Deutschland und der in Lettland unverändert fortgeschrieben werden, wann würden die Lebenserwartung in beiden Ländern gleich groß sein? Kann uns die Abbildung weiterhelfen?

Ja, denn wir können erkennen, dass sich die beiden Geraden schneiden. Dort, am Schnittpunkt, wäre die Lebenserwartung nach Geburt in beiden Ländern gleich groß. Aber wann ist dieses Jahr erreicht? Wir wollen diese Entwicklung überschlagsweise nachrechnen und nutzen dazu die Werte, die in den beiden Formeln angegeben sind.

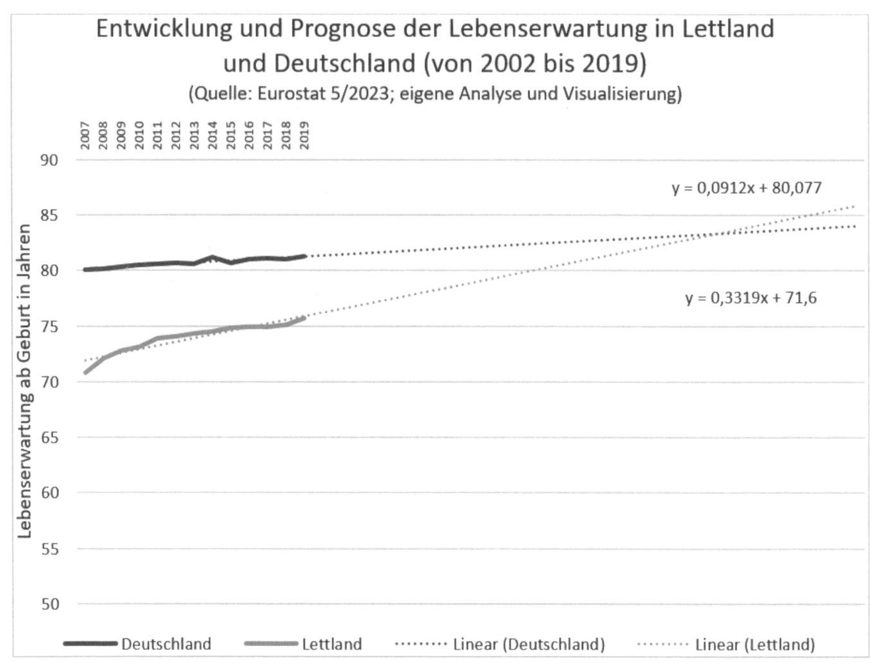

Prognose für 30 Jahre

Was bedeutet die Formel über die Lebenserwartung in Deutschland?
Die Formel können die Schülerinnen und Schüler durch das Thema „Lineare Gleichungen" aus der 9. oder 10. Klasse kennen. Der Wert 80,077 kennzeichnet den Schnittpunkt der y-Achse. Würde man den Wert 0 bei der x-Achse setzen, dann würde die y-Achse den Wert 80,077 (Jahre) anzeigen. Und der Wert 0,0912 zeigt die Steigung für jeden neuen Wert auf der x-Achse an.

$y = 0{,}0912x + 80{,}077$

Die Formel für Deutschland

Da wir die x-Achse in einzelne Jahre unterteilt haben, steigt die Lebenserwartung der Deutschen mit jedem Jahr um fast 0,0912 Jahre an, das entspricht etwa einer Steigerung der Lebenserwartung um mehr als einen Monat pro Jahr. Oder anders formuliert: Nach 11 Jahren wird, bei Beibehaltung des Trends, jedes neugeborene Baby eine um ein Jahr verlängerte statistische Lebenserwartung haben (weil: 0,0912 x 11 Jahre = 1,0032 Jahre).

Was bedeutet die Formel für die Lebenserwartung der Lettinnen und Letten?

$y = 0{,}3319x + 71{,}6$

Die Formel für Lettland

Die Lettinnen und Letten würden mit dem Wert 71,6 (Jahre) auf der y-Achse beginnen, die Steigung beträgt 0,3319 pro Jahr. Jedes Jahr würde die Lebenserwartung der Lettinnen und Letten bei Geburt um 0,3319 Jahre zunehmen. Oder anders formuliert: Nach etwas mehr als drei Jahren wird, bei Beibehaltung des Trends, jedes neugeborene Baby eine um ein Jahr verlängerte statistische Lebenserwartung haben (weil: 0,3319 x 3 Jahre = 0,9957 Jahre).

12.4 Gleichsetzungsverfahren

Wir können den Schnittpunkt der beiden Entwicklungen der Lebenserwartung aus dem Diagramm ablesen oder mithilfe des Gleichsetzungsverfahrens den Schnittpunkt der beiden Geraden bestimmen. Setzen wir die beiden y-Werte der Gleichungen gleich, dann erhalten wir den Wert x = 35,2. Oder anders formuliert: 35,2 Jahre nach dem Anfangsjahr unserer Berechnungen, also dem Jahr 2007, werden die Lettinnen und Letten voraussichtlich die gleiche Lebenserwartung bei Geburt haben, wie die Deutschen. Es wäre das Jahr 2042/43. Aber ist das wirklich gesichert? Nein, natürlich nicht. Die Entwicklungen könnten durch Viruserkrankungen oder andere Einflüsse eine völlig neue Entwicklung nehmen. Naheliegender wäre es, dass die Lebenserwartung natürlicherweise nicht linear steigt, sondern gegen ein biologisch determiniertes Maximum konvergiert. Probieren wir es aus und berücksichtigen bei der nächsten Datenvisualisierung die Jahre 2020 und 2021. Wir verlängern den Trend um dreißig Jahre. Die folgenden Abbildungen zeigen die visualisierten Lebenserwartungen nach Geburt für Deutschland und Lettland nach der Pandemie.

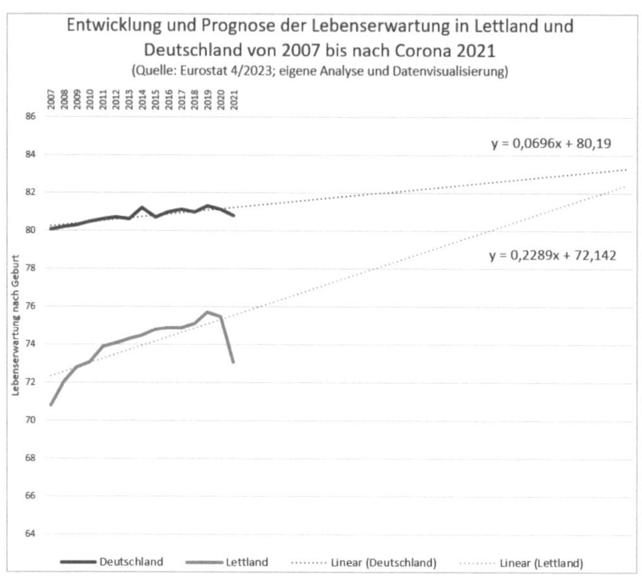

Ergebnis für die Pandemie

y = 0,0696x + 80,19	y = 0,2289x + 72,142
Formel Deutschland	*Formel Lettland*

Wir erkennen, dass sich die Wachstumsraten der Lebenserwartungen nach der Pandemie deutlich eingetrübt haben. In Deutschland muss man mittlerweile mehr als 14 Jahre warten, bis sich für die Neugeborenen die Lebenserwartung um ein Jahr erhöht. Fast 4,5 Jahre müssen die Lettinnen und Letten warten, bis sich die Lebenserwartung der neugeborenen Kinder um ein Jahr erhöht. Wir sehen, einen Schnittpunkt haben Lettland und Deutschland in dieser Abbildung nicht. Ein Schnittpunkt der beiden Geraden liegt 55,5 Jahren nach 2007. Es wäre das Jahr 2062,5, in dem die Babys der lettischen und die der deutschen Frauen eine identische Lebenserwartung haben.

Diskutieren muss man an dieser Stelle, ob dieses mathematische Verfahren im Politikunterricht sinnvoll eingesetzt werden kann oder ob damit der politisch-diskursive Charakter von Unterricht zugunsten von Statistik und Mathematik reduziert wird. Meiner Meinung nach ist das nicht der Fall.

An dieser Stelle wird nur das angewendet, was die Schülerinnen und Schüler bereits seit der 9. oder 10. Klasse können sollten. Und nach der faktenorientierten Bearbeitung der Aufgabe beginnt sehr wohl die Diskussion über Maßnahmen und Politik.

12.5 Kann man Daten einfach fortschreiben?

Aber kann man Daten einfach unverändert in die Zukunft fortschreiben? Wie bereits geschrieben, steigt die Lebenserwartung sicher nicht linear an. Vermutlich konvergiert sie eher gegen ein biologisch bedingtes Maximum. Trotzdem: Lineare Fortschreibungen finden sich in zahlreichen Trendprognosen wieder. Sie werden unter der Phrase „Ceteris paribus", was man am einfachsten „unter sonst gleichen Bedingungen" aus dem Lateinischen übersetzen kann, bei Analysen, Theorien und Prognosen eingesetzt. Wenn die unabhängigen Variablen, also die Faktoren, die ursächlich für die Entwicklung der Trendgerade angesehen werden, unverändert bleiben, dann könnte die Zukunft wie prognostiziert aussehen. Ob die Einflussfaktoren auf den Trend langfristig so bleiben, kann jedoch mit einem Blick in die Vergangenheit bezweifelt werden. Die folgende Abbildung zeigt den Weg in die Unendlichkeit der Lebenserwartung, wenn die Faktoren fortgeschrieben werden würden.

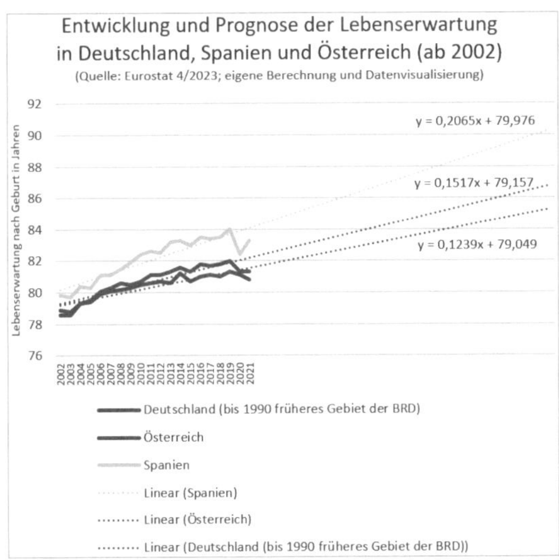

Die Szenariotechnik soll Abhilfe schaffen und mögliche Entwicklungen skizzieren. Sie prognostiziert nicht nur den fortgeschriebenen Trend, sondern auch ein positives, also ein negatives Extremszenario. Dazu müssen lediglich Parameter, beispielsweise das Wachstum oder die Wachstumsrate, verändert werden. Die Szenariotechnik wird als mögliches (datengestütztes) Zukunftsszenario in der Wissenschaft, in Unternehmen und Nichtregierungsorganisationen sowie beim Militär genutzt. Die folgende Abbildung zeigt den fortgeschriebenen Trend, ein positives und ein negatives Extremszenario.

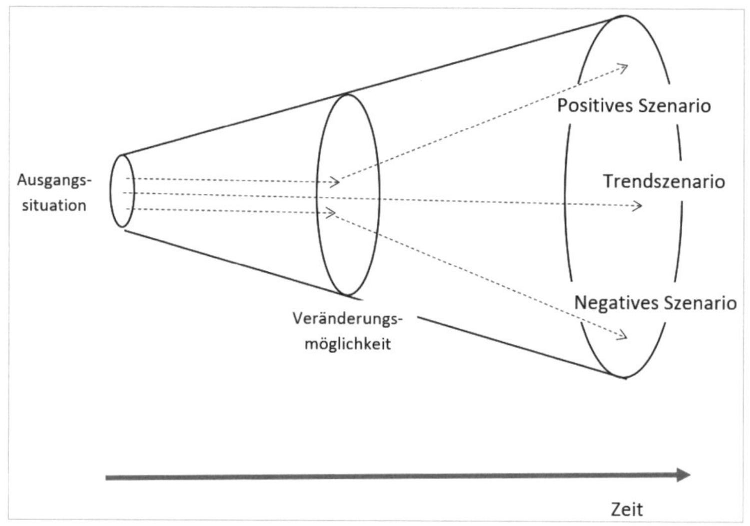

Trendanalyse

Auch im Politikunterricht ist die Szenariomethode[58] bekannt, Schülerinnen und Schüler versuchen beispielsweise zukünftige Entwicklungen und ihre Einflussfaktoren begründet zu bestimmen. Im Unterricht sollte dabei sowohl Wert auf die mathematische und statistische Kompetenz der Schülerinnen und Schüler gelegt werden als auch auf die Benennung von relevanten Einflussfaktoren auf die mögliche Entwicklung des Trends.

Würden wir beispielsweise den Trend der vergangenen zwanzig Jahre zurückrechnen, dann wird man auf unterschiedliche Entwicklungen treffen, zum Beispiel Wirtschaftskrisen und politische Ereignisse, die den Trend stärker oder schwächer beeinflusst haben. Diese Art der Trendanalysen würde, wenn man sie unkritisch verwendet, in die Unsterblichkeit führen. Natürlich werden Trendszenarien nicht immer einfach linear fortgeschrieben, sie sind vielfach komplexer. Aber: Selten können die Szenarien alle menschlichen, gesellschaftlichen und ökonomischen sowie ökologischen Beeinflussungsfaktoren vorab berücksichtigen. Die Entwicklung der Menschheit ist auch eine Vielzahl nicht eingetretener Prognosen und Trends, weil rationale Kritik sowie menschliche Forschungs- und Entwicklungsleistungen eine veränderte Welt schufen. Das gilt beispielsweise für die religiös prognostizierten Weltuntergänge durch Martin Luther, die prognostizierte Endlichkeit der Öl- und Gasressourcen (Club of Rome), das Ende des Waldes in Deutschland und Europa, das sich ausbreitende Ozonloch, die atomare Apokalypse durch das Wettrüsten im „Kalten Krieg" und die von einigen Wissenschaftlern vor 30 Jahren prognostizierte „neue Eiszeit".[59] Bislang sind die vielfach prognostizierten dramatischen Verschlechterungen des Zustandes der Welt jedenfalls noch nicht eingetreten. Forschung, technische Entwicklungen und Innovationen sowie rationale Kritik mach(t)en es möglich.

13 Zusammenhänge in einem Punktdiagramm sichtbar machen

Die lineare Regression ist eine statistische Methode zur Modellierung des Zusammenhangs zwischen zwei Variablen. Der Zusammenhang zwischen den beiden Variablen muss jedoch nicht kausal sein. Vielleicht ist diese Stelle des Buches der beste Ort für eine wichtige Unterscheidung in der Statistik, der zwischen Korrelation und Kausalität. Die Korrelation beschreibt eine statistische Beziehung zwischen zwei Variablen, während Kausalität eine tatsächliche Ursache-Wirkungs-Beziehung zwischen ihnen darstellt.

Die Korrelation beschreibt das Ausmaß, in dem zwei Variablen miteinander in Beziehung stehen. Wenn zwei Variablen korreliert sind, bedeutet dies, dass eine Veränderung in einer Variablen mit einer Veränderung in der anderen Variablen einhergeht.

Korrelation misst die Stärke und Richtung der Beziehung zwischen den Variablen. Sie wird oft mit dem Korrelationskoeffizienten (z.B. dem Pearson-Korrelationskoeffizienten) quantifiziert, der Werte zwischen -1 (perfekte negative Korrelation) und 1 (perfekte positive Korrelation) annehmen kann, wobei 0 keine Korrelation bedeutet. Wir werden uns im folgenden Schaubild den R-Wert genauer ansehen.

Ein häufiges Missverständnis ist, dass eine Korrelation automatisch auf eine Ursache-Wirkungs-Beziehung hinweist. Das ist jedoch nicht der Fall. Eine Korrelation bedeutet nur, dass zwei Variablen miteinander in Beziehung stehen, aber sie sagt nichts darüber aus, ob eine Variable die andere verursacht. Kausalität bezieht sich dagegen auf die Ursache-Wirkungs-Beziehung zwischen zwei Variablen. Wenn A die Ursache von B ist, bedeutet dies, dass eine Veränderung in A zu einer Veränderung in B führt. Im folgenden Beispiel wird nach dem Zusammenhang zwischen zwei Variablen gefragt, nicht, ob die eine Variable für den Zusammenhang ursächlich verantwortlich ist.

Aufgabe für eine Zusammenhangsdarstellung: Gibt es einen Zusammenhang zwischen der Lebenserwartung und dem Wohlstand eines Landes? Prüfen wir, ob es einen Zusammenhang zwischen den Variablen (1) „Bruttoinlandsproduktes pro Kopf“ und (2) „Lebenserwartung“ gibt.

Es wird angenommen, dass es eine Beziehung zwischen den beiden Variablen gibt. Das bedeutet, dass eine Veränderung der einen Variablen eine proportionale Veränderung der anderen Variablen zur Folge hat. Mittels dieser Methode versuchen wir herauszufinden, ob es einen linearen Zusammenhang zwischen den beiden Variablen BIP pro Kopf und Lebenserwartung gibt. Das beispielsweise von Excel berechnete Bestimmtheitsmaß (R^2) zeigt an, wie gut die Regressionsgerade den Zusammenhang zwischen unabhängiger und abhängiger Variablen wiedergibt. R^2 liegt zwischen 0 und 1, wobei der Wert $R^2 = 1$ bedeutet, dass jeder Punkt direkt auf der Regressionsgeraden liegt. Ist $R^2 = 0$, dann sind alle Punkte im Diagramm so verstreut, dass kein Zusammenhang zwischen den Variablen abgelesen werden kann. Außerdem kann sich ein positiver Zusammenhang zwischen den Variablen ergeben (mehr an x-Werten bedeutet auch mehr von y) oder einen negativen Zusammenhang (höhere x-Werte bewirken weniger y).

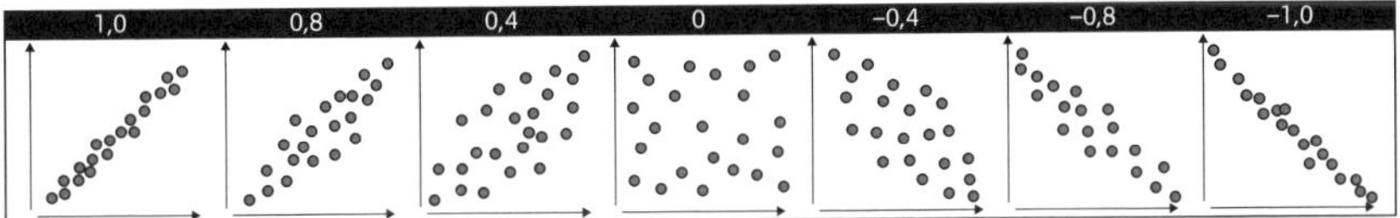

Punktwolke, eigene Darstellung

Vorkenntnisse
- Statistikkenntnisse Oberstufe
- Grundkenntnisse in der Datenrecherche der Datenbanken von Eurostat
- Grundkenntnisse Excel
- Zur Methode der linearen Regression/Regressionsanalyse

13.1 Ausgangsfrage

Die Ausgangsfrage lautet, ob es zwischen dem gestiegenen ökonomischen Wohlstand und der gestiegenen Lebenserwartung einen Zusammenhang gibt, also ob Menschen, die in einem reichen Land (gemessen am BIP pro Kopf) leben, älter werden als die Menschen, die in einem ärmeren Land geboren werden. In diesem Fall hätte also der Wohlstand eines Landes einen Einfluss auf die Lebenserwartung bei Geburt. Um diesen Zusammenhang zu prüfen, erzeugen wir eine Punktwolke (oder ein Punktdiagramm).

Die Punkte im Diagramm und die berechnete statistische Kennziffer zeigen den möglichen Zusammenhang von zwei Werten an, in unserem Fall zwischen dem BIP pro Kopf und der Lebenserwartung. Ein Beispiel: Das BIP pro Kopf beträgt in einem Land 32.000 Euro, die Menschen haben dort eine Lebenserwartung bei der Geburt von 81 Jahren. Der Wohlstand/BIP pro Kopf ist die Variable von der wir ausgehen, dass ihre Veränderung auch die Lebenserwartung der Menschen beeinflusst. Wir tragen diesen Wert auf der x-Achse ein. Den Wert für die Lebenserwartung, der vom Wohlstand vermutlich beeinflusst wird, tragen auf der y-Achse ein. Diese Einträge werden für jedes der 27 EU-Länder wiederholt. Im Idealfall müssten sich die Punkte zu einer Geraden verbinden lassen und dieses Verfahren zur Berechnung und Analyse der Verbindung der Punkte nennt man lineare Regression oder Regressionsanalyse.

Das vorhergehende Bild verdeutlicht graphisch die Korrelation, bzw. das Bestimmtheitsmaß (R^2). An dieser Stelle wird (vereinfacht) davon ausgegangen, dass sich ab dem Wert 0,4 ein schwacher Zusammenhang zwischen den beiden Variablen zeigt. Bei einem Wert von 0,8 wird der Zusammenhang zwischen den Variablen stark sichtbar und bei einem Wert von 1,0 liegen alle gemessenen Werte auf oder sehr, sehr dicht auf der Geraden. Neben dem positiven Zusammenhang könnte es auch einen negativen Zusammenhang zwischen den beiden Variablen geben. Aber wir sollten uns immer an den Unterschied zwischen einem Zusammenhang und einer Kausalität erinnern. Diese Vereinfachung ist dem Umstand geschuldet, dass die Analyseaufgaben des digital-forschenden Lernens zwar Wissenschaftspropädeutik zum Ziel haben, aber keine wissenschaftlichen Analysen darstellen.

stock.adobe.com/Frank

Gibt es zwischen der Anzahl der Störche und der Geburten einen Zusammenhang?

Man muss sich bei der Erstellung von Punktdiagrammen immer fragen, ob es einen ursächlichen Zusammenhang zwischen den Variablen gibt. Auch dazu ein Beispiel: Zwischen der Anzahl von Störchen in einer Stadt und der Geburtenrate könnte man auch einen Zusammenhang berechnen, den es jedoch real gar nicht gibt. In diesem Fall spricht man von einer Scheinkausalität. Digital-Forschender Unterricht als Konzeption bedeutet nicht methodisch in Excel fit sein, es bedeutet vor allem eine kritische Reflexion der Datenanalyse als Methode und Inhalt.

Ausgangssituation

Die Vorbereitungen sind für diese Übung ein wenig umfangreicher. Wir benötigen diesmal zwei Datensätze:

- „Lebenserwartung bei der Geburt" (2021) und
- „Bruttoinlandsprodukt pro Kopf" (2021)

und zwar für alle 27 EU-Staaten. Wir sehen anhand der Einstellungen, dass 27 Länder und ein Jahr ausgewählt wurden. Und denken Sie daran, die „Flags“ rechtzeitig abzuwählen. Sie ersparen sich nervige Löschaktionen nach dem Datendownload.

BIP pro Kopf
Quelle: Eurostat 2023h

Anschließend haben Sie zwei Excel-Dateien. Öffnen Sie die Dateien, dann zeigt die eine die Lebenserwartung ab Geburt und die andere das Bruttoinlandsprodukt pro Kopf.

	A	B
1	TIME	2021
2	Belgien	36.010
3	Bulgarien	6.950
4	Tschechien	18.020
5	Dänemark	50.010
6	Deutschland	35.480
7	Estland	16.490
8	Irland	70.530
9	Griechenland	17.670
10	Spanien	23.450
11	Frankreich	32.530

	A	B
1	TIME	2021
2	Belgien	81,9
3	Bulgarien	71,4
4	Tschechien	77,2
5	Dänemark	81,5
6	Deutschland	80,8
7	Estland	77,2
8	Irland	82,4
9	Griechenland	80,2
10	Spanien	83,3

Dateien zusammenfügen

Nun müssen wir die beiden Exceldateien in einer Datei vereinen.

13.2 EU-Länderwerte für das Jahr 2021 zusammenstellen

Kopieren Sie die beiden EU-Länderdaten auf dem Excel-Arbeitsblatt zusammen. Wichtig ist, dass wir vorab kontrollieren, dass sich die Länderdaten korrekt gegenüberstehen. Oder anders ausgedrückt: Das dänische BIP steht der dänischen Lebenserwartung gegenüber.

	A	B	C	D
1	TIME	2021	TIME	2021
2	Belgien	36.010	Belgien	81,9
3	Bulgarien	6.950	Bulgarien	71,4
4	Tschechien	18.020	Tschechien	77,2
5	Dänemark	50.010	Dänemark	81,5
6	Deutschland	35.480	Deutschland	80,8
7	Estland	16.490	Estland	77,2
8	Irland	70.530	Irland	82,4
9	Griechenland	17.670	Griechenland	80,2
10	Spanien	23.450	Spanien	83,3
11	Frankreich	32.530	Frankreich	82,4

Zusammenfügen und Daten löschen

Datensatz aufbereiten

Einige Hinweise zur Aufbereitung des Datensatzes: Zunächst erstellen wir uns eine Tabelle mit einer x- und einer y-Spalte. In die x-Spalte fügen wir die Variable „Bruttoinlandsprodukt pro Kopf" ein. In die y-Spalte kommt dann die Variable „Lebenserwartung". Anschließend beschriften wir die Spalten mit BIP pro Kopf und Lebenserwartung.

	A	B	C
1		BIP pro Kopf	Lebenserwar
2	Belgien	36.010	81,9
3	Bulgarien	6.950	71,4
4	Tschechien	18.020	77,2
5	Dänemark	50.010	81,5
6	Deutschland	35.480	80,8
7	Estland	16.490	77,2
8	Irland	70.530	82,4
9	Griechenland	17.670	80,2
10	Spanien	23.450	83,3

Nebeneinander

Daten als Punktdiagramm visualisieren

Markieren Sie nun ausschließlich die Werte BIP pro Kopf (diese x-Werte werden später die x-Koordinaten der Punkte unserer Punktwolke) und Lebenserwartung (Werte werden automatisch zur y-Achse) und klicken Sie im Menü „Einfügen" auf „empfohlene Diagramme" oder gleich auf das Diagramm „Punktdiagramm".

	A	B	C
1		BIP pro Kopf	Lebenserwar
21	Österreich	36.950	81,3
22	Polen	13.770	81,5
23	Portugal	18.060	75,5
24	Rumänien	9.610	72,8
25	Slowenien	21.310	80,7
26	Slowakei	16.210	74,6
27	Finnland	37.250	81,9
28	Schweden	44.950	83,1

Spalten markieren

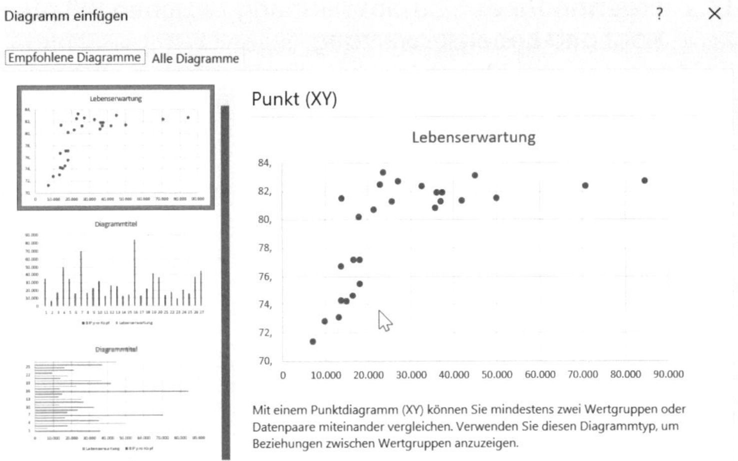

Das Vorschaubild „Punktwolke" wählen wir aus, Excel erzeugt und wir beschriften es.

Funktion mit Bestimmtheitsmaß (R^2) anzeigen lassen.

Das erzeugte Punktdiagramm wandeln wir mithilfe des Schnelllayouts in ein Punktdiagramm mit Funktionsanzeige und der Anzeige des Bestimmtheitsmaßes (R^2) um.

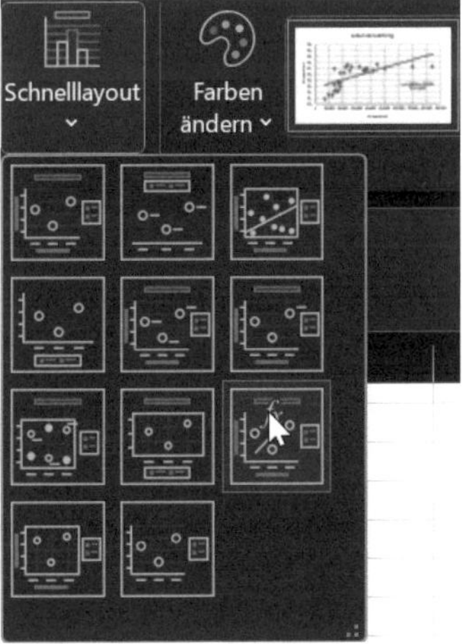

13.3 Ergebnis für den Zusammenhang zwischen BIP pro Kopf und Lebenserwartung

Der visualisierte und analysierte Zusammenhang zwischen dem Wohlstand in einem europäischen Land und der Lebenserwartung im gleichen Land wird im folgenden Diagramm dargestellt.

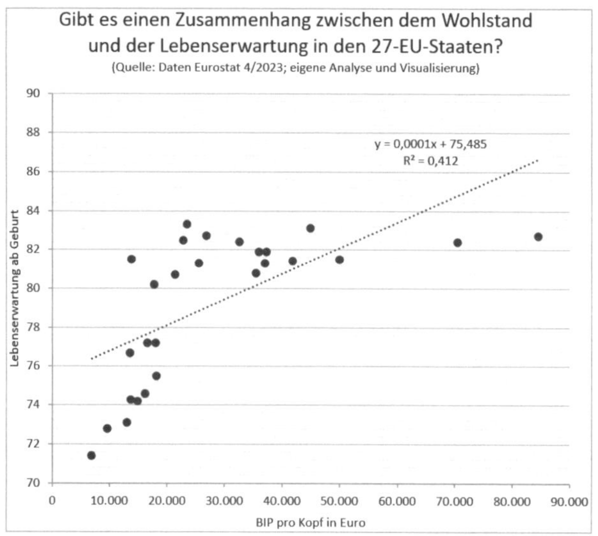

Erstes Endergebnis

Bestimmtheitsmaß

Interpretieren wir an dieser Stelle kurz das neue Bestimmtheitsmaß, welches uns Excel errechnet hat (die anderen Werte sind aus der vorherigen Aufgabe noch bekannt).

$$y = 0{,}0001x + 75{,}485$$
$$R^2 = 0{,}412$$

Formel

Mit $R^2 = 0{,}412$ zeigt der Wert einen eher schwachen Zusammenhang zwischen dem Wohlstand und der Lebenserwartung in EU-Europa an. Oder anders formuliert: Ja, es stimmt zwar, dass die Menschen mit zunehmendem Wohlstand auch älter werden, in EU-Europa ist der Zusammenhang jedoch nur schwach ausgeprägt. Möglicherweise lässt sich dieser Zusammenhang stärker in ärmeren Staaten, die gerade zu Wohlstand kommen, beobachten. In Europa wird es neben dem Wohlstand noch weitere Faktoren geben, die die Lebenserwartung tangieren. Vielleicht gibt es aber auch einen statistischen „Ausreißer“, der die Aussagewerte unserer Analyse schwächt?

Gibt es Ausreißerwerte?

Und in der Tat, es gibt einen klaren Ausreißerwert: Es handelt sich um das sehr wohlhabende und sehr kleine EU-Land Luxemburg. Das luxemburgische BIP pro Kopf in Höhe von 84.500 Euro und eine Lebenserwartung von fast 83 Jahren für wenige 100.000 Einwohner ist ein klassischer Ausreißerwert, der uns die lineare Regression erschwert. Würden wir Luxemburg aus unserer Tabelle herausnehmen, dann ergibt sich ein deutlicher Zusammenhang zwischen dem Wohlstand und der Lebenserwartung. Der R^2-Wert liegt dann bei 0,4633. Würden wir auch noch Irland, welches durch EU-Steuerdumping zahlreiche große internationale Internetkonzerne und Investmentbanken ins Land gelockt hat, aus dem Datensatz herausnehmen, dann deutet der neue R^2-Wert von 0,5399 auf einen vorhandenen Zusammenhang zwischen dem Einkommen und der Lebenserwartung hin.

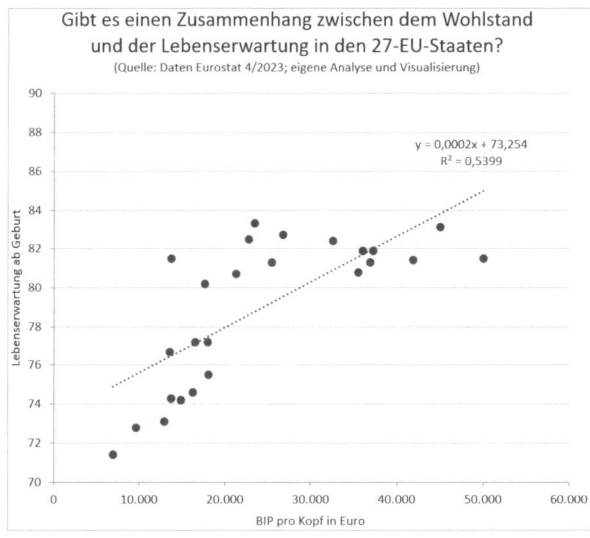

Ergebnis ohne Ausreißerwerte

Also entfernen wir Luxemburg und Irland aus der Tabelle, anschließend ändern sich auch unsere Punktwolke und die dazugehörige Formel, die einen möglichen Zusammenhang (aber keine Kausalität!) anzeigt.

Darf man Werte einfach streichen?

Ja, man darf. Datenanalysen bestehen auch darin, berechtigte Korrekturen des Dateninputs vorzunehmen. Aber es muss die „richtigen" und „begründeten" Daten treffen, und vermutlich wird es immer einen Streit geben, ob die Datensatzbereinigung wirklich berechtigt ist.

Ohne die „Ausreißer" Luxemburg und Irland würde der Zusammenhang zwischen Lebenserwartung und BIP pro Kopf steigen. Noch immer streuen die Werte um die Regressionsgerade, aber nicht mehr so stark. Das Bestimmtheitsmaß steigt auf $R^2 = 0{,}5399$ an. Aus diesem schwachen Zusammenhang ist ein relevanter Zusammenhang geworden. Oder anders formuliert: Es gibt einen Zusammenhang zwischen Lebenserwartung und Wohlstand der Nationen, selbst wenn es sich um die wohlhabenden Staaten EU-Europas handelt. Sicherlich ist dieser Zusammenhang beim ökonomischen Aufstieg von ärmeren Staaten noch deutlicher zu beobachten, aber dennoch, der Zusammenhang ist auch hier messbar. Gleichzeitig gibt es jedoch auch eine unsichtbare biologische Obergrenze für die Entwicklung der Lebenserwartung. Eine Vermutung, die wir bereits im Kapitel über Trends angestellt hatten.

Gezielte Datenauswahl aus dem World Development Indicators (WDI) der Weltbank

Wir haben uns bereits mit dem Aufbau der Datenbanken der Weltbank beschäftigt. Daher werden wir unsere Rechercheausrichtung etwas verändern und Regionen statt Länder betrachten und Entwicklungen statt den Status Quo analysieren und visualisieren. Um zu den Daten der Weltbank zu kommen, gehen wir zunächst auf die Homepage der Weltbank, klicken dort „What we do“ an und klicken auf „Data“ im Menü „Knowledge“. Über „Data“ kommen wir dann zur Datenbank der Weltbank. Dort könnten wir nach Indikatoren und Ländern recherchieren. Wir geben Bevölkerung bzw. „Population“ als Suchbegriff ein und erhalten mehrere Treffervorschläge. Wir wählen „Population total“ aus und klicken abschließend auf „Data-Bank“ um zu den „World Development Indicators“ zu kommen.

Aufgabe

Um die mögliche politische, soziale und ökonomische Bedeutung der Regionen zu verdeutlichen, visualisieren wir die Entwicklung der Einwohnerzahlen der Regionen von 1960 bis 2018. Dazu wählen wir diese Regionen:

- East Asia & Pacific
- Latin America & Caribbean
- North America
- South Asia
- Middle East & North Africa
- Sub-Saharan Africa
- EU-Europe
- Arab World

Vorkenntnisse

- Sprachkenntnisse Englisch/Oberstufenniveau
- Grundkenntnisse in der Datenrecherche
- Grundkenntnisse Excel

Grundkenntnisse World Bank

- **Indicator:** Am einfachsten kommen Sie zur Datenauswahl und zum Thema „Lebenserwartung bei Geburt“ mit dem Einstieg „Indicator“.
- **Eingabefeld:** Im Suchfenster können Sie den englischen Begriff „Population“ eingeben. Eingabefehler verzeiht das System, meist wird nach der Eingabe weniger Buchstaben eine Themenauswahl gezeigt.
- **DataBank:** Klicken Sie jetzt auf die Schaltfläche „DataBank“, Sie werden zur Datenvorauswahl geführt. Diese Auswahl können Sie verfeinern, sodass Sie nur Daten herunterladen, die Sie wirklich benötigen. Und dorthin wollen wir!

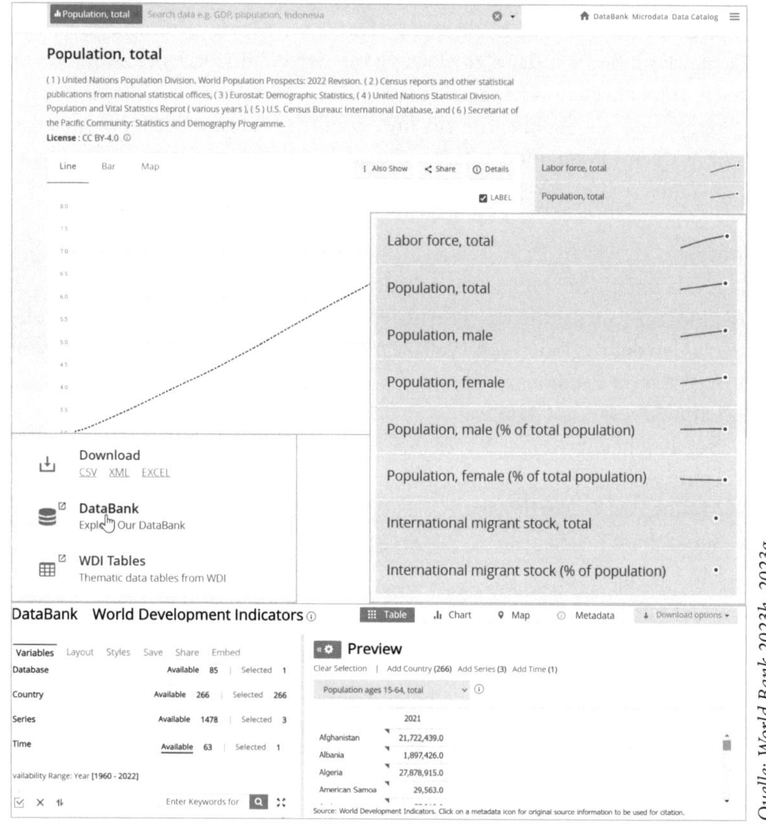

Quelle: World Bank 2023h, 2023g

Visualisierter Einstieg in die Datenrecherche der Weltbank

14.1 Daten-Explorer der Weltbank

Wir steigen über die Datenbank „World Development Indicators“ in die Datenrecherche ein. Kein Wert ist vorausgewählt, alle Daten werden von den Schülerinnen und Schülern erstmals ausgewählt und aufgerufen. Folgendermaßen sieht die Daten-Explorer Seite der Weltbank aus: Links befindet sich das Eingabefeld für die Datenauswahl und rechts befindet sich die Datenauswahl in der Voranzeige.

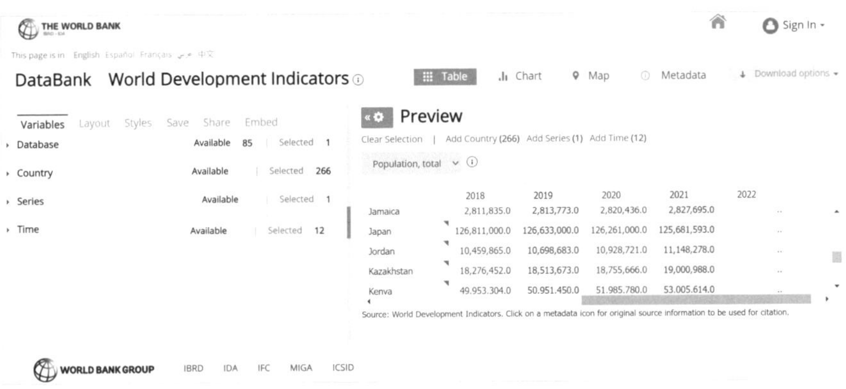

Quelle: World Bank 2023g

Eingabefeld für die Datenvorauswahl

Das Eingabefeld für die Datenvorauswahl ist ein Menü bestehend aus vier Eingabemöglichkeiten:

- Database
- Country
- Series
- Time

DataBank World Development Indicators

Variables Layout Styles Save Share Embed
Database Available 85 | Selected 1
Country Available | Selected 266
Series Available | Selected 1
Time Available | Selected 12

Auswahlmöglichkeit der WDI-Daten – Was verbirgt sich hinter den vier Eingabefeldern?
Quelle: World Bank 2023g

Database

Die Database enthält die Datenquelle, in unserem Fall sind es die „World Development Indicators“, aus der unserer Datensatz stammen wird. Die WDI-Quelle enthält über 1.600 verschiedene Daten, sie können diese Einstellung für die meisten Ihrer Datensuche beibehalten.

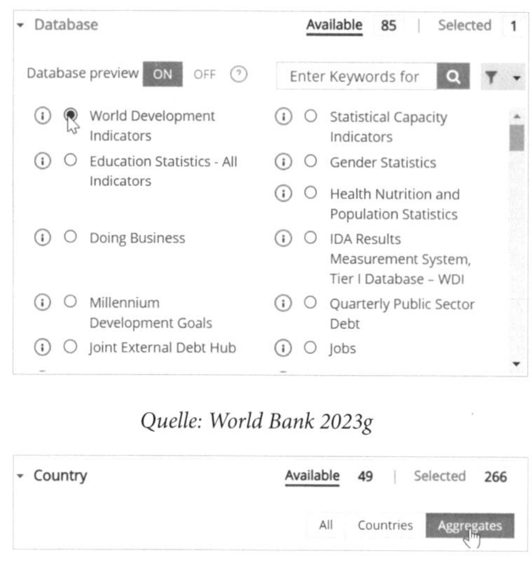

Quelle: World Bank 2023g

Aggregates sind Regionen

Quelle: World Bank 2023g

Country and Aggregates

Hier können Sie die gewünschten Länder aus- oder abwählen. Mittels der Schaltfläche „Aggregates" können Sie alle Regionen, die gewünscht sind, auswählen. Die Regionalkomponente ist, im Vergleich zu den Daten von Eurostat, von besonderem Interesse. Wenden wir uns den Regionen zu.

Regionen und nicht einzelne Länder visualisieren

Eine der interessantesten Möglichkeiten der Datenauswahl und der Datenanalyse ist die Nutzung von kumulierten Daten, in unserem Fall von Datensätzen aus geographischen oder politischen Regionen. Unter anderem liegen die folgenden Regionen in der Datenbank der World Bank vor:

Regionen

Länder in alphabetischer Reihenfolge

- **East Asia & Pacific:**
  American Samoa, Australia, Brunei, China, Fiji, Micronesia, Guam, Hong Kong SAR/China, Indonesia, Japan, Cambodia, Kiribati, Korea, Lao PDR, Macao SAR/China, Marshall Islands, Myanmar, Mongolia, Northern Mariana Islands, Malaysia, New Caledonia, Nauru, New Zealand, Philippines, Palau, Papua New Guinea, Dem. People's Rep. Korea, French Polynesia, Singapore, Solomon Islands, Thailand, Timor-Leste, Tonga, Tuvalu, Vietnam, Vanuatu, Samoa
- **Europe & Central Asia**
  Albania, Andorra, Armenia, Austria, Azerbaijan, Belgium, Bulgaria, Bosnia and Herzegovina, Belarus, Switzerland, Channel Islands, Cyprus, Czech Republic, Germany, Denmark, Spain, Estonia, Finland, France, Faroe Islands, United Kingdom, Georgia, Gibraltar, Greece, Greenland, Croatia, Hungary, Isle of Man, Ireland, Iceland, Italy, Kazakhstan, Kyrgyz Republic, Liechtenstein, Lithuania, Luxembourg, Latvia, Monaco,

Moldova, North Macedonia, Montenegro, Netherlands, Norway, Poland, Portugal, Romania, Russia, San Marino, Serbia, Slovak Republic, Slovenia, Sweden, Tajikistan, Turkmenistan, Turkey, Ukraine, Uzbekistan, Kosovo

- **Latin America & Caribbean**
  Aruba, Argentina, Antigua and Barbuda, The Bahamas, Belize, Bolivia Brazil, Barbados, Chile, Colombia, Costa Rica, Cuba, Curaçao, Cayman Islands, Dominica, Dominican Republic, Ecuador, Grenada, Guatemala, Guyana, Honduras, Haiti, Jamaica, St. Kitts and Nevis, St. Lucia, St. Martin (French part), Mexico, Nicaragua, Panama, Peru, Puerto Rico, Paraguay, El Salvador, Suriname, Sint Maarten (Dutch part), Turks and Caicos Islands, Trinidad and Tobago, Uruguay, St. Vincent and the Grenadines, Venezuela, British Virgin Islands, Virgin Islands
- **North America**
  Bermuda, Canada, United States
- **South Asia**
  Afghanistan, Bangladesh, Bhutan, India, Sri Lanka, Maldives, Nepal, Pakistan
- **Middle East & North Africa**
  United Arab Emirates, Bahrain, Djibouti, Algeria, Egypt, Iran, Iraq, Israel, Jordan, Kuwait, Lebanon, Libya, Morocco, Malta, Oman, West Bank and Gaza, Qatar, Saudi Arabia, Syrian Arab Republic, Tunisia, Yemen
- **Sub-Saharan Africa**
  Angola, Burundi, Benin, Burkina Faso, Botswana, Central African Republic, Côte d'Ivoire, Cameroon, Dem. Rep. Congo, Congo, Comoros, Cabo Verde, Eritrea, Ethiopia, Gabon, Ghana, Guinea, The Gambia, Guinea-Bissau, Equatorial Guinea, Kenya, Liberia, Lesotho, Madagascar, Mali, Mozambique, Mauritania, Mauritius, Malawi, Namibia, Niger, Nigeria, Rwanda, Sudan, Senegal, Sierra Leone, Somalia, South Sudan, São Tomé and Principe, Eswatini, Seychelles, Chad, Togo, Tanzania, Uganda, South Africa, Zambia, Zimbabwe
- **Euro-Europe**
  Austria, Belgium, Cyprus, Germany, Spain, Estonia, Finland, France, Greece, Ireland, Italy, Lithuania, Luxembourg, Latvia, Malta, Netherlands, Portugal, Slovak Republic, Slovenia

Wir wählen folgende Regionen aus:

- East Asia & Pacific
- Latin America & Caribbean

- North America
- South Asia
- Middle East & North Africa
- Sub-Saharan Africa
- EU-Europe
- Arab World

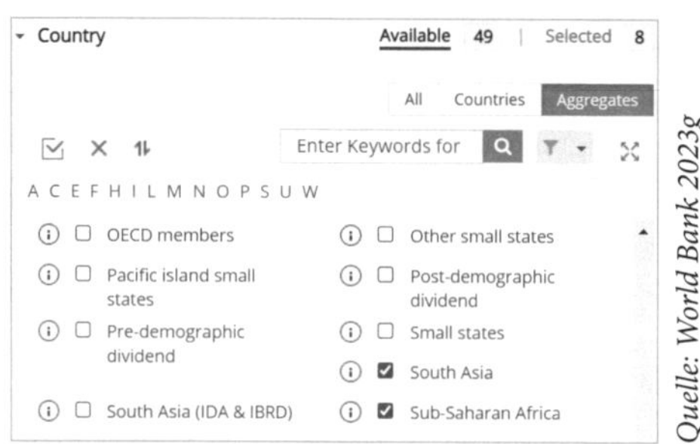

Quelle: World Bank 2023g

Alternativ können wir uns mit dem Wohlstand der Regionen beschäftigen und können die finanzielle Lage von Regionen bzw. Ländern sichtbar machen.

- **„High income**
  High income group aggregate. High-income economies are those in which 2015 GNI per capita was $12,476 or more.
- **Middle income**
  Middle income group aggregate. Middle-income economies are those in which 2015 GNI per capita was between $1,026 and $12,475.
- **Low income**
  Low income group aggregate. Low-income economies are those in which 2015 GNI per capita was $1,025 or less.
- **Lower middle income**
  Lower middle income group aggregate. Lower-middle-income economies are those in which 2015 GNI per capita was between $1,026 and $4,035.
- **Upper middle income**
  Upper middle income group aggregate. Upper-middle-income economies are those in which 2015 GNI per capita was between $4,036 and $12,475.
- **World**
  World aggregate.“[60]

Series

Etwas englische Sprachkenntnisse sind nötig, um „Bevölkerung“ auszuwählen. Aber die Eingabe „Pop“ reicht, ein Wort bzw. eine Silbe reicht aus, um aus Vorschlägen den Datensatz auszuwählen.

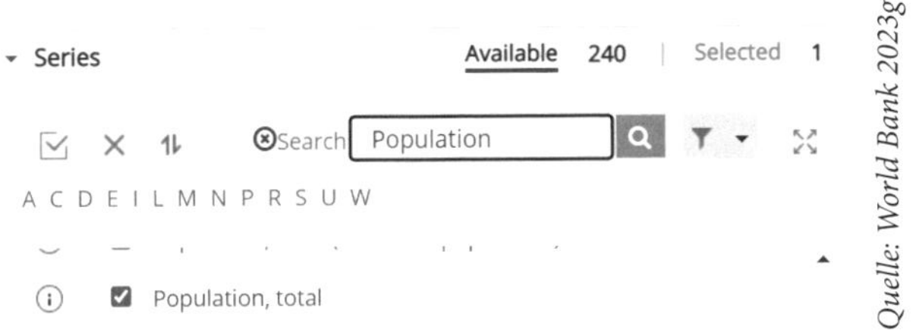

Quelle: World Bank 2023g

Time

Wählen Sie alle voreingestellten Jahre ab, sie werden zur Beantwortung nicht benötigt. Stattdessen wählen Sie 2021 aus. Immer darauf achten: Die Veröffentlichungsdaten sind selten identisch. Im Gegensatz zum Jahr 2022 sind die Werte des Jahres 2021 weitgehend vollständig.

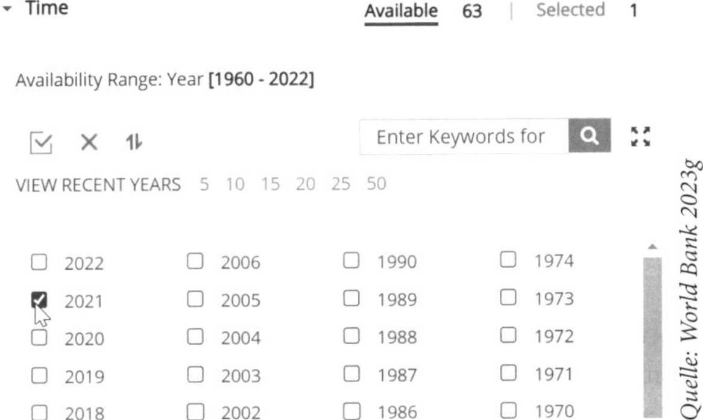

Quelle: World Bank 2023g

Apply Changes

Bestätigen Sie die Auswahl an Serien, Jahren und Ländern indem Sie auf die Schaltfläche „Apply Changes“ klicken.

Please click on Apply Changes to view the report.

Country

Series

Time

Apply Changes

Quelle: World Bank 2023d

Einstellungen anwenden

Datenvorschau

Im Fenster wird Ihre Auswahl angezeigt:

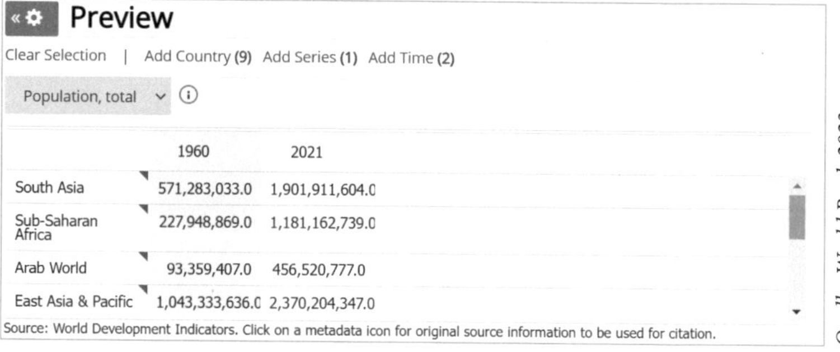

Quelle: World Bank 2023g

14.2 Download im Excel-Format

Laden Sie sich anschließend den ausgewählten Datensatz herunter, speichern Sie die Datei oder öffnen Sie diese gleich in Excel.

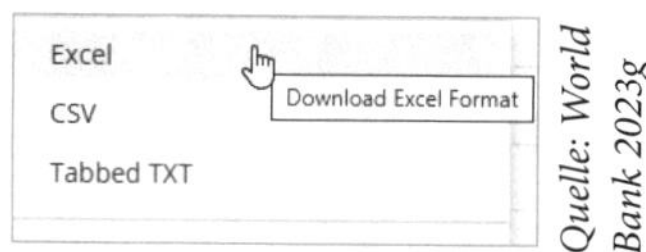

Quelle: World Bank 2023g

Die Excel Datei nach dem Download

Die heruntergeladene Datei sieht wie folgt aus. Sie beinhaltet neben den englischsprachigen Ländernamen auch die Abkürzungen der Weltbank, den Seriennamen und den Seriencode der Weltbank, bevor die Einwohnerzahlen aufgeführt werden. Wir müssen die überflüssigen Informationen löschen, bevor die Daten visualisiert werden können.

	A	B	C	D
1	Series Nan	Country N	1960	2021
2	Populatior	South Asia	5,7E+08	1,9E+09
3	Populatior	Sub-Sahar	2,3E+08	1,2E+09
4	Populatior	Arab Worl	9,3E+07	4,6E+08
5	Populatior	East Asia &	1E+09	2,4E+09
6	Populatior	European	3,6E+08	4,5E+08
7	Populatior	Europe & (	6,7E+08	9,2E+08
8	Populatior	Latin Ame	2,2E+08	6,5E+08
9	Populatior	Middle Ea	1E+08	4,9E+08
10	Populatior	North Ame	2E+08	3,7E+08

Daten in Excel öffnen

Spalten löschen und sortieren

Aktivieren Sie Ihr Excel-Arbeitsblatt. Löschen Sie die Spalte mit den Abkürzungen der Länder, Serienangaben und Seriencode. Diese werden nicht gebraucht und können bei einer Visualisierung der Daten in einem der folgenden Schritte zu Fehldarstellungen führen. Anschließend sortieren nach „Der Größe nach aufsteigend“ für das Jahr 2021:

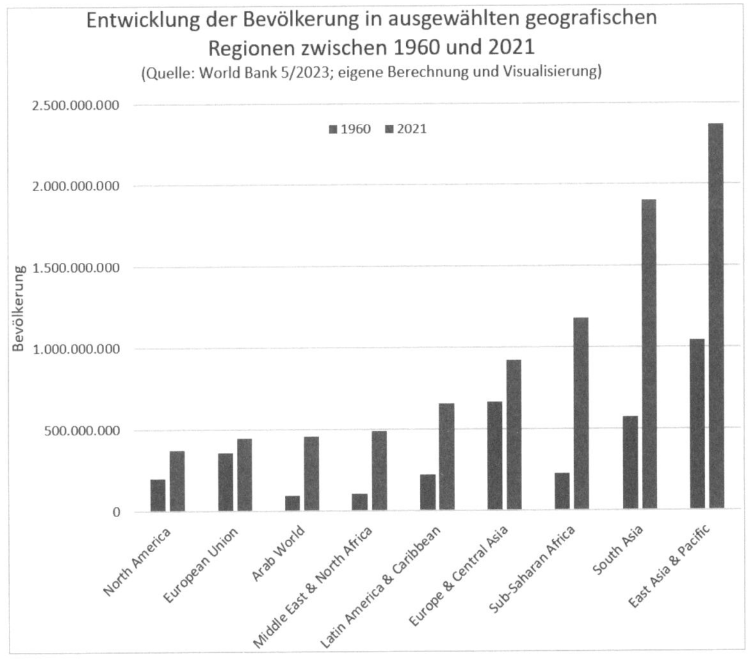

Wenn wir die Differenz zwischen den Einwohnerinnen und Einwohnern 2021 und 1960 berechnen – Sie erinnern sich an die Formel für die Subtraktion – dann können Sie ein Diagramm mit der Zunahme der Bevölkerungszahlen erzeugen. Ist dieses Diagramm aussagekräftiger? Meiner Meinung nicht, aber es kommt immer auf den Verwendungszweck an.

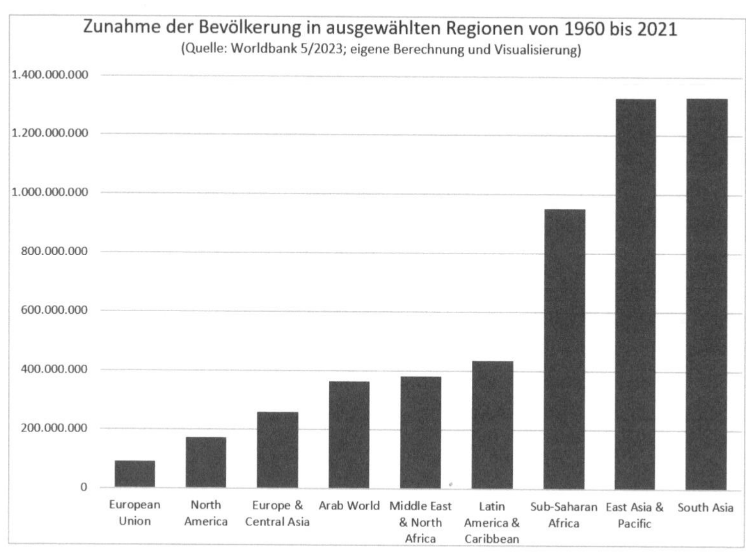

Welche Idee könnte dieser Datenrecherche und Analyse zugrunde liegen? Zum einen zeigen die Diagramme, dass nicht mehr die westlichen Industrienationen bevölkerungsmäßig wachsen, sondern die asiatischen und pazifischen Länder sowie die Länder der Sub-Sahara. Gibt es in den Ländern kein ausreichendes Wirtschaftswachstum bei steigender Bevölkerung, ergibt sich politischer Druck und/oder Migrationsdruck. Auf der anderen Seite kann man argumentieren, dass eine große Bevölkerung, bzw. das Wachstum der Bevölkerung, für ein kräftiges Wirtschaftswachstum sorgen kann, wenn es keine oder nur wenig Korruption und politische Verwerfungen gibt. Sichtbar wird auch, dass die verbesserte medizinische Lage in den genannten Regionen für einen Rückgang der Sterblichkeit sorgt. Wichtig ist die Erkenntnis, dass die Menschen vermutlich der Armut entkommen möchten, über Mobilität und Elektrizität verfügen wollen und ihren Teil von der Erde erhalten wollen. Diese Entwicklung wird ökologische Folgen mit sich bringen – aber wer kann, mit welchen Argumenten, den Menschen verbieten, nach Wohlstand zu streben? Nun könnten Sie einwenden, dass ein Bevölkerungswachstum in Ländern, wie der Sub-Sahara, weder zu Migration noch zum Konsum führen wird – dafür sind die Menschen zu arm und sterben vermutlich viel zu früh. Wir sollten diese Frage untersuchen und die Entwicklung der Lebenserwartung nach Einkommen. Wir wissen bereits, dass die World Bank Einkommensklassen gebildet hat. Laden wir für die Einkommensklassen die Lebenserwartung herunter. Die Datenrecherche verläuft vergleichbar, nur suchen wir jetzt in den WDIs die Lebenserwartung und die Einkommensregionen sowie die Jahre 2021 und 1960.

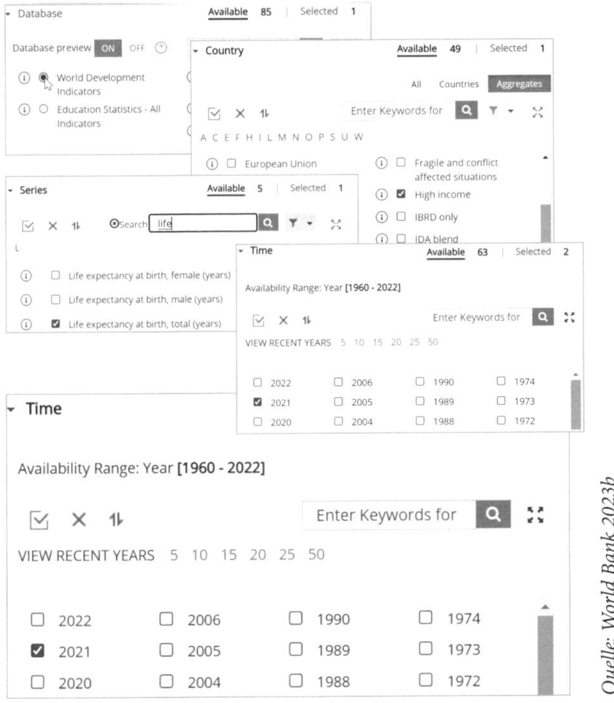

Quelle: World Bank 2023b

Collage – Recherche nach Lebenserwartung und Einkommensregionen

Wir laden die Dateien herunter, öffnen und bereinigen diese und berechnen die Differenz der Lebenserwartung in den betreffenden Einkommensregionen.

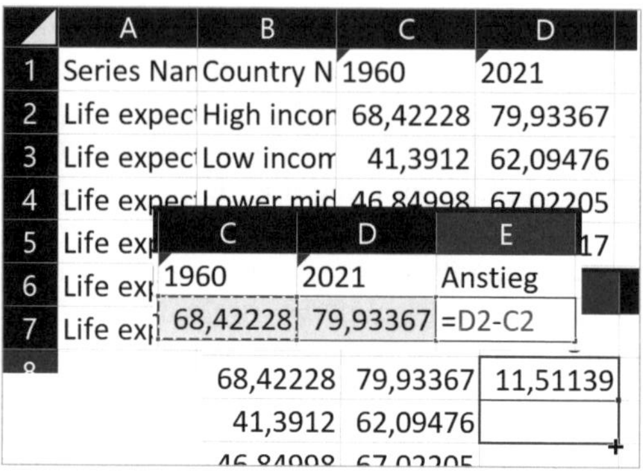

Excelberechnungen

Wir visualisieren wieder die Daten in Excel, ein Diagramm zeigt die gestiegene Lebenserwartung zwischen 1960 und 2021, das andere visualisiert die Differenz. Wir können sehen, dass die Lebenserwartung am geringsten in den Regionen mit einem hohen Einkommen gestiegen ist. Aber: Dort war die Lebenserwartung ja bereits hoch. Am stärksten stieg die Lebenserwartung mit dem Entkommen aus der Armut.

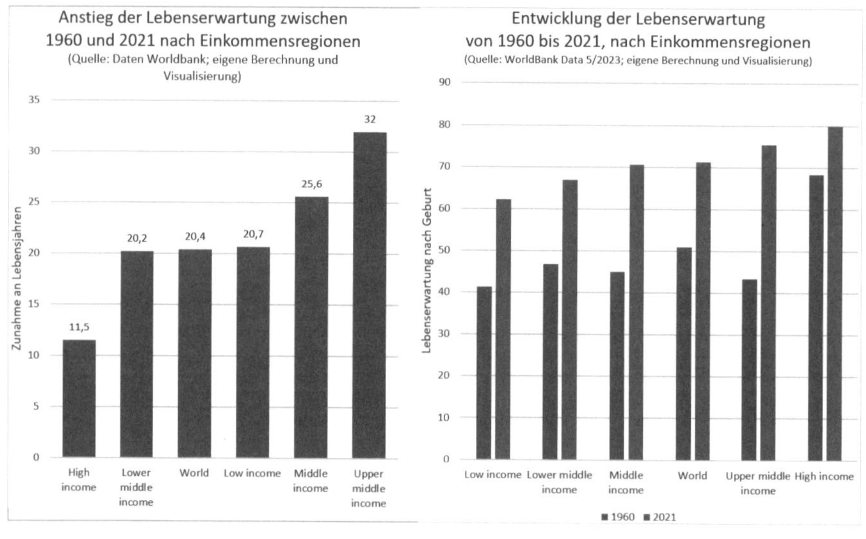

Wie kann man bei der Weltbank nach Datenvorschlägen in deutscher Sprache suchen?

Uns interessiert erneut die demografische Entwicklung in der Welt. Dabei fällt auf, dass es bei der Weltbank keine deutschsprachige Suchfunktion gibt. Das scheint problematisch, denn wir wollen wissen, in welchen Ländern sehr viele Menschen geboren werden, die sich in wenigen Jahren Arbeit suchen werden, um eine Familie zu ernähren. In welchen Ländern gibt es zurzeit eine Balance zwischen der jungen, mittleren und älteren Generation, verbunden mit einer positiven wirtschaftlichen und sozialpolitischen Entwicklung? Und in welchen Ländern droht eine Überalterung, verbunden mit sozial- und fiskalpolitischen und wirtschaftlichen Fehlentwicklungen? Prüfen wir Folgendes:

- In welchen sechs Ländern ist die Bevölkerung sehr jung?
- In welchen sechs Ländern leben besonders viele Menschen im erwerbstätigen Alter?
- In welchen sechs Ländern leben besonders viele Menschen, die ihr Arbeitsleben schon hinter sich haben?

Vorkenntnisse

- Sprachkenntnisse in Englisch/Oberstufenniveau
- Grundkenntnisse in den Browsererweiterungen
- Grundkenntnisse Excel
- Datenvorschläge werden gesucht

15.1 Die Weltbank stellt Datenvorschläge bereit

Wenn wir über die Hauptseite der World Bank in die Datenrecherche einsteigen wollen, dann scrollen wir auf der ersten Seite bis zum Punkt „Data“ und rufen von dort die „Indicators“ auf.

Dort schlägt die Weltbank Indikatoren zur Beurteilung unterschiedlicher Kategorien, wie „Agriculture & Rural Development“, „Aid Effectiveness“, „Climate Change“, „Economy & Growth“, „Education“, „Energy & Mining“, „Environment“, „External Debt“, „Financial Sector“, „Gender“, „Health“, „Infrastructure“ und viele weitere vor.

Es ist jedoch fraglich, ob man aus dem digital-forschenden Lernen einen bilingualen Oberstufenunterricht entwickeln sollte. Es ist für die Umsetzung eines digital-forschenden Unterrichts sinnvoll, die Sprachhürden zu reduzieren, um den Umgang mit den offenen Daten der Weltbank und die Entwicklung eines eigenen, begründenden politischen Urteils, welches sich aus Sach- und Werturteilen zusammensetzt, in den Fokus zu nehmen.

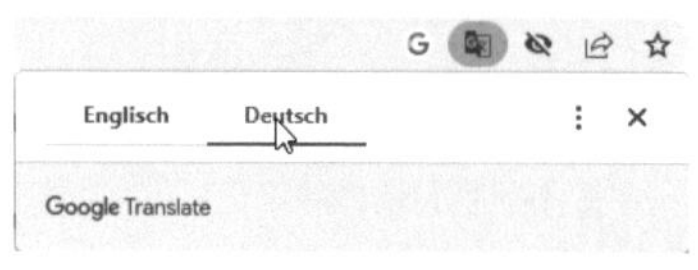

Googleerweiterung Übersetzung
Quelle: Screenshot Google

Daher würde es Sinn machen, die Datensätze der Weltbank zu übersetzen bzw. übersetzen zu lassen. Der Browser von Google ist dazu in der Lage. Mithilfe eines Plug-Ins übersetzt er Inhalte aus verschiedenen Sprachen ins Deutsche.

15.2 Google Übersetzungen können nützlich sein

Die Übersetzungen entsprechen natürlich nicht unserer Fach- oder Umgangssprache. Jedoch kann man die übersetzten Inhalte verstehen und Zuordnungen vornehmen.

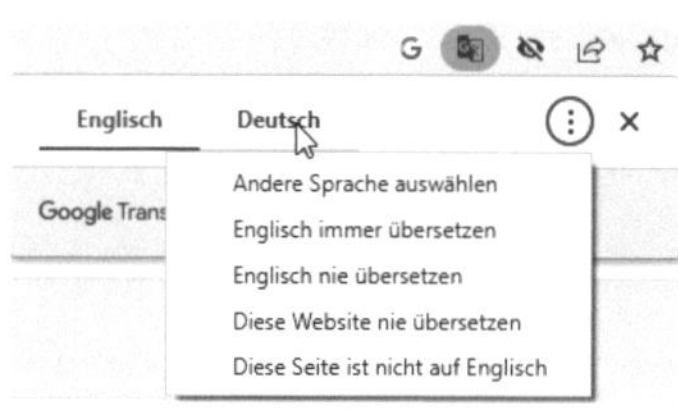

Googleerweiterung
Quelle: Google

Die Übersetzungen der Kategorien sind auch deshalb sinnvoll, weil man, ruft man die Kategorien auf, auch gleichzeitig Vorschläge für interessante Daten erhält. Auch diese sind bereits übersetzt, natürlich mit allen Einschränkungen, die die Nutzung des Google-Übersetzers mit sich bringt.

Mit den Google-Übersetzungen der Weltbankseiten kann man praktisch arbeiten. Eine andere Frage ist, ob es aus fachdidaktischer Sicht sinnvoll ist, Google-Übersetzer zur Übersetzung von Webseiten, insbesondere der Datenseiten der Weltbank, zu nutzen. Dies ist nicht der Ort für eine solche Diskussion, jedoch halte ich es für realistisch, dass die Schülerinnen und Schüler mit entsprechenden Tools in ihrer Freizeit und der Schule arbeiten. Entscheidend ist, dass die Schülerinnen und Schüler die Daten und die übersetzten Beschreibungen der Kategorien und Inhalte auf ihren Zusammenhang hin für sich kritisch überprüfen.

Übungsaufgabe

Nehmen wir unser Übungsthema „Bevölkerungsentwicklung/Demografie" erneut auf und prüfen, ob wir herausfinden können:

- In welchen sechs Ländern ist die Bevölkerung sehr jung?
- In welchen sechs Ländern leben besonders viele Menschen im erwerbstätigen Alter?

- In welchen sechs Ländern leben besonders viele Menschen, die ihr Arbeitsleben schon hinter sich haben?

Die Anzahl der jungen, mittleren und alten Menschen soll in absoluten Werten dargestellt werden.

Offene Daten der Weltbank

Kostenloser und offener Zugang zu globalen Entwicklungsdaten

Suchdaten, z. B. BIP, Bevölkerung, Indonesien

Gesucht von Land oder Indikator

Quelle: Word Bank 2023h

15.3 Datenvorschläge abrufen

Die zur Verfügung stehenden Kategorien werden im auf der rechten Seite befindlichen Menü übersetzt aufgelistet. Wir klicken auf „Gesundheit".

In der Regel sind empfohlene Indikatoren voreingestellt. Durch die reduzierte Auswahl an Datensätzen können die Nutzenden sich schnell(er) orientieren.

Alle Indikatoren auszuwählen, ist zu unübersichtlich. Es gibt noch eine andere Möglichkeit der Datenauswahl: „Alle Indikatoren". Jetzt werden zahlreiche WDI-Datensätze ohne Vorauswahl präsentiert. Aus fachdidaktischer Sicht ist jedoch von dieser Einstellung abzuraten. Die Daten sind so vielfältig, dass es zu einer verwirrenden Suchaktion wird, den richtigen Datensatz zu finden.

Landwirtschaft und ländliche Entwicklung

Wirksamkeit der Hilfe

Klimawandel

Wirtschaft und Wachstum

Ausbildung

Energie & Bergbau

Umfeld

Auslandsverschuldung

Finanzsektor

Geschlecht

Gesundheit

Infrastruktur

Armut

Auswahlmenü und Gesundheit

Quelle: World Bank 2023g

Gesundheit

HealthStats- Servicebereitstellungsindikatoren

Fertilitätsrate bei Jugendlichen (Geburten pro 1.000 Frauen im Alter von 15 bis 19 Jahren)	Altersabhängigkeitsquotient (% der Bevölkerung im erwerbsfähigen Alter)
Geburtenrate, roh (pro 1.000 Einwohner)	Von qualifiziertem Gesundheitspersonal betreute Geburten (% der Gesamtzahl)
Todesursache durch übertragbare Krankheiten sowie mütterliche, pränatale und Ernährungsstörungen (% der Gesamtzahl)	Todesursache durch Verletzung (% der Gesamtzahl)
Todesursache durch nicht übertragbare Krankheiten (% der Gesamtzahl)	Vollständigkeit der Geburtenregistrierung (%)
Vollständigkeit der Sterberegistrierung mit Angaben zur Todesursache (%)	Prävalenz von Verhütungsmitteln, jede Methode (% der verheirateten Frauen im Alter von 15 bis 49 Jahren)
Sterberate, roh (pro 1.000 Menschen)	Diabetes-Prävalenz (% der Bevölkerung im Alter von 20 bis 79 Jahren)
Fruchtbarkeitsrate insgesamt (Geburten pro Frau)	Krankenhausbetten (pro 1.000 Personen)

Gesundheitsangaben Weltbank
Quelle: WordBank 2023g

Datenempfehlungen nutzen

Aber bleiben wir bei den empfohlenen Indikatoren. Hier sind drei Datensätze als sinnvolle Empfehlungen, die unsere Datenfrage nach der Bevölkerungsstruktur klären könnten:

- Bevölkerung im Alter von 0 bis 14 Jahren
- Bevölkerung im Alter von 15 bis 64 Jahren
- Bevölkerung im Alter ab 65 Jahren

Datenauswahl

Klicken wir die Bevölkerung im Alter von 0 bis 14 Jahren an, dann öffnet sich ein Fenster. Die Visualisierung zeigt die weltweite Entwicklung der Altersgruppe von 0 bis 14 Jahren. Weitere Datensätze werden im nebenstehenden Menü empfohlen. Wenn diese visualisiert werden soll, können wir jetzt die Daten als Excel-Datei herunterladen. Aber das ist nur die zweitbeste Lösung, sinnvoller wäre es, die Datenbank der Weltbank aufzurufen, um eine Vorauswahl an Ländern, Regionen und Jahren zu treffen. Dazu nutzen wir den folgenden Button:

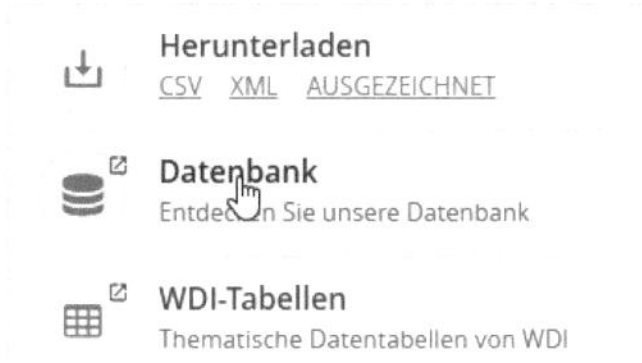

Datenbank aufrufen
Quelle: Screenshot World Bank 2023h

Schauen wir uns, bevor wir die Datenvisualisierungen vornehmen, noch die empfohlenen Datensätze an. Die Indikatoren werden genannt und eine Vorabdarstellung der weltweiten Entwicklung eingeblendet. Für den Fortgang der Datenanalyse handelt es sich um eine sehr nützliche Vorauswahl.

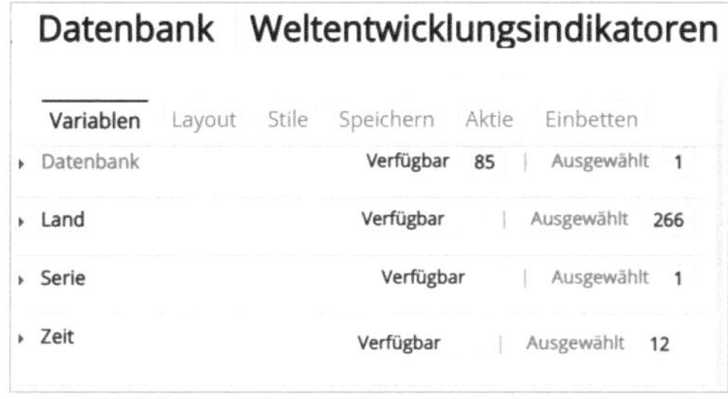

Quelle: World Bank 2023h

15.4 Datenbank nutzen

Klicken wir auf die Datenbank, öffnet sie sich mit den „Weltentwicklungsindikatoren" (WDI). Unsere eben getroffene Vorauswahl wird übernommen, angezeigt werden jedoch alle Länder, alle Regionen und die Entwicklung in den vergangenen 15 Jahren. Würden wir diesen Datensatz herunterladen, müssten wir anschließend zu viele Daten löschen, um die Visualisierung sinnvoll zu gestalten.

Besser wäre es, gezielt Daten zu suchen und dann herunterzuladen. Dazu nutzen wir die WDI-Datenbank.

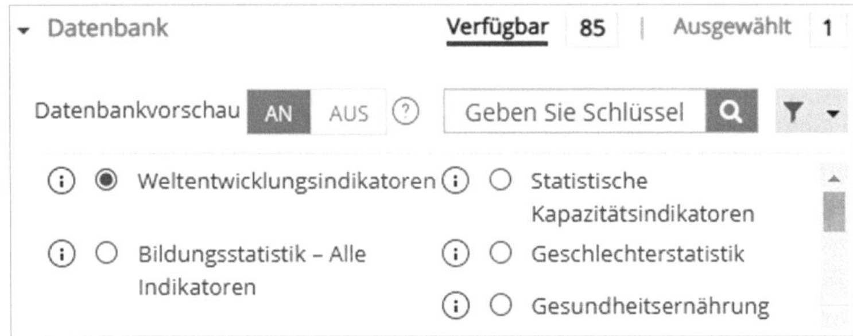

Quelle: World Bank 2023h

Datenserie

Die WDI-Datenbank übernehmen wir, der Datensatz ist dort verortet. Auch den vorausgewählten Datensatz selber, nämlich die Bevölkerung von 0 bis 14 Jahren, 15 bis 64 und über 65 Jahre, der unter „Serie" aufgeführt wird, wird unverändert übernommen.

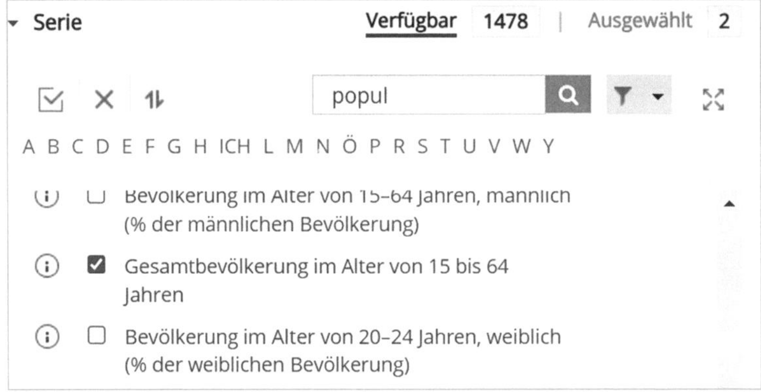

Quelle: Screenshot World Bank 2023h

Länder und Regionen

Verändern müssen wir die Länder- und Regionenauswahl: Alle Länder sollten ausgewählt sein. Andernfalls holen wir das nun nach. Anders jedoch in den Regionen, die bislang vollständig ausgewählt sind. Dazu wählen wir alle anderen Regionen ab.

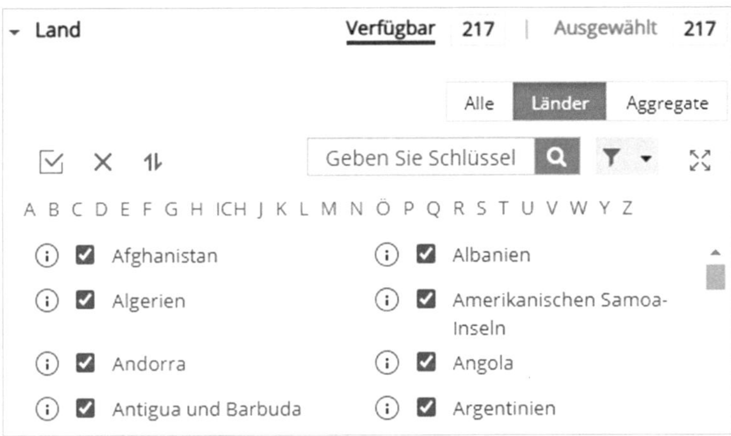

Quelle: World Bank 2023g

Zeitspanne

Ähnlich gehen wir bei der Auswahl der Jahrgänge vor: Wir wählen alle voreingestellten Daten ab und klicken anschließend lediglich 2021 an.

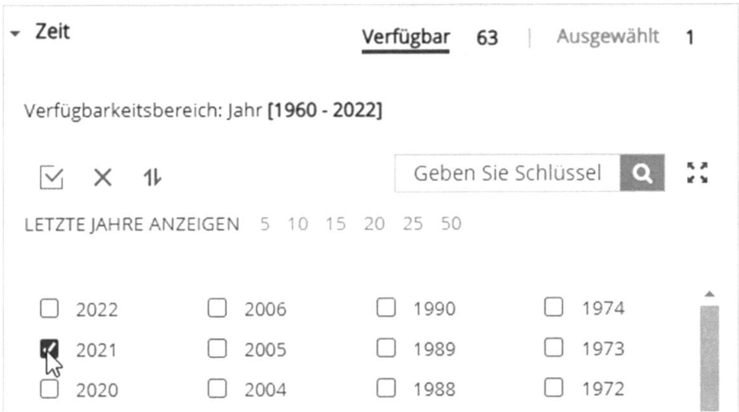

Quelle: World Bank 2023g

15.5 Vorschau

Jetzt sind die Daten zielgerichtet ausgewählt, die Änderungen werden bestätigt und der Download in Excel durchgeführt.

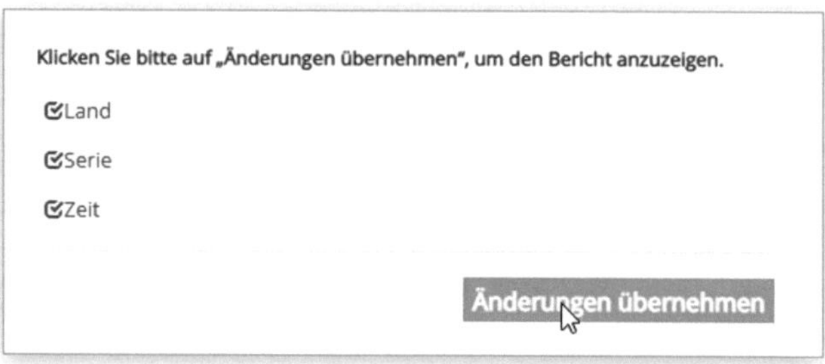

Quelle: World Bank 2023g

Überflüssige Inhalte entfernen

Um die Daten zu analysieren und zu visualisieren, werden alle noch enthaltenen überflüssigen Inhalte markiert und anschließend gelöscht. Es bleiben nur die Länder und die Daten aus dem Jahre 2021 übrig.

Datensatz sortieren

Anschließend werden die Länder und die Jahresdaten markiert und der Größe nach sortiert, damit an die Länder, die einen besonders hohe Anzahl an Jugendlichen, bezogen auf die Gesamteinwohnerzahl, sichtbar werden. Ein Tipp an dieser Stelle: Markieren Sie lediglich die Länder und nicht die Region „Welt", die als Datensatz am Ende der Länder aufgeführt ist. Würden Sie alle Daten markieren und sortieren, würde die Region „Welt" irgendwo in den rund 200 Ländern einsortiert und Sie müssten diese erst einmal suchen, finden, ausschneiden und einfügen – ziemlich umständlich.

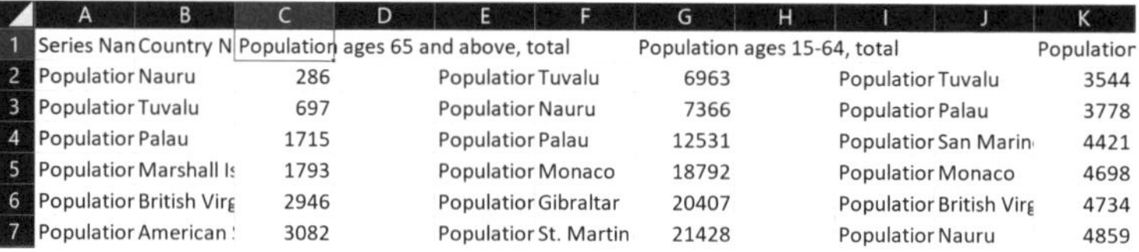

	A	B	C	D	E	F	G	H	I	J	K
1	Series Nan	Country N	Population ages 65 and above, total				Population ages 15-64, total				Populatior
2	Populatior	Nauru	286		Populatior	Tuvalu	6963		Populatior	Tuvalu	3544
3	Populatior	Tuvalu	697		Populatior	Nauru	7366		Populatior	Palau	3778
4	Populatior	Palau	1715		Populatior	Palau	12531		Populatior	San Marin	4421
5	Populatior	Marshall Is	1793		Populatior	Monaco	18792		Populatior	Monaco	4698
6	Populatior	British Virg	2946		Populatior	Gibraltar	20407		Populatior	British Virg	4734
7	Populatior	American :	3082		Populatior	St. Martin	21428		Populatior	Nauru	4859

Excel sortieren lassen

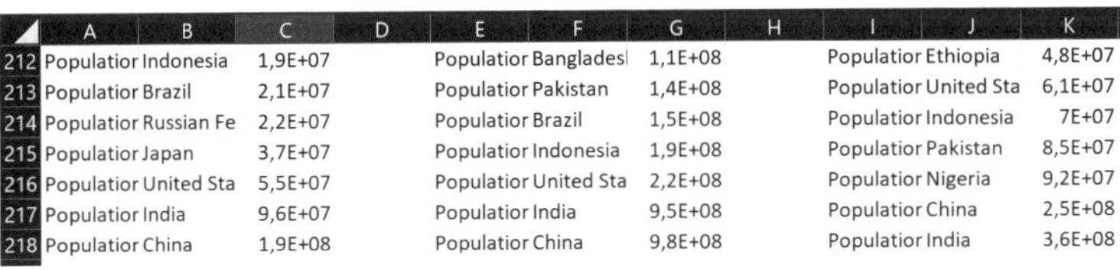

	A	B	C	D	E	F	G	H	I	J	K
212	Populatior	Indonesia	1,9E+07		Populatior	Banglades	1,1E+08		Populatior	Ethiopia	4,8E+07
213	Populatior	Brazil	2,1E+07		Populatior	Pakistan	1,4E+08		Populatior	United Sta	6,1E+07
214	Populatior	Russian Fe	2,2E+07		Populatior	Brazil	1,5E+08		Populatior	Indonesia	7E+07
215	Populatior	Japan	3,7E+07		Populatior	Indonesia	1,9E+08		Populatior	Pakistan	8,5E+07
216	Populatior	United Sta	5,5E+07		Populatior	United Sta	2,2E+08		Populatior	Nigeria	9,2E+07
217	Populatior	India	9,6E+07		Populatior	India	9,5E+08		Populatior	China	2,5E+08
218	Populatior	China	1,9E+08		Populatior	China	9,8E+08		Populatior	India	3,6E+08

Excel sortieren lassen (2)

Daten für Diagramm auswählen

Die Länder und werden anschließend markiert und zum Diagramm umgewandelt. Das Löschen und Sortieren werden an dieser Stelle nur exemplarisch durchgeführt. Für alle anderen Datensätze wird analog vorgegangen.

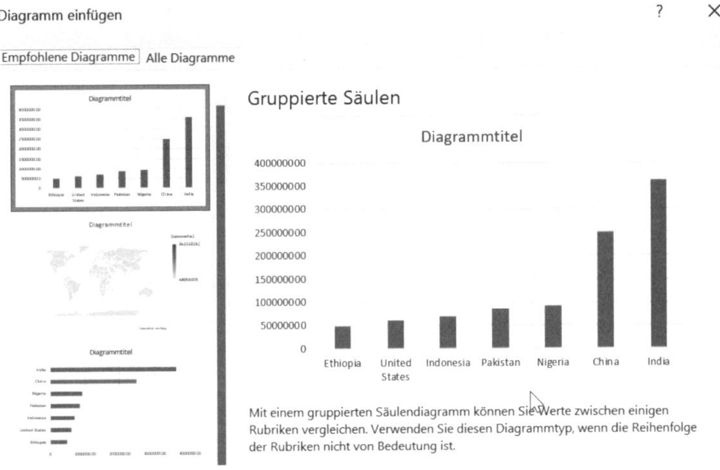

15.6 Diagramme erzeugen

Wir werden die Daten visualisieren, aber nur exemplarisch. Wir visualisieren nur die Länder mit der jüngsten Bevölkerung (0 bis 14 Jahre) und die mit der ältesten Bevölkerung (über 65 Jahre). Es wird niemanden verwundern: Die Länder mit der größten Bevölkerungsanzahl insgesamt stellen sowohl die jüngste, als auch die älteste Bevölkerung der Staaten. Es sind China und Indien, aber vergessen wir nicht, es handelt sich um absolute Werte.

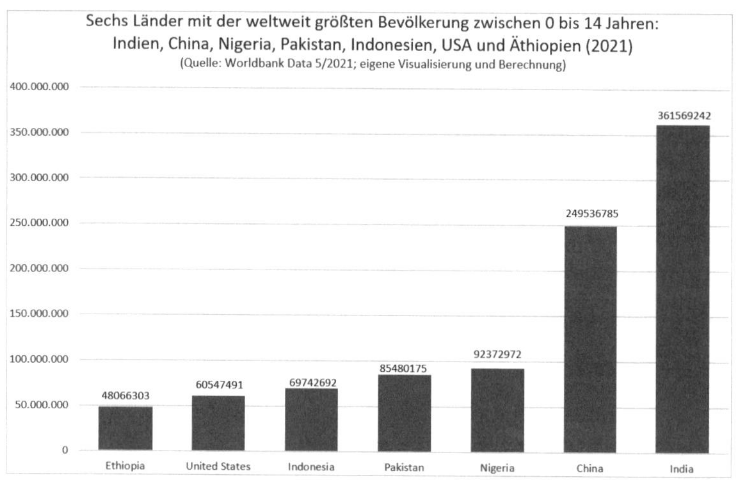

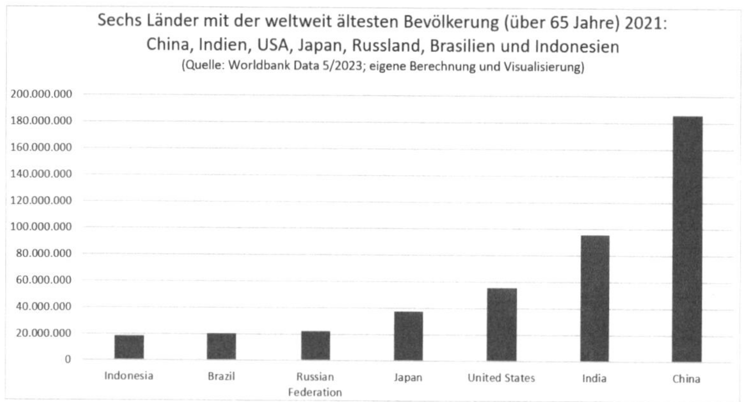

Altersverteilung in ausgewählten Staaten

Nutzen wir unsere Kenntnisse über die Datenauswahl bei der World Bank und laden uns die Altersentwicklung nicht in absoluten Werten, sondern in Prozenten herunter.

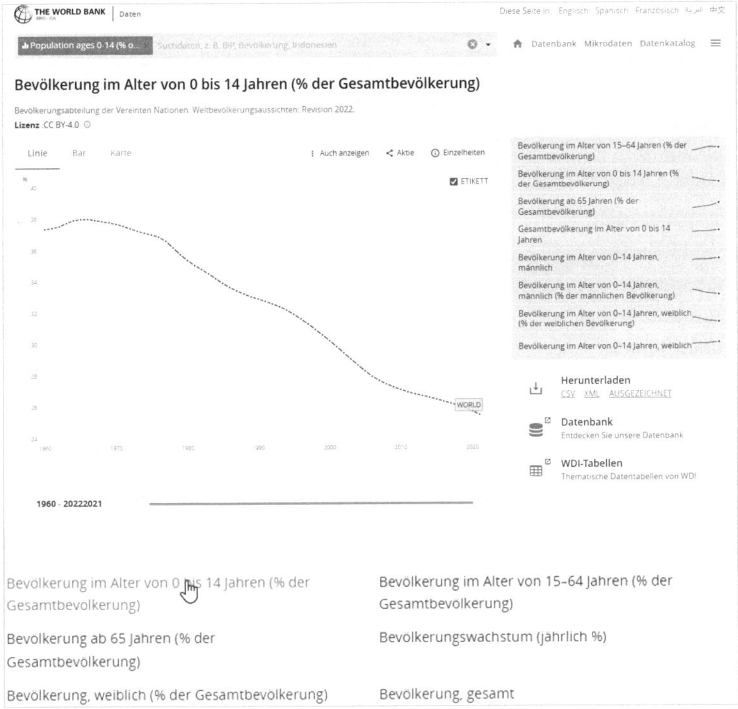

Quelle: World Bank 2023g

Daten auf einem Excel-Arbeitsblatt zusammenstellen und den „richtigen" Diagrammtyp auswählen

Nun wollen wir abschließend die Altersspannen 0 bis 14 Jahre, 15 bis 64 Jahre und ab 65 Jahre als Prozentwerte, bezogen auf die Gesamtbevölkerung für die nachfolgenden Länder, visualisieren und dazu den richtigen, sprich aussagekräftigsten, Diagrammtyp wählen:

- Deutschland
- USA
- VR-China
- Indien
- Mali

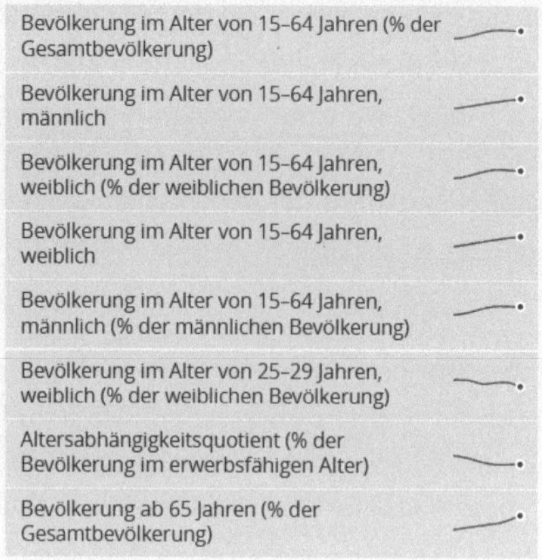

Quelle: World Bank 2023g

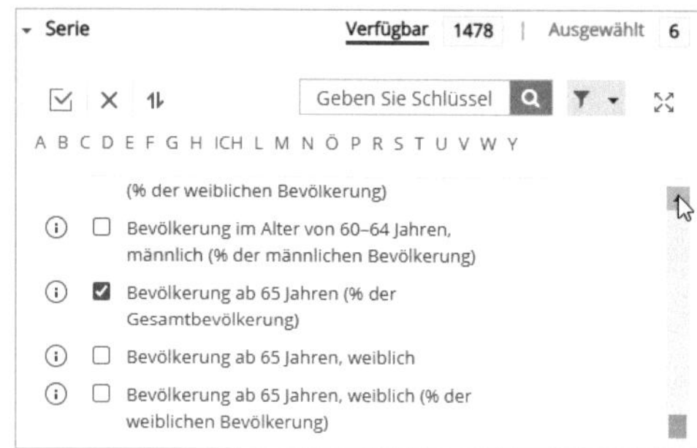

Quelle: World Bank 2023g

Voraussetzungen

Quelle: World Bank 2023g

Wir suchen die Bevölkerungszusammensetzung als Prozentwerte in den Datenbanken der Weltbank. Wir finden diese wieder unter den „World Development Indicators“. Wir suchen zusätzlich die oben genannten Länder heraus. Als aktuelles Jahr nehmen wir 2021, hier liegen die Daten vollständig vor. Die Daten laden wir anschließend herunter. Wir erhalten eine Excel-Datei mit allen drei Datensätzen, die jedoch untereinander aufgeführt sind.

Wir wählen die Daten auf dem gleichen Wege wie bisher aus. Nur haben wir keine absolute Werte, wir haben Prozentsätze. Eine Besonderheit sollten wir jedoch vor dem Download berücksichtigen. Die übersetzten Daten und Namen können dazu führen, dass keine Vorschaudaten angezeigt werden. Auch wird der Download durch das Google-Übersetzungsprogramm verzögert oder gar ganz gestört.

Es ist also sinnvoll, das Google-Übersetzungswerkzeug vor der Nutzung des Downloads wieder auszuschalten und die englischsprachige Version aufzurufen. Diese funktioniert fehlerfrei.

Einen weiteren Tipp vor dem Herunterladen: Rufen Sie die Download-Optionen auf und reduzieren Sie die Datenmenge, die heruntergeladen werden soll. Es reicht aus, wenn Sie nur die „Names“ herunterladen. Alle weiteren Daten führen nur dazu, dass Sie nach dem Download zahlreiche Spalten und Zeilen löschen müssen, bevor Sie die Daten analysieren und visualisieren.

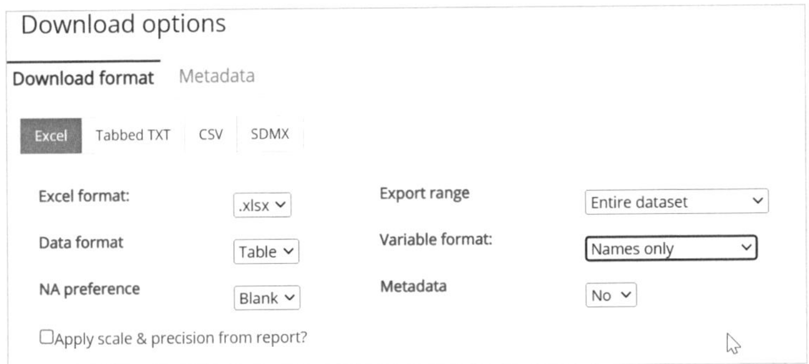

Quelle: World Bank 2023

Daten zusammensetzen

Nun müssen wir die drei Prozentangaben für die Altersangaben 0 bis 14 Jahren, 15 bis 64 Jahre und über 65 Jahre markieren, ausschneiden und

nebeneinander anordnen. Wir kopieren uns die Daten „Deutschland“, „USA“, „VR-China“, „Indien“ und „Mali“ sowie die Altersspannen 0 bis 14 Jahre, 15 bis 64 Jahre und ab 65 Jahre auf ein neues Excel-Arbeitsblatt. Die Länder habe ich in Zeilen händisch eingefügt (und übersetzt). Gleiches gilt für die Spalten, die Beschriftungen habe ich ebenfalls händisch vorgenommen. Nun stehen Länder und Prozentangaben nebeneinander.
Alle Altersangaben werden sich, sodass keine Rundungsfehler enthalten sind, zu 100 % ergänzen.

Datenvisualisierungsvorschlag aufrufen
Anschließend werden die Zellen, die visualisiert werden sollen, markiert. Über den Menüpunkt „Diagramm einfügen“ werden sinnvolle Diagramme zur Visualisierung vorgeschlagen.

Datenvisualisierungen erzeugen
Die Datenvisualisierung wird durch die bewusste Länderauswahl prägnanter: Die unterschiedliche Altersstruktur wird sowohl durch das dreigeteilte Kreisdiagramm als auch die die auf 100 % berechneten Balkendiagramme sichtbar.

Mögliche Ergebnisse

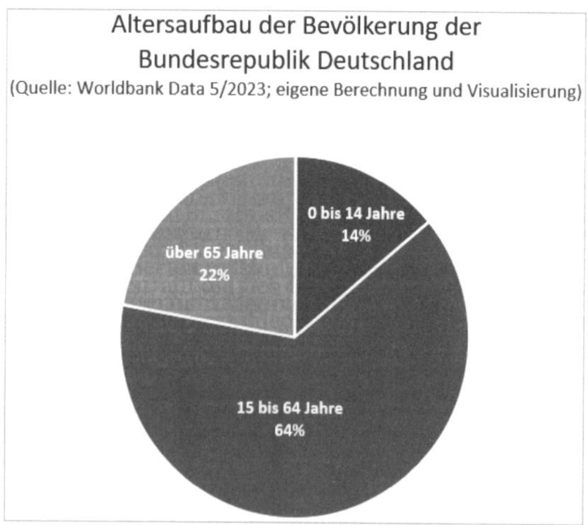

Kreisdiagramm mit der Bevölkerungsstruktur der Bundesrepublik Deutschland

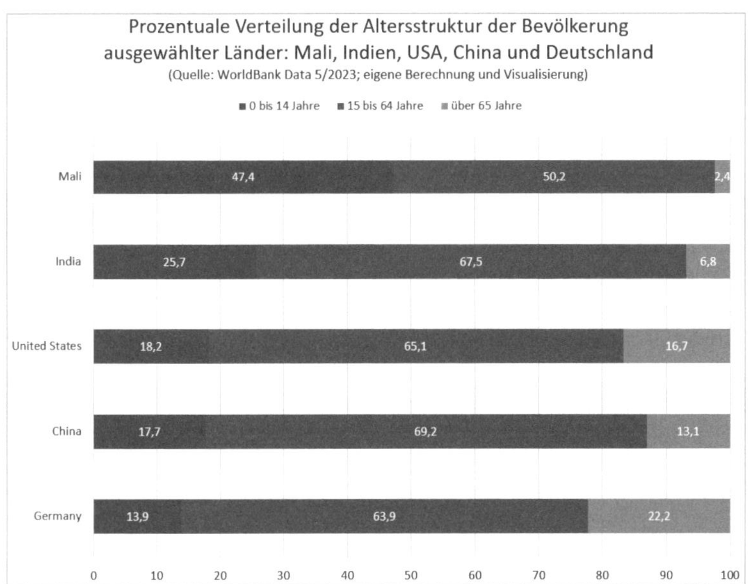

Gestapeltes Balkendiagramm mit der Altersstruktur für ausgewählte Länder

Während weltweit ungefähr jeder vierte Einwohner bzw. jede vierte Einwohnerin bis 14 Jahre alt ist, sieht es in Niger, Mali, Chad oder Somalia anders aus: Fast jeder zweite Einwohner bzw. fast jede zweite Einwohnerin ist dort unter 14 Jahre alt. Es wäre zu prüfen, ob die Länder ein so hohes Wirtschaftswachstum wie aufweisen, dass die jungen Menschen in den kommenden Jahren eine Beschäftigung aufnehmen können. Sollte dies nicht der Fall sein, können sich politische Krisen durch die demografische Entwicklung, insbesondere durch die hohe Geburtenrate, einstellen.

Fazit

Diese Publikation hat drei inhaltliche Schwerpunkte:

Die Suche nach quantitativen Daten, mit denen man einen faktenorientierten Unterricht durchführen kann. Wir finden diese quantitativen Daten u. a. bei Destatis, Eurostat und der Weltbank.

Die Analyse dieser Daten mithilfe einer Tabellenkalkulationssoftware, wiebeispielsweise Excel. Mit Excel analysieren und visualisieren wir quantitative Daten, die der Realität entstammen.

Der dritte Schwerpunkt ist die rationale Kritik.

Das digital-forschende Lernen mit quantitativen Daten stellt die rationale Kritik und den begründeten Zweifel in den Mittelpunkt des Unterrichtes in den sozialwissenschaftlichen Fächern. Wissenschaftstheoretisch orientiert sich das digital-forschende Lernen am Kritischen Rationalismus Poppers und Alberts. Der kritische Rationalist geht davon aus, dass eine radikale Wirklichkeitskonstruktion durch Sprache, Zahlen, Bilder, Framing oder die Schweigespirale[61] nicht entgegen der Realität möglich ist. Kritische Rationalisten gehen nicht davon aus, dass es eine erkennbare und unveränderbare Wahrheit gibt, die nun unhinterfragt im Unterricht vermittelt werden soll. Kritische Rationalisten gehen davon aus, dass es eine zwar Wahrheit gibt, wir aber nicht sicher sein können, diese gesichert gefunden zu haben. Zu viele interne und externe Herausforderungen (vgl. Abbildung S. 19) lenken von der gesicherten Wahrheit ab. Wir können uns dieser Wahrheit nur mittels der Methode der Falsifikation nähern, also der Suche nach Fehlern und Widersprüchen in den bisher als wahr angenommenen Theorien, Aussagen und Narrativen.

Und weil Kritische Rationalisten davon ausgehen, dass sie sich nie sicher sein können, die unumstrittene, gesicherte Wahrheit gefunden zu haben, sollten wir das, was im sozialwissenschaftlichen Unterricht vermittelt wird, immer kritisch anzweifeln und diese Notwendigkeit des rationalen Zweifels den Schülern vermitteln. Rationale Kritik, Zweifel, Fallibilismus und Falsifikation stehen daher im Mittelpunkt des digital-forschenden Unterrichtes. Kritische Rationalisten gehen davon aus, dass es die unumstößliche Wahrheit gibt und dass wir uns diesem gesicherten Wissen mittels der Falsifikation annähern oder es sogar finden können, aber wir uns trotzdem nicht sicher sein dürfen, dass wir dieses vermeintlich sichere Wissen, die Wahrheit, endgültig gefunden zu haben. Der immerwährende rationale Zweifel sollte uns vor der der dogmatischen Annahme, die endgültige Wahrheit gefunden zu haben (an die jetzt auch alle anderen Menschen glauben müssen), schützen. Und der rationale Zweifel schützt vor der Annahme, dass die radikale Konstruktion einer Wirklichkeit die (dann beliebige) Wahrheit eines jeden einzelnen ist. Dieser rationale Zweifel sollte gegenüber allen Informationen gelten, egal wer sie äußert oder von wem sie gesendet oder gedruckt werden.

Dieser Zweifel richtet sich gegen jede Information und jedes Narrativ, welche bzw. welches sich aus Sprache, Zahlen, Bilder, Framing und Schweigen entwickelt. Ein Mittel des Zweifels ist das Prüfen der vermeintlichen wahren Information durch Zahlen und ihre Analyse. Wir müssen Informationen kritisch-rational durchleuchten und dazu eignen sich die statistischen Daten des Statistischen Bundesamtes, Eurostat oder der Weltbank sowie, als Analysetool, Excel. Wer aber nun denkt, dass die Daten der statistischen Ämter unkritisch als wahr angenommen werden sollen, der irrt. Kritisch und rational müssen sich auch diese Daten einer Prüfung stellen. Jede Kennziffer, beispielsweise die Entwicklung der Lebenserwartung, ist ein versuch sich der Realität datengestützt anzunähern. Aber jede Kennziffer ist daher auch nur ein Konstruktionsversuch die Realität abzubilden. Jede Prognose durch quantitative Daten ist daher kein gesicherter Ausblick auf die gesicherte Zukunft, es sind Hypothesen, Vermutungen, die es zu Falsifizieren gilt. Quantitative Daten, Statistiken und Kennziffern sind keine Wahrheiten, sie sind versuche sich der Realität durch quantitative Erfassung der beobachteten Wirklichkeit anzunähern. Doch dabei kann der Beobachter bzw. die Beobachterin durch viele interne und externe Herausforderungen, (vgl. wieder Abbildung auf der S. 19) abgelenkt oder in die Irre geführt werden. Machen wir uns daher nur wenig Hoffnung: Wir können die Wirklichkeit, bzw. die Wahrheit durch quantitatives Daten erfassen, ja. Aber wir können uns leider nie sicher sein, dass die erfassten Daten die Realität sind. Dieses Buch will daher einen Beitrag zum kritisch-rationalen Umgang mit Zahlen und Daten im Politik-, Wirtschafts- und Geografieunterricht leisten.

Weiterführende Literatur und Quellen

Textquellen

ALBERT, HANS (1991): Traktat über kritische Vernunft. 5. Aufl., Tübingen.

BOSBACH, GERD/KORFF, JENS JÜRGEN (2012): Lügen mit Zahlen – Wie wir mit Statistiken manipuliert werden. 3. Aufl. München.

BUNDESAMT FÜR MIGRATION UND FLÜCHTLINGE (2023): Migrationsgeschehen im europäischen Vergleich, https://www.bamf.de/DE/Themen/Forschung/Veroeffentlichungen/Migrationsbericht2021/MigrationsgeschehenEU/migrationsgescheheneu-node.html (22.08.2023)

BUNDESMINISTERIUM DER VERTEIDIGUNG (2023): Einsätze in Afrika. https://www.bmvg.de/de/themen/dossiers/engagement-in-afrika/einsaetze-in-afrika (22.08.2023)

BUNDESMINISTERIUM FÜR WIRTSCHAFTLICHE ZUSAMMENARBEIT (2023a): Grundsätze und Ziele. https://www.bmz.de/de/ministerium/grundsaetze-ziele (22.08.2023)

BUNDESMINISTERIUM FÜR WIRTSCHAFTLICHE ZUSAMMENARBEIT (2023b): Index der menschlichen Entwicklung (HDI) https://www.bmz.de/de/service/lexikon/index-der-menschlichen-entwicklung-hdi-14516 (22.08.2023)

BUNDESREGIERUNG (2023): Die UN-Nachhaltigkeitsziele. https://www.bundesregierung.de/breg-de/themen/nachhaltigkeitspolitik/die-un-nachhaltigkeitsziele-1553514 (22.08.2023)

DEUTSCHE BUNDESBANK (2023): Monatsbericht: Vermögen in Deutschland sind deutlich gestiegen 24.04.2023, https://www.bundesbank.de/de/aufgaben/themen/monatsbericht-vermoegen-in-deutschland-sind-deutlich-gestiegen-907726 (22.08.2023)

EGTVED, PEER (2023): Politische Mündigkeit durch digital-forschendes Lernen im Politikunterricht: Zum Umgang mit offenen Daten und öffentlichen Statistiken (Politische Bildung). Wiesbaden

EUROSTAT (2023a): Übersicht. https://ec.europa.eu/eurostat/de/web/quality/overview (22.08.2023)

EUROSTAT (2023b): Wer wir sind. https://ec.europa.eu/eurostat/de/web/main/about-us/who-we-are (22.08.2023)

EUROSTAT (2023c): Bildungsecke. https://ec.europa.eu/eurostat/de/web/education-corner (22.08.2023)

EUROSTAT (2023d): Alle Daten. https://ec.europa.eu/eurostat/databrowser/explore/all/all_themes?lang=de (22.08.2023)

GESELLSCHAFT FÜR POLITIKDIDAKTIK UND POLITISCHE JUGEND- UND ERWACHSENENBILDUNG (GPJE) (2004): Anforderungen an Nationale Bildungsstandards für den Fachunterricht in der Politischen Bildung an Schulen – Ein Entwurf. Schwalbach.

Gigerenzer, Gerd (2013): Risiko – wie man richtige Entscheidungen trifft. 2. Aufl., München.

Gigerenzer, Gerd (2017): Das Einmaleins der Skepsis – Über den richtigen Umgang mit Zahlen und Risiken. 3. Aufl., München.

Heidrich, Jens/Bauer, Pascal/Krupka, Daniel (2018): Ansätze zur Vermittlung von Data-Literacy-Kompetenzen, Hochschulform Digitalisierung, Nr. 47

Kant, Immanuel (1784): Beantwortung der Frage: Was ist Aufklärung? In: Berlinische Monatsschrift, 1784, H. 12

Krämer, Walter (2015): So lügt man mit Statistik. Frankfurt am Main.

Kulke, Ulli (2009): Als uns vor 30 Jahren eine neue Eiszeit drohte. In: DIE WELT, 10.12.2009, https://www.welt.de/wissenschaft/umwelt/article5489379/Als-uns-vor-30-Jahren-eine-neue-Eiszeit-drohte.html (22.08.2023)

Kultusministerkonferenz (KMK) (2021): Lehren und Lernen in der digitalen Welt. Ergänzung zur Strategie der Kultusministerkonferenz „Bildung in der digitalen Welt". (Beschluss der Kultusministerkonferenz vom 09.12.2021) https://www.kmk.org/fileadmin/Dateien/veroeffentlichungen_beschluesse/2021/2021_12_09-Lehren-und-Lernen-Digi.pdf (22.08.2023)

Lehrerfortbildung BW (2023): Szenario-Technik, https://lehrerfortbildung-bw.de/st_kompetenzen/weiteres/projekt/projektkompetenz/methoden_a_z/szenario/ (22.08.2023)

Münch, Ursula (2017): Politische Urteilsfähigkeit der beste Faktencheck, veröffentlicht am 26.05.2017, https://www.welt.de/regionales/bayern/article164946923/Politische-Urteilsfaehigkeit-der-beste-Faktencheck.html (22.08.2023)

Noelle-Neumann, Elisabeth (1980): Die Schweigespirale. Öffentliche Meinung – unsere soziale Haut. Langen Müller: München.

Popper, Karl (1992): Die offene Gesellschaft und ihre Feinde. Band 1 und 2, 7. Aufl., Tübingen.

Presse- und Informationsamt der Bundesregierung (2020): Transkript der Bundespressekonferenz mit Angela Merkel am 29.09.2020.

Rinschede, Gisbert (2007): Geografiedidaktik. 3. Aufl., Paderborn, S. 313 ff und S. 333 ff.

Statistisches Bundesamt (2021): Gesundheitsausgaben insgesamt, https://ec.europa.eu/eurostat/databrowser/view/tps00207/default/table?lang=de (22.08.2023)

Statistisches Bundesamt (2023a): Über uns. https://www.destatis.de/DE/Ueber-uns/_inhalt.html (22.08.2023)

Statistisches Bundesamt (2023b): Unser Auftrag. https://www.destatis.de/DE/Ueber-uns/Unsere-Aufgaben/aufgaben.html (22.08.2023)

Statistisches Bundesamt (2023c): Statistisches Bundesamt wissen.nutzen. https://www.destatis.de/DE/Home/_inhalt.html (22.08.2023)

Statistisches Bundesamt (2023d): Data Literacy. https://www.destatis.de/DE/Service/DataLiteracy/_inhalt.html (22.08.2022)

Statistisches Bundesamt (2023e): Verdienste nach Branchen und Berufen. https://www.destatis.de/DE/Themen/Arbeit/Verdienste/Verdienste-Branche-Berufe/_inhalt.html (22.08.2022)

Statistisches Bundesamt (2023f): Bruttoinlandsprodukt. https://www.destatis.de/DE/Themen/Wirtschaft/Volkswirtschaftliche-Gesamtrechnungen-Inlandsprodukt/Methoden/bip.html (22.08.2023)

Watzlawick, Paul/Beavin, Janet/Jackson, Don (2011): Menschliche Kommunikation: Formen, Störungen, Paradoxien. 12. Aufl., Bern

Weber, Max (1918/1988): Der Sinn der „Wertfreiheit" der soziologischen und ökonomischen Wissenschaften. In: Winckelmann, Johannes (Hrsg.) 1988: Gesammelte Aufsätze zur Wissenschaftslehre. 6. Aufl., Tübingen.

Wehling, Hans-Georg (1977): Konsens à la Beutelsbach? Nachlese zu einem Expertengespräch. In: Schiele, Siegfried; Schneider, Herbert (Hrsg.): Das Konsensproblem in der politischen Bildung. Stuttgart, S. 179, zit. n. Bundeszentrale für politische Bildung 2011: Beutelsbacher Konsens. https://www.bpb.de/die-bpb/ueber-uns/auftrag/51310/beutelsbacher-konsens/ (22.08.2023)

Wong, Dona M. (2011): Die perfekte Infografik. München.

World Bank (2023a): The World Bank. https://www.World Bank.org/en/home (eigene Übersetzung) (22.08.2023)

World Bank (2023b): Open Data Essentials. http://opendatatoolkit.World Bank.org/en/open-data-in-60-seconds.html (eigene Übersetzung) (22.08.2023)

World Bank (2023c): Data Themes. https://datatopics.World Bank.org/world-development-indicators/ (22.08.2023)

World Bank (2023d): Data Catalog. https://datacatalog.worldbank.org/home (22.08.2023)

World Bank (2023e): The World by Income and Region. https://datatopics.worldbank.org/world-development-indicators/the-world-by-income-and-region.html (22.08.2023)

Bildquellen

BUNDESMINISTERIUM FÜR WIRTSCHAFTLICHE ZUSAMMENARBEIT (2023): Grundsätze und Ziele. https://www.bmz.de/de/ministerium/grundsaetze-ziele (22.08.2023)

DATAFOVEA (2023): www.app.datafovea.de

DEUTSCHE BUNDESBANK (2023): Monatsbericht April 2023, S. 27 https://www.bundesbank.de/resource/blob/908138/5fa52fcaa9ad19972391d3c8c1bb82ce/mL/2023-04-vermoegensbefragung-data.pdf (22.08.2023)

EGTVED, PEER (2023): Politische Mündigkeit durch digital-forschendes Lernen im Politikunterricht: Zum Umgang mit offenen Daten und öffentlichen Statistiken (Politische Bildung). Springer: Wiesbaden.

EUROSTAT (2023a): Willkommen bei Eurostat. https://ec.europa.eu/eurostat/de/ (22.08.2023)

EUROSTAT (2023b): Statistische Themen. https://ec.europa.eu/eurostat/de/web/main/data/statistical-themes (22.08.2023)

EUROSTAT (2023c): Suchergebnis Lebenserwartung. https://ec.europa.eu/eurostat/web/main/search/-/search/estatsearchportlet_WAR_estatsearchportlet_INSTANCE_bHVzuvn1SZ8J?p_auth=cVmn89hH&text=lebenserwartung&_estatsearchportlet_WAR_estatsearchportlet_INSTANCE_bHVzuvn1SZ8J_collection=&_estatsearchportlet_WAR_estatsearchportlet_INSTANCE_bHVzuvn1SZ8J_theme= (22.08.2023)

EUROSTAT (2023d): Daten. https://ec.europa.eu/eurostat/de/web/main/data (22.08.2023)

EUROSTAT (2023e): Datenbank. https://ec.europa.eu/eurostat/de/web/main/data/database (22.08.2023)

EUROSTAT (2023f): Lebenserwartung bei Geburt nach Geschlecht. https://ec.europa.eu/eurostat/web/main/data/database?node_code=tps00205 (22.08.2023)

EUROSTAT (2023g): Öffentlicher Bruttoschuldenstand. https://ec.europa.eu/eurostat/databrowser/view/SDG_17_40/default/table?lang=de (22.08.2023)

EUROSTAT (2023h): Reales BIP pro Kopf. https://ec.europa.eu/eurostat/databrowser/view/SDG_08_10/default/table?lang=de (22.08.2023)

EUROSTAT (2023i): HVPI – Monatliche Daten (Index). https://ec.europa.eu/eurostat/databrowser/view/PRC_HICP_MIDX/default/table?lang=de (22.08.2023)

EUROSTAT (2023j): Eurostat 6/2023. https://ec.europa.eu/eurostat/databrowser/explore/all/all_themes (22.08.2023)

EUROSTAT (2023k): Einwanderung nach Altersgruppen, Geschlecht und Staatsangehörigkeit. https://ec.europa.eu/eurostat/databrowser/view/MIGR_IMM1CTZ/default/table?lang=de&category=migr.migr_cit.migr_immi (22.08.2023)

EUROSTAT (2023l): Auswanderung nach Altersgruppen, Geschlecht und Staatsangehörigkeit. https://ec.europa.eu/eurostat/databrowser/view/

MIGR_EMI1CTZ/default/table?lang=de&category=migr.migr_cit.migr_emi (22.08.2023)
Eurostat (2023m): Asylbewerber nach Art des Bewerbers, Staatsangehörigkeit, Alter und Geschlecht – jährliche aggregierte Daten. https://ec.europa.eu/eurostat/de/web/products-datasets/product?code=migr_asyappctza (22.08.2023)
Eurostat (2023n): Bevölkerung am 1. Januar nach Altersgruppen, Geschlecht und Staatsangehörigkeit. https://ec.europa.eu/eurostat/de/web/products-datasets/-/MIGR_POP1CTZ (22.08.2023)
Eurostat (2023o): Erwerb der Staatsangehörigkeit. https://ec.europa.eu/eurostat/de/web/products-datasets/-/TPS00024 (22.08.2023)
Eurostat (2023p): EU Schlüsselindikatoren. https://ec.europa.eu/eurostat/de/ (22.08.2023)
Eurostat (2023q): Datenübersicht. https://ec.europa.eu/eurostat/web/main/data/database (22.08.2023)
Eurostat (2023r): Datenfundort. https://ec.europa.eu/eurostat/data/database?node_code=tps00 (22.08.2023)
Eurostat (2023s): Datensatz öffnen. https://ec.europa.eu/eurostat/web/main/search/-/search/estatsearchportlet_WAR_estatsearchportlet_INSTANCE_bHVzuvn1SZ8J?p_auth=O0RHtSTv&text=lebenserwartung&_estatsearchportlet_WAR_estatsearchportlet_INSTANCE_bHVzuvn1SZ8J_collection=&_estatsearchportlet_WAR_estatsearchportlet_INSTANCE_bHVzuvn1SZ8J_theme= (22.08.2023)
Eurostat (2023t): Databrowser. https://ec.europa.eu/eurostat/web/products-datasets/-/tps00208 (22.08.2023)
Eurostat (2023u): Datensatz öffnen. https://ec.europa.eu/eurostat/web/main/search/- /search/estatsearchportlet_WAR_estatsearchportlet_INSTANCE _bHVzuvn1SZ8J?p_auth=O0RHtSTv&text=lebenserwartung&_est atsearchportlet_WAR_estatsearchportlet_INSTANCE_bHVzuvn1S Z8J_collection=&_estatsearchportlet_WAR_estatsearchportlet_I NSTANCE_bHVzuvn1SZ8J_theme= (22.08.2023)
Eurostat (2023w): Zeitauswahl. https://ec.europa.eu/eurostat/databrowser/view/tps00208/default/table?lang=de (22.08.2023)
Eurostat (2023x): Gesundheitsausgaben insgesamt. https://ec.europa.eu/eurostat/databrowser/view/tps00207/default/table?lang=de (22.08.2023)
Eurostat (2023y): Demographische Veränderung – absoluter und relativer Bevölkerungsstand auf regionaler Ebene. https://ec.europa.eu/eurostat/databrowser/view/demo_r_gind3/default/table?lang=de (22.08.2023)
Eurostat (2023z): BIP pro Kopf in KKS. https://ec.europa.eu/eurostat/databrowser/view/tec00114/default/table?lang=de (22.08.2023)
Kultusministerkonferenz (2021): Lehren und Lernen in der digitalen Welt. Ergänzung zur Strategie der Kultusministerkonferenz „Bildung in der

digitalen Welt". (Beschluss der Kultusministerkonferenz vom 09.12.2021) https://www.kmk.org/fileadmin/Dateien/veroeffentlichungen_beschluesse/2021/2021_12_09-Lehren-und-Lernen-Digi.pdf (26.08.2023)

Statistisches Bundesamt (2023a): Statistisches Bundesamt. https://www.destatis.de/DE/Home/_inhalt.html (22.08.2023)

Statistisches Bundesamt (2023b): Genesis-Online. https://www-genesis.destatis.de/genesis/online (22.08.2023)

Statistisches Bundesamt (2023c): Lebenserwartung. https://www.destatis.de/DE/Themen/Gesellschaft-Umwelt/Bevoelkerung/Sterbefaelle-Lebenserwartung/_inhalt.html#243320 (22.08.2023)

Statistisches Bundesamt (2023d): Dashboard Deutschland. https://www.dashboard-deutschland.de/#/ (22.08.2023)

Statistisches Bundesamt (2023e): Sterblichkeit (nationale Ebene). https://ec.europa.eu/eurostat/databrowser/view/TPS00205/default/table

Statistisches Bundesamt (2023f): Verdienste nach Branchen und Berufen. https://www.destatis.de/DE/Themen/Arbeit/Verdienste/Verdienste-Branche-Berufe/_inhalt.html (22.08.2022)

World Bank (2023a): What we do. https://www.worldbank.org/en/what-we-do (22.08.2023)

World Bank (2023b): World Bank Open Data. https://data.worldbank.org/ (22.08.2023)

World Bank (2023c): World Bank Data. https://inquiries.worldbank.org/knowledgebase/articles/883263-world-bank-data (22.08.2023)

World Bank (2023d): World Development Indicators. https://databank.worldbank.org/source/world-development-indicators

World Bank (2023e): Data Catalog. https://datacatalog.worldbank.org/home (16.09.2023)

World Bank (2023f): Indicators. https://data.worldbank.org/indicator (26.09.2023)

World Bank (2023g): World Development Indicatorshttps://databank.worldbank.org/reports.aspx?source=2&series=SP.POP.TOTL&country=

World Bank (2023h): Population total. https://data.worldbank.org/indicator/SP.POP.TOTL (22.08.2023))

World Bank (2023i): Data Bank. https://databank.worldbank.org/home.aspx

Endnoten

1 Presse- und Informationsamt der Bundesregierung 2020, Transkript.
2 Vgl. Egtved 2023
3 Vgl. Egtved 2023
4 Vgl. Egtved 2023
5 Vgl. Heidrich/Bauer/Krupka 2018, S. 25ff
6 Vgl. GPJE 2004
7 Vgl. ebd.
8 Vgl. Egtved 2023
9 Heidrich/Bauer/Krupka 2018, S. 25ff.
10 Kant 1784, S. 481
11 KMK 2021, S. 25
12 KMK 2021, S. 25
13 Weber 1918/1988
14 Münch 2017
15 Vgl. Popper 1992
16 Vgl. Albert 1991
17 Kant 1784, S. 481
18 Vgl. Albert 1991
19 Kant 1784, S. 481
20 Eurostat 2023
21 Vgl. Egtved 2023
22 Statistisches Bundesamt 2023a
23 Statistisches Bundesamt 2023b
24 Vgl. Statistisches Bundesamt 2023c
25 Statistisches Bundesamt 2023c
26 Statistisches Bundesamt 2023d
27 Eurostat 2023b
28 Eurostat 2023c
29 Eurostat 2023d
30 Vgl. World Bank 2023a
31 Vgl. World Bank 2023b
32 Vgl. World Bank 2023d
33 Vgl. Gigerenzer 2013, S. 209 ff.
34 Statistisches Bundesamt 2023e
35 Vgl. Watzlawick/Beavin/Jackson 2011
36 Vgl. Rinschede 2007, S. 313 ff und S. 333 ff.
37 Wong 2011, S. 49 bis 81
38 Vgl. für Balken- und Säulendiagramm: Wong 2011, S.64 ff.
39 Vgl. Wong 2011, S. 49 ff
40 Vgl. Wong 2011, S. 49 ff
41 Vgl. Wong 2011, S. 36 ff
42 Vgl. Bosbach/Korff/2012
43 Wehling 1977
44 Ebd.
45 Wehling 1977
46 Bundesamt für Migration und Flüchtlinge 2023
47 Bundesamt für Migration und Flüchtlinge 2023
48 Deutsche Bundesbank 2023
49 Deutsche Bundesbank 2023
50 Bundesministerium für wirtschaftliche Zusammenarbeit 2023a
51 Bundesregierung 2023
52 Bundesministerium der Verteidigung 2023
53 Bundesministerium für wirtschaftliche Zusammenarbeit 2023b
54 World Bank 2023c
55 Vgl. Gigerenzer 2013, S. XXXXX
56 Statistisches Bundesamt 2021
57 Statistisches Bundesamt 2023f
58 Vgl. Lehrerfortbildung BW 2023
59 Kulke 2009
60 World Bank 2023e
61 Vgl. Noelle-Neumann 1980